Interkulturelles Labor

LUXEMBURG-STUDIEN
ÉTUDES LUXEMBURGEOISES
Herausgegeben von
Peter Gilles, Markus Hesse,
Michel Pauly und Christian Schulz

Band 11

Zu Qualitätssicherung und Peer Review der vorliegenden Publikation

Die Qualität der in dieser Reihe erscheinenden Arbeiten wird vor der Publikation durch einen Herausgeber der Reihe sowie durch einen externen, von der Herausgeberschaft benannten Gutachter im Blind-Verfahren geprüft. Dabei ist der Autor der Arbeit dem Gutachter während der Prüfung namentlich nicht bekannt.

Notes on the quality assurance and peer review of this publication

Prior to publication, the quality of the work published in this series is reviewed by one of the editors of the series and blind reviewed by an external referee appointed by the editorship. The referee is not aware of the author's name when performing the review.

Eva Wiegmann (Hrsg.)

Interkulturelles Labor

Luxemburg im Spannungsfeld von Integration und Diversifikation

PETER LANG
EDITION

Bibliografische Information der Deutschen Nationalbibliothek
Die Deutsche Nationalbibliothek verzeichnet diese Publikation in der Deutschen Nationalbibliografie; detaillierte bibliografische Daten sind im Internet über http://dnb.d-nb.de abrufbar.

Umschlagabbildung:
Campus Belval

ISSN 2193-0104
ISBN 978-3-631-67492-5 (Print)
E-ISBN 978-3-653-06774-3 (E-Book)
DOI 10.3726/978-3-653-06774-3

Peter Lang Edition ist ein Imprint der Peter Lang GmbH.

Peter Lang – Frankfurt am Main · Bern · Bruxelles ·
New York · Oxford · Warszawa · Wien

Diese Publikation wurde begutachtet.

www.peterlang.com

Inhaltsverzeichnis

Dieter Heimböckel

Zum Geleit

Am 16. und 17. Oktober 2013 veranstaltete das „Institut für deutsche Sprache, Literatur und für Interkulturalität" der Universität Luxemburg in Kooperation mit der Villa Vigoni in deren Räumlichkeiten ein Kolloquium, aus dem der vorliegende Sammelband hervorgegangen ist. Es orientierte sich dabei an den Voraussetzungen und Erfordernissen, die das Land Luxemburg aufgrund seiner gesellschaftlichen, kulturellen, sozialen und sprachlichen Besonderheiten an der geopolitischen und sprachlich-kulturellen Schnittstelle zwischen West- und Mitteleuropa einerseits und Germania und Romania andererseits mit sich bringt. Angesichts dieser Besonderheiten widmete sich das Kolloquium der Frage, ob und inwieweit Luxemburg eine interkulturelle Laborsituation für Herausforderungen und Entwicklungen zukommt, die speziell für die europäische Ebene, aber darüber hinaus auch allgemein für gesellschaftliche Prozesse von Bedeutung sind, die im Spannungsfeld von Integration und Diversifikation stehen. Insofern sich die Villa Vigoni als Zentrum für Europäische Exzellenz zum Ziel gesetzt hat, insbesondere solche Themen zu erörtern, die sich im Kontext von nationaler Identitätsbildung, europäischer Integration und globaler Vernetzung bewegen, verstand sich die Veranstaltung auch als ein Beitrag zur Ausweitung und Vertiefung dieser Diskussion. Dabei sollte dieses Kolloquium zugleich den Auftakt für eine nachhaltige Kooperation zwischen der Universität Luxemburg und der Villa Vigoni bilden.

Die Kooperation ist inzwischen durch weitere Begegnungen und Absprachen gefestigt, sodass der Sammelband diese Entwicklung gewissermaßen auch publizistisch dokumentiert. Aber damit ist nur eine seiner Bestimmungen formuliert. Des Weiteren bekundet sich in ihm das am Standort Luxemburg im Allgemeinen und in der Luxemburger Germanistik im Besonderen insgesamt stark ausgeprägte Interesse an Fragen der Interkulturalität – und das heißt: an einem zentralen Additiv und hoch differenzierten Forschungsfeld, in dem Formen und Prinzipien der Kulturentwicklung und Differenzkonstruktion untersucht werden und das zugleich die Mannigfaltigkeit interkultureller Begegnungs- und Konfliktsituationen in der gesellschaftlichen Praxis (in wirtschaftlichen, politischen und sozialen Beziehungen, in Kulturinstitutionen und kulturellen Manifestationen, in Ausbildungsstätten und am Arbeitsplatz etc.) widerspiegelt. Dabei ist davon auszugehen, dass infolge von Mobilität und Migration, gesellschaftlicher Diversifizierung und Transformation eine wissenschaftliche Auseinandersetzung erforderlich ist, die jenseits nationaler und disziplinärer Grenzen geführt werden muss. Die gesellschaftliche Vielfalt und räumlichen wie auch politischen und sozialen Verschiebungen lassen es nicht mehr zu, dass man ihnen mit monokausalen bzw. fachspezifischen Erklärungsmustern begegnet. Die Interkulturalitätsforschung in Luxemburg zielt auf eine fakultätsübergreifende Erforschung und Beschreibung interkultureller Phänomene und ist insofern darauf ausgerichtet, das bislang noch zu wenig eingelöste Desiderat einer interdisziplinären Forschungszusammenarbeit umzusetzen.[1] Andererseits geht es ihr darum, ihre Expertise für eine sozial und kulturell hochgradig differenzierte Gesellschaft wie diejenige in Luxemburg gerade in solchen Bereichen zur Verfügung zu stellen, in denen interkulturelles Wissen und interkulturelle Kompetenz gefragt sind.

Wenn von interkulturellem Wissen die Rede ist, so sind damit freilich keine ein für allemal verbindlichen Einsichten und Erkenntnisse verknüpft. Denn das interkulturelle Denken ist in dem hier vorgestellten Rahmen als unabgeschlossen und prozessual zu begreifen. Vom „(un)vollendete[n] Projekt" der Interkulturalität war schon andernorts die Rede,[2] von seiner Unabgeschlossenheit mithin und insofern auch davon, dass nicht absehbar ist, was konkret aus ihm folgt. Interkulturalität ist daher weder ein Projekt mit vorbestimmten Zielen noch eines, das sich unter einer Definition subsumieren ließe. Das ist ihr zuweilen als Schwäche ausgelegt worden, insofern es der Beliebigkeit in begrifflicher und analytischer Hinsicht Tür und Tor geöffnet habe und solchermaßen ihrer Mutation zu einer Leerformel Vorschub geleistet worden sei. Aber das Potential der Interkulturalität wird nicht dadurch begründet, dass es auf ein fixes applizierbares Konzept heruntergebrochen wird und/oder durch den inzwischen *ad nauseam* wiederholten Vergleich mit konkurrierenden Konzepten (wie dem der Transkulturalität) seine Brauchbarkeit (oder Überholtheit) unter Beweis stellt. Das Potential muss sich vielmehr in der je konkreten Anwendung erweisen, mit der zugleich auch Rechenschaft über das Vorgehen und die methodisch-konzeptionelle Ausrichtung nachprüfbar abgelegt wird. Das mag sich nach einer wissenschaftlichen Binsenweisheit anhören – und um eine solche handelt es sich am Ende wohl auch –, aber damit wird unter anderem auch in Rechnung gestellt, was Interkulturalität nicht ist: Sie ist keine spezifische Anleitung zur Analyse, mit der man Texte oder

1 Dieser Zielsetzung folgt beispielsweise der 2014 gegründete universitäre Schwerpunktbereich „Multilingualism and Intercultural Studies", der als multidisziplinärer Verbund organsiert ist (vgl. http://wwwde.uni.lu/recherche/priorites_de_recherche/multilingualism_and_intercultural_studies, 26.06.2015). Siehe hierzu auch: TROPPER, 2015.

2 HEIMBÖCKEL u. a., 2010.

empirische Sachverhalte einer Untersuchung unterziehen könnte. Sie ist vielmehr eine übergeordnete Methode zur Umgestaltung bestehender Denk- und Handlungsformen, mit der gewohnte Selbstverständlichkeiten und Sehgewohnheiten hinterfragt werden und die ihre theoretischen und analytischen Ressourcen aus unterschiedlichen wissenschaftlichen Disziplinen und Forschungsrichtungen wie beispielsweise aus der Ethnologie und Kulturanthropologie, den *Postcolonial* und *Gender Studies*, der Imagologie und Xenologie, dem *New Historicism* und der *Histoire croisée* oder aus der Diaspora- und Migrationsforschung erschließt.

Der Sammelband liefert zu dieser Vielfalt der Interkulturalitätsforschung weitreichendes Anschauungsmaterial. Und das gilt sowohl für die fachliche und thematische als auch für die methodische und zeitliche Ausrichtung. In fachlicher Hinsicht repräsentieren die Beiträge alle Teilbereiche der Germanistik, d. h. nicht nur die Sprach- und neuere deutsche Literaturwissenschaft, die sich bislang vorzugsweise mit interkulturellen Fragen beschäftigt haben, sondern auch die Mediävistik, von der erst in jüngster Zeit Impulse für „eine explizite und reflektierte Nutzbarmachung" der Interkulturalitätsforschung ausgehen.[3] Thematisch werden neben solchen Arbeiten, die dem fachlichen Kernbestand zuzurechnen sind, Beiträge aus den Bereichen der Theater- und Medienwissenschaft sowie der Mehrsprachigkeits- und Migrationsforschung vorgestellt. Theoretisch changiert das Spektrum zwischen hermeneutischen, diskursanalytischen und postkolonialen Lektüren, während sich das Untersuchungsfeld zeitlich auf die Synchronie ebenso wie auf die Diachronie erstreckt. Dabei verdeutlicht die Weitläufigkeit und Spannbreite der Untersuchungen insgesamt noch einmal die Fülle der Anschlussmöglichkeiten im Feld der Interkulturalität, obwohl sie, wie in diesem Fall, im Bezugsrahmen einer alles andere als unspezifischen Fragestellung steht. Eine abschließende Antwort darauf, ob es sich bei Luxemburg um ein interkulturelles Labor handelt, liefert der Sammelband wohl nicht. Das hätte auch im Widerspruch zu dem bereits angesprochenen Projekt-Gedanken der Interkulturalität gestanden. Insofern zeigt sich auch in den Beiträgen, dass wir es diesbezüglich mit einem Experimentierfeld zu tun haben, das Aussagen nicht nur über das Projekt der Interkulturalität liefert, sondern auch über ihre Möglichkeiten und Grenzen, über Potentiale und Beschränkungen, darüber aber vor allem, ob und inwieweit die notwendige Voraussetzung interkulturellen Agierens, die Bereitschaft, sich einzulassen und damit aus den wissenschaftlichen und kulturellen Konditionierungen des bzw. unseres Denkens-wie-üblich herauszutreten, gegeben sind. Darin erweist sich aus meiner Sicht und in einem übergeordneten

3 SIEBURG, 2011, S. 11.

Sinn die Laborsituation für Luxemburg, allerdings nicht so, dass, wie aus einem Tierversuch, Nutzen für die Marktetablierung eines pharmazeutischen Produkts gewonnen werden sollte. Auch geht das Projekt der Interkulturalität nicht in der Luxemburger Interkulturalitätsforschung auf. Wenn sie einen Beitrag dazu leistet, es zu fördern und in Bewegung zu halten, ist bereits viel getan.

Literaturangaben

HEIMBÖCKEL, DIETER u. a. (Hg.): Zwischen Provokation und Usurpation. Interkulturalität als (un)vollendetes Projekt der Literatur- und Sprachwissenschaften, München 2010.

TROPPER, ELISABETH: Interkulturalität als disziplinübergreifendes Konzept. Ansätze – Anwendungen – Desiderata. Internationaler Workshop der *Key Area Multilingualism and Intercultural Studies* (MIS) an der Universität Luxemburg am 5. November 2014. Ein Workshopbericht, in: Zeitschrift für interkulturelle Germanistik 5, 1 (2015), S. 181–185.

SIEBURG, HEINZ: Plädoyer für eine interkulturelle Mediävistik, in: Zeitschrift für interkulturelle Germanistik 2, 1 (2011), S. 11–26.

Eva Wiegmann

Vorwort: Interkulturelles Labor Luxemburg?

Die Rede vom ‚Labor' ruft unweigerlich zunächst Assoziationen mit weißen Kitteln, komplizierten Apparaturen, chemischen Substanzen und Versuchstieren hervor. Diese paradigmatische Bildlichkeit scheint man zunächst schwerlich mit literatur- und kulturwissenschaftlichem Erkenntnissinteresse in Verbindung bringen zu können. Dennoch ist das Bedeutungsspektrum des Laborbegriffs nicht auf den naturwissenschaftlichen Bereich beschränkt. Dieser findet vielmehr – spätestens seit Bruno Latours und Steve Woolgars *Laboratory Life* (1986) – auch vermehrt Anwendung im sozial- und geisteswissenschaftlichen Bereich, wo zum einen experimentelle Verfahren im Hinblick auf die Generierung neuer theoretischer Konzepte im Vordergrund stehen, zum anderen aber auch eine Übertragung der Laborsituation auf spezifische Räume ein Rolle spielt.[1] Letzteres hat jedoch nichts mit von wissenschaftlicher Seite konstruierten Versuchsanordnungen und abgeschotteten, nur autorisiertem Forschungspersonal zugänglichen Räumen zu tun, in denen spezifische Bedingungen nur simuliert werden. Vielmehr geht es um besondere *real life*-Konstellationen, die sich von anderen in der Regel dadurch unterscheiden, dass sie wie in einem Brennglas unterschiedliche soziokulturelle Faktoren bündeln, wodurch so etwas wie eine natürliche Laborsituation gegeben ist.[2] Mit der Erforschung eines solchen Mikrokosmos ist dabei häufig nicht nur die Annahme verknüpft, dass sich hier grundlegendes Wissen über kulturelle, wirtschaftliche sowie soziale Strukturen und Entwicklungen gewinnen lässt. Im Fokus auf das Experimentelle wird vielmehr davon ausgegangen, dass in den spezifischen Räumen neue, auch auf andere Kontexte übertragbare Formen des Zusammenlebens generiert werden. In diesem Sinne spiegelt sich das Laborkonzept beispielsweise in den „unzähligen Urban Labs [...], die sich [...] dort ausbreiten,

1 Im literarischen Bereich haben beispielsweise die von Michael Gamper u.a. herausgebenen Bände zu *Experiment und Literatur* im Feld von Literatur und Wissen unterschiedliche Verbindungen zum Experimentellen und zum Laborbegriff ausgelotet (vgl. GAMPER/WERNLI/ZIMMER, 2009, 2010 und BIES/GAMPER, 2011).

2 Letztlich basiert die Verwendung des Laborbegiffs hier auf einer „Familienähnlichkeit zwischen Laboratorien und anderen physischen und virtuellen Plätzten", die dazu geführt hat, dass „die Vorstellung von einem Labor auf Bereiche übertragen worden [ist], die zwar nicht im buchstäblichen Sinn Laboratorien sind, aber dennoch als Orte des Wissens betrachtet werden können." (KNORR CETINA, 2007, S. 338).

wo über die ungewissen und noch verhandelbaren Zukünfte des Städtischen samt ihrer sozialen Implikationen gerungen wird."[3]

Aufgrund seiner spezifischen kultur- und sprachensoziologischen Situation erscheint das multilinguale und multikulturelle Luxemburg geradezu prädestiniert, ein Laboratorium zu sein für die Erforschung kultureller Entwicklungen im Kontext von Mobilität und Migration, gesellschaftlicher Diversifizierung und Transformation. „Das Adjektiv ‚interkulturell' bezeichnet" unter dieser Prämisse dann „einen Raum, in dem ein Austauschprozess stattfindet, durch den Menschen mit unterschiedlichem kulturellen Hintergrund miteinander in Kontakt treten."[4] Die Anwendung des Laborbegriffs bezieht sich im Falle Luxemburgs – anders als bei den oben genannten Urban Labs – jedoch nicht auf einen geschlossenen urbanen Raum. Sie beschränkt sich nicht auf die Hauptstadt, vielmehr rückt unter interkulturellen Gesichtspunkten vor allem das Regionale in den Fokus. Dabei finden sich die unterschiedlichen soziokulturellen Faktoren zwar insofern auf relativ kleinem Raum gebündelt, als das Großherzogtum nicht nur in der EU, sondern auch in der Welt zu den kleinsten Flächenstaaten gehört. Wesentlicher Bestandteil des interkulturellen Labormodells ist hier jedoch gerade auch das dezentralisierte Moment der Grenzüberschreitung, das den eng mit der Großregion vernetzen interkulturellen Begegnungsraum Luxemburg kennzeichnet. Dieser ist eben nicht ein rein urbaner *melting pot*, sondern antizipiert darüber hinaus auch paradigmatisch die Transzendierung nationalstaatlicher Grenzziehungen im Alltagsleben, wie sie u. U. im Kontext global-postnationaler Entwicklungstendenzen zu erwarten sind. Dass das Großherzogtum optimale Bedingungen für eine zukunftsorientierte Erforschung soziokultureller Veränderungsprozesse bietet, spiegelt sich an der Universität Luxemburg aktuell beispielsweise in dem interdisziplinären Forschungsschwerpunkt ‚Multilingualism and Intercultural Studies' (MIS).[5] Aber auch schon das fächerübergreifende Großprojekt IDENT, das sich die Erforschung soziokultureller Identitäten und Identitätspolitiken in Luxemburg zur Aufgabe gesetzt hatte, basierte, wie aus der von der Forschungseinheit IPSE (Identités, Politiques, Sociétés, Espaces) herausgegebenen Publikation *Doing Identity in Luxembourg* hervorgeht, „auf der These, dass Luxemburg geradezu eine Laborsituation zur Untersuchung von Prozessen der Identitätskonstruktionen

---

3 ZIEMER/WEBER, 2015.

4 YOUSEFI, 2014, S. 54.

5 Zu dem am universitären Standort Luxemburg insgesamt stark ausgeprägten Interesse an Fragen der Interkulturalität vgl. auch Dieter Heimböckels Geleitwort zu diesem Band.

unter enttraditionalisierten Bedingungen bietet."[6] Dies ist aus geschichtlicher Sicht u. a. darauf zurückzuführen, dass das Großherzogtum Luxemburg nationalkulturell „als ‚verspätete Nation' gelten kann, wobei dieser Verzug durch eine offensive Europa-Orientierung und die frühzeitige Umstellung der politischen Semantik von Konfrontation auf Kooperation bislang erfolgreich kompensiert werden konnte."[7] Diese europäische Ausrichtung, die auch mit der historischen Vermittlerrolle zwischen Germania und Romania zusammenhängt, wird ergänzt durch die enge wirtschaftliche, kulturelle und soziale Vernetzung in der trilateralen Großregion Saar-Lor-Lux, zirkuläre Migrationsprozesse von Pendlern und einen überdurchschnittlich hohen Anteil von Einwohnern mit nichtluxemburgischer Nationalität (45,9 %)[8]. Insofern lässt sich eine „bereits *im* Land selbst gegebene[ ] Interkulturalitätssituation"[9] konstatieren, die verschiedene Aspekte auf einem relativ kleinen Raum bündelt, dessen analytische Betrachtung im Verbund mit den grenzüberschreitenden Bewegungs- und Kooperationsmustern in der Großregion zukunftsweisende Ergebnisse im Hinblick auf soziokulturelle Entwicklungen im Kontext europäischer und globaler Entgrenzungs- und Migrationsprozesse verspricht.

Die Ansicht, das der „polyglotte[ ] Mikrokosmos ‚Luxemburg' [...] als Modell"[10] für kulturelle Entwicklungsprozesse gesehen werden kann, hat sich indes nicht nur in der Wissenschaft durchgesetzt. ‚Versuchslabor' oder ‚Reagenzglas' Europas sind längst Bestandteil des luxemburgischen Kollektivsymbol-Systems[11] und damit Teil der nationalen Identitätskonstruktion und -politik. Dass das „Bild eines offenen und multikulturellen Landes" sowie das „hybride Wesen Luxemburg" allerdings „ein Topos"[12] ist, mit dem sich durchaus nicht alle Teile der Bevölkerung identifizieren können, haben Marion Colas-Blaise, Silvie Freyermuth, Sonja Kmec, Gian Maria Tore und Christan Schulz in ihrer diskursanalytischen Studie *Räume und Identitäten* gezeigt. Ihre aus empirischen Umfragedaten erwachsenden Ergebnisse offenbaren ein zweigeteiltes Selbstbild, das zum einen das „eines offenen und toleranten Luxemburg" im Sinne eines interkulturellen Modells darstellt, zum anderen aber das Bild einer (auch schichtspezifisch) gespaltenen Gesellschaft zeichnet, die in ‚Luxemburger' auf der einen und ‚europäische

---

6 RECKINGER/WILLE, 2010, S. 12.
7 AMMANN, 2013, S. 7.
8 STATEC, 2015.
9 PARR, 2009, S. 13.
10 HONNEF-BECKER/KÜHN, 2004, S. 8.
11 PARR, 2010, S. 96f.
12 COLAS-BLAISE u.a., 2010, S. 140.

Beamte und internationale Investmentbanker' auf der anderen Seite zerfällt.[13] Diese uneinheitliche Selbstwahrnehmung steht allerdings nicht im Widerspruch zum wissenschaftlichen Begriff des interkulturellen Labors, da Interkulturalität hier nicht automatisch gleichgesetzt wird mit der viel gepriesenen interkulturellen Kompetenz, sondern auch ein potentielles Scheitern des interkulturellen Dialogs und mögliche Konfliktpotentiale, die das Aufeinandertreffen unterschiedlicher ethnischer und nationaler Gruppierungen bergen kann, miteinbezogen werden müssen.[14] Zudem dokumentiert das divergierende kulturelle Selbstbild die grundlegende Inhomogenität einer jeden Kultur,[15] der ohnehin keine einheitliche, auf lebensweltlichen Erfahrungen beruhende Wahrnehmung entsprechen kann. Insofern bestätigt dieses gesellschaftliche Divergenzmuster letztlich eher den Modellcharakter Luxemburgs und dessen Eignung zum interkulturellen Labor, als dass es diesem widerspräche. Allerdings entfaltet der polyvalente Laborbegriff im Rahmen des autoimaginativen Kontextes noch eine andere Bedeutungsdimension, die sich weniger mit einem Ort der Erkenntnisgenerierung denn mit einem der Produktentwicklung[16] verbindet. In der Verknüpfung mit dem ebenfalls nicht nur im wissenschaftlichen Kontext populären Interkulturalitätsbegriff wird der Topos vom ‚interkulturellen Labor' zum Bestandteil eines kulturpolitischen *nation branding*, das maßgeblich im Kontext des Kulturhauptstadtjahres 2007 entwickelt wurde, in dem es darauf ankam, auf kultureller Ebene an die sozioökonomischen Grenzüberschreitungsprozesse in der Großregion Saar-Lor-Lux anzuknüpfen. „‚The Greater Region, Laboratory of Europe' war das verbindende Leitmotiv von ‚Luxemburg 2007'"[17], wobei die „Position Luxemburgs" in der symbolischen Selbstzuschreibung „als ‚Motor'"[18] interkultureller Entwicklungen mit europäischen Vorbildcharakter markiert wurde. Dieses Bild Luxemburgs, welches das Großherzogtum als weltoffenes und interkulturelles Land *par excellence* zu vermarkten sucht, ist aber auch gegenwärtig und losgelöst vom thematischen Bezug zum grenzübergreifenden Kulturhauptstadtjahr sehr präsent, wie in diesem Band Martin Dolls Analyse der medialen Inszenierung der Hochzeit

13 Vgl. ebd., S. 143f.

14 Vgl. BACHMANN-MEDICK, 2003, S. 444 und HEIMBÖCKEL, 2012.

15 Gemäß der Konfiguraltionstheorie von Sanghass können Divergenzen innerhalb einer Kultur durchaus größer sein als zwischen unterschiedlichen Kulturen (vgl. SENGHAAS, 1998).

16 In diesem Sinne wird der populäre ‚Labor'-Begriff auch im Hinblick auf Kunstproduktionen angewandt.

17 AMANN u.a., 2010, S. 196.

18 Ebd., S. 197.

des Erbherzogs Guillaume zeigt (*Heiratspolitik im Zeitalter des Postnationalen. Die Hochzeit des Erbgroßherzogs Guillaume als Medienereignis, gelesen als Selbstbeschreibung Luxemburgs*). Interkulturalität wird in diesem Bezugsrahmen im Wesentlichen auf eine Schlüsselkompetenz für den globalen Wettbewerb der Zukunft[19] reduziert, also als Standortvorteil deklariert, den man sich letztlich aus nationalpolitischen Gründen auf die Fahnen schreibt. Ein solchermaßen verkürztes Verständnis von Interkulturalität als entscheidender wirtschaftspolitischer Qualifikation kann nicht die Grundlage interkultureller Forschungsperspektiven bilden. Der vorliegende Band strebt keine Reduktion von komplexen Dynamiken interkultureller Prozesse auf griffige Formeln an, sondern sucht deren Vielschichtigkeit mit der Berücksichtigung unterschiedlicher fachwissenschaftlicher Perspektiven (literatur-/kultur-/medien-/sozialwissenschaftlich) sowie methodischer und theoretischer Zugriffe Rechnung zu tragen. Interkulturalität wird hier – wie der abschließende Beitrag der Forschungsgruppe INTERKULT programmatisch herausstellt – nicht als Produkt verstanden, auch nicht als Paradigma,[20] sondern als dynamischer, experimenteller Prozess. Dabei muss – ebenso wie letztlich bei allen Versuchsanordnungen – grundsätzlich eben auch ein mögliches Misslingen des interkulturellen Dialogs und konfliktgeladene Problemkonstellationen, die sich aus einer Konfrontation unterschiedlicher ethnischer und nationaler Gruppierungen ergeben können, miteinbezogen werden.[21] Die Inanspruchnahme eines Interkulturalitätsparadigmas für Luxemburg wird hier durchaus kritisch hinterfragt. Problematiken, die sich aus einer interkulturellen Konstellation ergeben können, werden nicht ausgeblendet, sondern klar benannt. So setzt sich beispielsweise der Beitrag von Fabienne Scheer *Alphabetisierung auf Deutsch? Probleme und Herausforderungen im heterogenen luxemburgischen Grundschulklassenzimmer* mit den besonderen Herausforderungen auseinander, vor die sich Lehrerinnen und Lehrer im multilingualen und multikulturellen Luxemburg gestellt sehen. Dass auch Machtaspekte und Hegemonialfragen nicht ausgeblendet werden dürfen, betont der postkoloniale Ansatz, den Julian Osthues (*Luxemburg postkolonial? Zur Leistung einer postkolonialen Perspektive im Horizont der Interkulturalität*) für aktuelle Interkulturalitätsdebatten in Luxemburg und darüber hinaus fruchtbar macht. Der Fokus der Beiträge liegt allerdings nicht ausschließlich auf Luxemburg, vielmehr werden auch über die nationalkulturelle Perspektive hinausgehend Anschlüsse an grenzüberschreitende Fragestellungen gesucht.

19 Vgl. MAINZER, 2010.
20 Vgl. HEIMBÖCKEL/WEINBERG, 2014, S. 121.
21 Vgl. BACHMANN-MEDICK, 2003, S. 444 sowie HEIMBÖCKEL, 2012.

Die thematische Bandbreite spiegelt dabei das analytische Anwendungsfeld des Interkulturalitätskonzepts wider, das sich nicht auf einen eindimensionalen Themenbereich reduzieren lässt.[22] Mit der Ausweitung der Untersuchungsgegenstände lassen sich dabei auch „Erweiterungen verbinden, die den Prozesscharakter von Kultur und das kritische Potential der Interkulturalität deutlicher noch ins Bewusstsein heben."[23] Die Konzeption des Bandes gliedert sich in vier übergreifende Bereiche, wobei sich die Beiträge in den ersten beiden Abschnitten mit ihrem Fokus auf *Luxemburg zwischen Regionalität und Internationalität* bzw. den *Migrationsraum Luxemburg* eher klassischen Themenfeldern der Interkulturalitätsforschung widmen. Die zweite Hälfte des Bandes versucht diesen Rahmen zu erweitern und geht zum einen räumlich *Über die Grenzen Luxemburgs hinaus*, wenn es um *Reisen als interkulturelles Phänomen* geht, zum anderen geht es um theoretisch-methodische Akzentverschiebungen, die das kritische Potential der Interkulturalitätsforschung über postkoloniale Ansätze sowie über eine stärkere Betonung des experimentellen Charakters interkultureller Prozesse zu stärken suchen (*Interkulturalität – Postkolonialität – Experimentalität*).

Interkulturalität als Experiment, als dynamischer Prozess oder als Projekt mit offenem Ausgang[24] unterscheidet sich maßgeblich von dem Konzept ‚Multikulturalität' als Zustandsbeschreibung kultureller Vielfalt oder auch von dem von Wolfgang Welsch geprägten Begriff der ‚Transkulturalität', der die Auflösung kultureller Grenzziehungen beschreibt. Interkulturelle Prozesse überschreiten Grenzen, aber bringen diese in der Regel nicht vollständig zum Verschwinden. Die vielfältigen kulturellen Wechselbeziehungen, die sich zwischen „Eigenwelt und Fremdwelt, zwischen Eigenkultur und Fremdkultur"[25] ergeben, erzeugen u. a. ein Spannungsfeld zwischen den Polen Nationalität und Internationalität oder Integration und Diversifikation. In Luxemburg manifestieren sich diese gegensätzlichen Strömungen beispielsweise – wie Rolf Parr gezeigt hat – in „zwei"

---

22 Den Bereich der interkulturellen Literaturwissenschaft betreffend schreibt Ortrud Gutjahr: „Auch wenn sich kulturreflexive Gattungen und Genres, wie Reise-, Kolonial-, Exil- und Migrationsliteratur, Utopien, Abenteuerromane und Robinsonaden sowie die koloniale und postkoloniale Literatur, für Analyse nach dem Forschungsparadigma der Interkulturalität als besonders ergiebig erweisen, kann es prinzipiell bei allen literarischen Texten Anwendung finden, die auf Differenzkonstruktionen und kulturspezifische Bedeutungszuschreibungen hin untersucht werden." (GUTJAHR, 2010, S. 21)

23 HEIMBÖCKEL, 2012, S. 28.

24 HEIMBÖCKEL/WEINBERG, 2014, S. 121.

25 WALDENFELS, 1997, S. 110.

nebeneinander herlaufenden „Kollektivsymbol-Systeme[n]“[26], nämlich einem „nach innen einschließend[en]“ (mit dem paradigmatischen Symbolen der ‚Festung‘) und einem „nach außen anschließend[en]“, zu dem auch das hier bemühte Symbol des ‚Versuchslabors‘ oder des ‚Reagenzglases‘ gehört.[27] Mit den Worten von Bernhard Waldenfels könnte man das Wechselspiel zwischen Integration und Diversifikation vielleicht so beschreiben: „Die Kluft zwischen Eigenwelt und Fremdwelt, zwischen Eigenkultur und Fremdkultur läßt sich nicht schließen, und doch wird immer wieder der Versuch gemacht, sie auf diese oder jene Weise zum Verschwinden zu bringen.“[28]

Diese Pendelbewegung zwischen öffnenden und schließenden Kulturprozessen, die im intermediären Feld zwischen den Kulturen eine ambivalente Spannung erzeugt, spiegelt sich insbesondere in den ersten drei Beträgen. So zeigt sich in der Analyse Natalie Blochs, dass die luxemburgische Theaterlandschaft sowohl von einer eindrucksvollen internationalen als auch einer starken regionalen Ausrichtung geprägt ist, die sich nicht friktionslos miteinander verbinden lassen (*Internationales und lokales Theater in Luxemburg. Zwischen Koproduktion und regionaler Ausrichtung*). Der Beitrag Martin Dolls, welcher mediale Inszenierungen im Kontext von *nation branding* und Identitätspolitik untersucht, deckt hingegen auch unerwartete Zusammenhänge zwischen unterschiedlichen Bildkomplexen auf, die eine zur Schau gestellte Internationalität in einen nationalen Bedeutungsrahmen verschiebt. Dass das hier gepflegte postnational-europäische Selbstbild Luxemburgs im intellektuellen Diskurs des Landes nicht unhinterfragt bleibt, wird dagegen im Beitrag von Eva Wiegmann *Satirische Verortung Luxemburgs in Europa und der Welt. Guy Rewenigs Glossen über ein „unwiderstehliches Land“* deutlich. Die Betrachtung der satirischen Texte Rewenigs offenbart dabei eine starke Kritik an dem grundlegenden Widerspruch zwischen Weltoffenheit auf der einen und Abgrenzungsbedürfnis auf der anderen Seite, die zugleich auf die Utopie einer von jeglichen Hegemonialbestrebungen freien und zugleich selbstbewussten Verortung Luxemburgs im weltpolitischen Gefüge hinausläuft.

Luxemburg ist hier aber nicht nur Forschungsgegenstand, sondern auch konkreter Arbeits- und Forschungsort,[29] dessen spezifische Laborqualität als „*enhanced* environment“[30] sich grundsätzlich produktiv auf die Entwicklung neuer

26 PARR, 2010, S. 96.

27 PARR, 2009, S. 12.

28 WALDENFELS, 1997, S. 110.

29 Etymologisch bestimmt sich der von dem lt. ‚*labor*‘ bzw. ‚*laboratorium*‘ abgeleitete deutsche ‚Labor‘-Begriff als Arbeits- bzw. Werkraum.

30 KNORR CETINA, 1995, S. 145.

Forschungsideen[31] im Bereich der Interkulturalitätsforschung auswirkt und einen Raum bietet für bis dato noch unkonventionelle Ansätze in diesem Feld, der sich mit der Publikation der *Zeitschrift für interkulturelle Germanistik* (ZiG) auch für Außenstehende öffnet. In diesem Sinne versteht sich der vorliegende Band nicht nur als Beitrag zu Fragen der Interkulturalität im konkreten Bezugsraum Luxemburg, sondern auch als Spiegel einer grenzüberschreitenden interkulturellen Wissenschaftskompetenz, die sich im Rahmen eines von den spezifisch luxemburgischen Bedingungen geprägten Umfelds entwickeln kann. Dabei wirkt – um ein anderes luxemburgisches Kollektivsymbol zu bemühen[32] – das soziokulturelle Umfeld gewissermaßen als ‚Motor' im Hinblick auf die Generierung neuer Forschungsansätze. Als solche zu nennen sind hier vor allem die Versuche, eine bislang immer noch überwiegend „gegenwartsorientierte Fremdkulturwissenschaft"[33] zu historisieren und dabei dem Umstand Rechnung zu tragen, dass „Wahrnehmung kultureller Andersartigkeit [...] zu den Grundleistungen menschlichen Gemeinschaftslebens"[34] gehört. Insbesondere die Vorstöße im Feld einer interkulturellen Mediävistik, die Amelie Bendheim (*Von Luxemburg und Wolkenstein. Identitätskonstruktionen im Umkreis der Luxemburger Dynastie*) und Heinz Sieburg (*Welterfahrung, Gotteserfahrung, Selbsterfahrung. Zum Motiv des Reisens in der deutschen Literatur des Mittelalters*) unternehmen, aber auch Hamid Tafazolis Analyse von Berichten europäischer Reisender in den Großraum Persien, die bis ins frühe 17. Jahrhundert zurückgehen (*Von der Nutzbarkeit fremder Reisen. Überlegungen über Aspekte kulturaliserenden Schreibens*), belegen, dass ‚Interkulturalität' sich letztlich „als ein historisch durchgängiges Phänomen erweist"[35] und eine definitorische Beschränkung des Begriffs auf ein Globalisierungsphänomen zu kurz gegriffen ist. Dabei stellt der Komplex des Reisens als Modus der Welt- und Kulturaneignung, dem sich Sieburg, Tafazoli und auch Bendheim widmen, ein wichtiges Pendant zu dem in der

31 Eine Laborsituation in sozial- und geisteswissenschaftlichen Instituten manifestiert sich laut Leon Wansleben vor allem dann, „wenn diese einsamen Lektüren in ein Netz von Bezügen eingeflochten werden [...]. Eine Weise, in der dies geschieht, sind Diskussionen, die existierende wissenschaftliche Positionen mit anderen Positionen, neuen Evidenzen und somit im Hinblick auf neue Fragestellungen rekontextualisieren. Das Labor hält für solche Diskussionen nicht nur die Räume, sondern auch die notwendigen Akteure und eine ortsspezifische Kultur der Diskussion bereit". (WANSLEBEN, 2007, S. 282, vgl. KNORR CETINA, 2002, S. 72 ff.)

32 Vgl. PARR, 2009, S. 12.

33 WIERLACHER, 2003, S. 32.

34 OSTERHAMMEL, 2011, S. 55.

35 HEIMBÖCKEL, 2012, S. 29.

Interkulturalitätsforschung überproportional vertretenen Migrationsbereich dar. Zum anderen sind gerade die Beiträge, die mit dem Themenfeld der Reise die nationale Sphäre verlassen und grenzüberschreitend den Fokus von Luxemburg auf fremde Räume verschieben, hier ein notwendiges Supplement, da eine rein nationale Fixierung dem Interkulturalitätskonzept an sich widersprechen würde.

Innovativ ist darüber hinaus die interdisziplinäre Vernetzung interkultureller Fragestellungen mit Bildungs- oder medienwissenschaftlichen Fragestellungen, wie sie zum einen Fabienne Scheer, zum anderen Martin Doll oder Elena Kreutzer (*Eine explorative Untersuchung zum luxemburgischen Kollektivsymbol-System am Beispiel des Migrationsdiskurses im Luxemburger Wort*) unternehmen. Echten Testcharakter hat Julian Osthues Frage nach der Anwendbarkeit postkolonialer Fragestellungen auf das gegenwärtige Luxemburg, die einen Versuch zur Auslotung des weiterführenden Potentials dieser Forschungsperspektive im Reflexionshorizont des Interkulturellen startet.

Der Gemeinschaftsbeitrag *Kultur als interkulturelle Herausforderung* schließlich erprobt in einer unkonventionellen Form die Übertragbarkeit von Kultur- und Interkulturalitätstheorie auf die lebensweltliche Praxis. Hier wird nicht nur die interkulturelle Aktivität als ein Experiment verstanden, sondern weiterführend auch deren wissenschaftliche Beobachter als Experimentatoren. Diesem Selbstverständnis entsprechend sucht der Artikel mit epistemologischer Absicht die Grenzen üblicher wissenschaftlicher Ansätze zu überschreiten.

Der Band geht in weiten Teilen auf das 1. Luxemburger Kolloquium zurück, das am 16. und 17.10.2013 unter dem Titel *Luxemburg. Interkulturelles Labor im Spannungsfeld von Integration und Diversifikation?* in der Villa Vigoni, dem deutsch-italienische Zentrum für europäische Exzellenz in Loveno di Menaggio, abgehalten wurde. An dieser Stelle gilt der Dank insbesondere dessen Generalsekretärin Immacolata Amodeo sowie dem Mitveranstalter des Kolloquiums, Michele Vangi. Der Beitrag *Kultur als interkulturelle Herausforderung* geht maßgeblich auf einen Vortrag zurück, der auf dem von der Universität Luxemburg veranstalteten *3rd Transatlantic Dialogue: Connecting through Culture – A Vision for Global Citizenship* gehalten wurde, der vom 4. Juni bis zum 6. June 2014 in Abbaye de Neumünster in Luxemburg stattfand. Die Herausgeberin dankt den Beiträgerinnen und Beiträgern, Dieter Heimböckel und Heinz Sieburg für ihre Unterstützung sowie den Herausgebern der Reihe *Luxemburg-Studien/Etudes luxembourgeoises*, Peter Gilles, Michel Pauly und Christian Schulz.

Eva Wiegmann
Luxemburg
im November 2015

Literatur

AMANN, WILHELM/BOURG, VIVIANE /DELL, PAUL /LENTZ, FABIENNE / DI FELICE, PAUL/REDDEKER, SEBASTIAN: Bilder und Identitäten, in: Doing Identity in Luxemburg. Subjektive Aneignungen – institutionelle Zuschreibungen – sozio-kulturelle Milieus, hg. von IPSE – IDENTITÉS POLITIQUES SOCIÉTÉS ESPACES, Bielefeld 2010, S. 165–234.

AMMANN, WILHELM: Abstract ‚Narrative im postnationalen Zeitalter', in: Programmheft des 1. Luxemburger Kolloquiums 2013, S. 7f.

BACHMANN-MEDICK, DORIS: Kulturanthropologische Horizonte interkultureller Literaturwissenschaft, in: Handbuch interkulturelle Germanistik, hg. von ALOIS WIERLACHER/ANDREA BOGNER, Stuttgart/Weimar 2003, S. 439–448.

BLIES, MICHAEL/GAMPER, MICHAEL (Hg.) „Es ist ein Laboratorium, ein Laboratorium für Worte". Experiment und Literatur III 1890–2010, Göttingen 2011.

COLAS-BLAISE, MARION/FREYERMTUH, SYLVIE/KMEC, SONJA/TORE, GIAN MARIA/SCHULZ, CHRISTIAN: Räume und Identitäten, in: Doing Identity in Luxemburg. Subjektive Aneignungen – institutionelle Zuschreibungen – sozio-kulturelle Milieus, hg. von IPSE – IDENTITÉS POLITIQUES SOCIÉTÉS ESPACES, Bielefeld 2010, S. 105–163.

GAMPER, MICHAEL/WERNLI, MARTINA/ZIMMER, JÖRG (Hg.): „Es ist nun einmal zum Versuch gekommen". Experiment und Literatur I: 1580–1790, Göttingen 2009.

– (Hg.): „Wir sind Experimente: wollen wir es auch sein!" Experiment und Literatur II: 1790–1890, Göttingen 2010.

GUTJAHR, ORTRUD: Interkulturalität als Forschungsparadigma in der Literaturwissenschaft. Von den Theoriedebatten zur Analyse kultureller Tiefensemantiken, in: Zwischen Provokation und Usurpation. Interkulturalität als (un) vollendetes Projekt der Literatur- und Sprachwissenschaft, hg. von DIETER HEIMBÖCKEL/IRMGARD HONNEF-BECKER/GEORG MEIN/HEINZ SIEBURG, München 2010, S. 17–39.

HEIMBÖCKEL, DIETER/WEINBERG, MANFRED: Interkulturalität als Projekt, in: Zeitschrift für interkulturelle Germanistik 5, 2 (2014), S. 119–144.

HEIMBÖCKEL, DIETER: Interkulturalität interdisziplinär denken. Ansätze zur Erweiterung ihrer Komplexität, in: Verortungen der Interkulturalität. Die ‚Europäischen Kulturhauptstädte' Luxemburg und die Großregion (2007), das Ruhrgebiet (2010) und Istanbul (2010), hg. von THOMAS ERNST/DERS., Bielefeld 2012, S. 21–38.

HONNEF-BECKER, IRMGARD/KÜHN, PETER: Interkulturalität und Hybridität in der Literatur in Luxemburg, in: Über Grenzen. Literatur in Luxemburg, hg. von DIES., Esch/Alzette 2004, S. 7–14.

KNORR CETINA, KARIN: Laboratory Studies. The Cultural Approach to the Study of Science, in: Handbook of Science and Technology Studies, hg. von SHEILA JASANOFF u. a., Thousand Oaks u. a. 1995, S. 140–166.

– Die Fabrikation von Erkenntnis. Zur Anthropologie der Naturwissenschaft. 2. Aufl., Frankfurt a. M. 2002.

– Neue Ansätze der Wissenschafts- und Techniksoziologie, in: Handbuch Wissenssoziologie und Wissensforschung, hg. von RAINER SCHÜTZEICHEL, Konstanz 2007, S. 328–342.

OSTERHAMMEL, JÜRGEN: Die Vielfalt der Kulturen und die Methode des Kulturvergleichs, in: Handbuch der Kulturwissenschaften. Bd. 2: Paradigmen und Disziplinen, hg. von FRIEDRICH JAEGER/JÜRGEN STRAUB, Sonderausgabe, Stuttgart 2011, S. 50–65.

MAINZER, KLAUS: Geleitwort: Interdisziplinarität und Schlüsselqualifikationen in der globalen Wissensgesellschaft, in: Interdisziplinarität. Theorie, Praxis, Probleme, hg. von MICHAEL JUNGERT u .a., Darmstadt 2010, S. VII-IX.

PARR, ROLF: Wie konzipiert die (Inter-)Diskurstheorie individuelle und kollektive Identitäten? Ein theoretischer Zugriff, erläutert am Beispiel Luxemburg, in: Forum für Politik, Gesellschaft und Kultur, Luxemburg 289 (2009), 11–16.

– Kompetenz: Multi-Interdiskursivität, in: Zwischen Provokation und Usurpation. Interkulturalität als (un-)vollendetes Projekt der Literatur- und Sprachwissenschaften, hg. von DIETER HEIMBÖCKEL u. a., München 2010, S. 87–100.

RECKINGER, RACHEL/WILLE, CHRISTIAN: Identitätskonstruktionen erforschen, in: Doing Identity in Luxembourg, hg. von IPSE – IDENTITÉS POLITIQUES SOCIÉTÉS ESPACES, Bielefeld 2010, S. 11–36

SENGAAHS, DIETER: Zivilisierung wider Willen. Der Konflikt der Kulturen mit sich selbst, Frankfurt a. M. 1998.

STATEC: Population par sexe et par nationalité (http://www.statistiques.public.lu/stat/TableViewer/tableView.aspx?ReportId=384&IF_Language=fra&MainTheme=2&FldrName=1), 01.07.2015.

WALDENFELS, BERNHARD: Topographie des Fremden. Studien zur Phänomenologie des Fremden 1, Frankfurt a. M. 1997.

WANSLEBEN, LEON: Laborexplorationen. Eine inkongruente Perspektive auf den Alltag sozialwissenschaftlicher Praxis, in: Sozialwissenschaften und Berufspraxis 30/2 (2007), S. 279–290.

WIERLACHER, ALOIS: Interkulturelle Germanistik. Zu ihrer Geschichte und Theorie. Mit einer Forschungsbibliographie, in: Handbuch Interkulturelle Germanistik, hg. von DERS./ANDREA BOGNER, Stuttgart 2003, S. 1–45.

YOUSEFI, HAMID REZA: Interkulturelle Kommunikation. Eine praxisorientierte Einführung, Darmstadt 2014.

ZIEMER, GESA/WEBER, VANESSA: Konstellationen, Konfrontationen und Kombinationen. Das Ruhrgebiet als urbanes Labor? In: dérive - Zeitschrift für Stadtforschung 58 (2015), URL: http://www.derive.at/index.php?p_case=2&id_cont=1286&issue_No=58, 30.06.2015.

I.
Luxemburg zwischen Regionalität und Internationalität

Natalie Bloch

Internationales und lokales Theater in Luxemburg: Zwischen Koproduktion und regionaler Ausrichtung

Migration, multilingualism and intercultural differences are not only typical for Luxembourg and the greater region, they may also be considered exemplary for current developments in Europe, thus suggesting that trends of the European theatre development are also concentrated in the world of Luxembourg's theatres. Accordingly, this contribution is meant to analyse, against the background of a European context, which economic conditions, institutional structures and ways of staging are typical for theatre in Luxembourg.

Theater in Luxemburg

Die Zahl der Theater in Luxemburg ist beeindruckend: Trotz der nur 525.000 Einwohner insgesamt, gibt es über zwanzig Theater[1] und Theatergruppen im Land. Doch nicht nur die Vielzahl der Theater verleitet zu der Frage, was die Luxemburger Theaterszene auszeichnet, sondern auch der europäische Kontext, in dem Luxemburg eine besondere Rolle innehat. Denn die Großregion und die sie kennzeichnende Migration, Mehrsprachigkeit, ihre interkulturellen Differenzen und die sich wandelnde Sozialstruktur[2] können exemplarisch für aktuelle Entwicklungen in der Welt gesehen werden und legen den Schluss nahe, dass sich in der Luxemburger Theaterlandschaft Tendenzen europäischer Theaterentwicklung konzentrieren. Dementsprechend soll in diesem Beitrag vor dem Hintergrund eines europäischen Kontextes untersucht werden, welche ökonomischen Bedingungen, welche institutionellen Strukturen und welche Formen von Inszenierungen das Theater in Luxemburg auszeichnen.

Bereits die Theaterdichte lässt darauf schließen, dass die ökonomischen Bedingungen für Theater andere als die in den Nachbarländern sind. In vielen europäischen Ländern werden seit gut zwanzig Jahren unter dem Imperativ des

1 Die bekanntesten in der gut 100.000 Einwohner großen Hauptstadt sind das *Grand Théâtre*, das *Théâtre National* und das *Théâtre des Capucins*, aber auch kleinere Bühnen, wie das *Kasemattentheater*, das *Théâtre Ouvert* und das *Théâtre Centaure* sind fest etabliert.

2 So der Dekan Georg Mein der FLSHASE der Universität Luxemburg am 06.09.2013 im *Tageblatt* (MEIN, 2013).

neoliberalen Wirtschaftens die Zuschüsse der Theater seitens der Kommunen massiv gekürzt, circa zwanzig Theater haben in Deutschland bislang schließen oder fusionieren müssen.[3] Insbesondere auf die kleineren, abseits der großen Metropolen liegenden Theater hat sich der ökonomische Druck immens erhöht: Man verlangt von ihnen höhere Zuschauerquoten und den Abbau langfristiger Arbeitsverhältnisse.[4] Die Folgen zeichnen sich sowohl auf struktureller wie auf ästhetischer Ebene ab: Um Kosten zu sparen, kommt man verstärkt in Projekten zusammen und arbeitet mit Gästen. Die Produktionen sind insgesamt günstiger, das Personal ist kleiner (häufig zwei bis drei Personen), man besetzt Schauspieler mehrfach, die Bühnenbilder sind einfach gehalten und gut transportabel, sodass man auf Reisen gehen kann.

In Luxemburg hingegen wird „[a]m Theater [...] nicht gespart", bemerkt man zu Beginn der Spielzeit 2012 ein wenig neidvoll im benachbarten Trier, wo das Theater von Sparzwängen gebeutelt, lange kurz vor dem Aus stand.[5] Selbst der (inzwischen pensionierte) Leiter des *Grand Théâtre* und des *Théâtre des Capucins*, Frank Feitler, gibt im Jahre 2011 an (was für einen Theaterleiter höchst ungewöhnlich ist): „Ja, wir werden gut subventioniert".[6] Dass in Luxemburg gerne Geld für Kultur ausgegeben wird, bezeugen auch die zahlreichen in den letzten Jahren im ganzen Land gebauten, mitunter höchst luxuriösen, mit modernster Technik ausgestatteten Kulturzentren und Theatersäle (wie das *Centre Culturel Kinneksbond* in Mamer, das *Kulturhaus Miersch* oder das *Trifolion* in Echternach), die Laiengruppen, semiprofessionellen Theater- und Tanzgruppen, Kursen und Vereinen zur Verfügung stehen. Ob die finanziellen Bedingungen für Kultur und Theater in Zukunft noch so günstig wie zuvor bleiben, steht allerdings in Frage. Erste Umstrukturierungsmaßnahmen und Kürzungen durch den im Jahre 2013 gewählten Premierminister Xavier Bettel haben bereits stattgefunden.

Die finanziellen Zuwendungen für die Theater sind unterschiedlicher Provenienz: Die Kosten der städtischen Theater in Luxemburg und Esch[7] werden zum Großteil von den Gemeinden getragen; der Staat beteiligt sich lediglich an den Verwaltungskosten der Theater. Darüber hinaus gibt es Vereinbarungen des

---

3 Vgl. OSTERMEIER, 2013, o.S.

4 Vgl. LUX, 2013, S. 29.

5 So das Online-Magazin *Hundertausend*, das den Artikel inzwischen aus dem Netz genommen hat, http://lokalo.de/artikel/14631/Stadtgespraech%A0Theater-in-LuxemburgAm-Theater-wird-nicht-gespart.

6 BLOCH, 2014, S. 112.

7 Diese sind das *Grand Théâtre*, das *Théâtre de Capucins*, das *Théâtre National* in Luxemburg Stadt und das *Théâtre d'Esch* in Esch.

Kulturministeriums mit privaten Theatern (so mit dem *Théâtre Ouvert* und mit dem *Théâtre du Centaure*) und auch der nationale Kulturfonds sowie private Sponsoren und Förderer investieren in die Theaterkultur.

Die Struktur der Luxemburger Stadttheater unterscheidet sich grundsätzlich von anderen Theaterkulturen in Europa. Ein festes Ensemble und einen Repertoirebetrieb wie in Deutschland oder Polen unterhält man nicht. Zwar arbeitet man in Belgien und Frankreich auch in erster Linie mit Gästen, dort gibt es allerdings primär Compagnien,[8] die komplett engagiert werden. Lediglich in Belgien, in Brüssel, Antwerpen, Gent und Lüttich existieren noch Theatergruppen, die fest an ein Gebäude gebunden sind. In Luxemburg besitzen die Häuser hingegen je nach Größe nur Leitung, Verwaltung und Technik, während das künstlerische Team für jede Produktion neu zusammengesetzt wird. Allerdings handelt es sich nicht um reine Produktionshäuser, sondern diese sind sehr stark von ihren teilweise selber inszenierenden Intendanten (wie Frank Hoffmann und Charles Muller) und regelmäßig dort arbeitenden Künstlern (Dramaturgen, Schauspielern und Bühnenbildnern) geprägt. Jedes Haus zieht ein anderes Publikum an und muss sich anderen Aufgaben stellen: So treffen die internationalen Koproduktionen hochkarätiger Theater-Avantgardisten im Grand Théâtre den Geschmack der gut situierten, kulturell ambitionierten Angestellten der internationalen Unternehmen und der EU-Institutionen in Luxemburg Stadt, während sich der Theaterleiter Charles Muller in Esch-sur-Alzette mit seinem Programm auf ein ökonomisch diversifiziertes Publikum einstellen muss.

Der Unterhalt der Theater ist durch die wenigen Festangestellten natürlich deutlich preiswerter als der Stadttheaterbetrieb, man hat viel Geld übrig um Produktionen zu Gastspielen einzuladen. Die Theaterschaffenden müssen somit zwar auf gesicherte Arbeitsverhältnisse verzichten,[9] doch durch die Netzwerkbildungen der lokalen Theater und die regional fehlende Konkurrenz ist ihre Beschäftigung und damit ihre Finanzierung weniger gefährdet als die der freien Szene in Deutschland.

---

8 Auch in Frankreich haben bis auf die Comédie-Française weder die fünf Nationaltheater noch die teilsubventionierten oder privaten Theater eine feste Ensemblestruktur. Vgl. http://www.bpb.de/internationales/europa/frankreich/153270/theater [letzter Zugriff 07.09.2014].

9 Immerhin gibt es den Künstlerstatus des „Intermittent du spectacle" in Luxemburg, der für Akteure der Film- Theater- und Tanzbranche vorgesehen ist, und ähnlich wie die Künstlersozialkasse eine soziale Grundversorgung bietet.

Zwei Inszenierungstypen: Zwischen Koproduktion und lokaler Inszenierung

Zwei Theaterformen lassen sich in Luxemburg unterscheiden: Zum einen gibt es die großen Koproduktionen mit zahlreichen Partnern, zum anderen kleinere, bescheidenere Eigenproduktionen (höchstens mit ortsansässigen Partnern). Die Koproduktionen entsprechen dem europäischen Trend der Internationalisierung, der sich insbesondere in der freien Theaterszene und in der EU-Kulturpolitik beobachten lässt, die zunehmend auf transnationale Theaterprojekte mit drei oder mehr Partnern setzen.[10] Dieser Internationalisierungstrend befördert die Zunahme an Projektarbeit und kurzfristigen Beschäftigungsverhältnissen,[11] zugleich verspricht man sich durch ihn Mehrsprachigkeit,[12] kulturelle Vielfalt und interkulturellen Austausch.[13] Was jedoch eine Koproduktion genau bedeutet, ist nicht festgelegt, jeder der eine finanzielle Summe beisteuert, ist im Prinzip Koproduzent; die künstlerischen Bedingungen und die finanziellen Anteile werden bei jedem Projekt neu verhandelt.

Für das kleine, mehrsprachige Luxemburg geht es bei den Koproduktionen weniger um kulturelle Hybridität, denn diese ist über die verschiedenen Herkünfte und Sprachen seiner Bewohner im städtischen Raum bereits fest verankert. Koproduktionen sind vielmehr aus pragmatischen Gründen notwendig, sie stellen die einzige Möglichkeit dar, frischen Wind in die Enge und Überschaubarkeit der eigenen Theaterszene zu bringen und sich mit anderen europäischen Theatern zu vernetzen. Das *Théâtre National* in Luxemburg Stadt ist laut Aussage seines Intendanten Frank Hoffmann Ende der 90er Jahre gegründet worden, „um das Theaterleben in Luxemburg zu internationalisieren. Die Luxemburger Künstler sollten eine Plattform im Ausland erhalten, und umgekehrt sollten herausragende

---

10 Vgl. SCHÖẞLER, 2013, S. 11.

11 Ebd., S. 10.

12 Die weltweiten Migrationsbewegungen und die damit einhergehende stetig wachsende kulturelle und sprachliche Diversifizierung der Gesellschaft lassen auch den Ruf nach einem ‚europäischen Theater' laut werden, in dem nicht nur viele Stimmen, sondern auch die Sprachvielfalt dieses Zusammenlebens repräsentiert wird. So auch Ruth Heynen, die Mitbegründerin der Union des Théâtres de l'Europe: „Besonders interessant werden in diesem Zusammenhang beispielhafte multilinguale Inszenierungen sein: Wie geht das Prosatheater – traditionell monolingual, d. h. in der herrschenden Sprache der Ortes der Aufführung arbeitend – mit der europäischen Öffnung um. Übersetzung und Übertitelung spielt hier eine wichtige Rolle." (HEYNEN, 2013, S. 19)

13 Die freie Theaterszene in Deutschland ist inzwischen komplett von Koproduktionen abhängig, denn nur so ist die überregionale Sichtbarkeit gewährleistet.

Künstler aus den Nachbarländern zusammen mit hiesigen Kollegen das Theater in Luxemburg neu beleben."[14] Eine ebensolche Strategie verfolgt das größte Theater Luxemburgs, das *Grand Théâtre*, und seine Nebenspielstätte, das *Théâtre des Capucins*, mit seinen Koproduktionen und Gastspielen: In der Spielzeit 2012/13 waren im Bereich Schauspiel, Oper und Tanz laut Aussage von Frank Feitler von insgesamt 70 Produktionen nur 15 reine Eigenproduktionen.[15] Bei den Koproduktionen sind – wie auch in den Theaterproduktionen, die von der Festivalpolitik der EU gefördert werden – fast ausschließlich europäische und aus dem überregionalen Feuilleton bekannte Partner im Boot, wie ein Blick in das Spielzeitprogramm 2012/13 zeigt: Das *Thalia Theater* und *Kampnagel* aus Hamburg, das *Deutsche Theater* und die *Sophiensäle* aus Berlin, die *Kammerspiele München*, das *Theater am Neumarkt* aus Zürich, die *Toonelgroup Amsterdam*, das Pariser *Odéon Théâtre*, das *Théâtre de Bouffes du Nord* und das *Théâtre de la Ville de Paris*, aber auch ungewöhnlichere Partner, wie bspw. das *Nationaltheater Radu Stanca* aus Rumänien. In Inszenierungen von Peter Brook, Johan Simons, Heiner Goebbels, Krysztof Warlikowski, Luc Bondy, Dimiter Gotscheff, Stefan Kimmig oder Jette Steckel treten Theater- und Filmstars wie z. B. Philipp Hochmair, Devid Striesow, Angela Winkler, Bruno Ganz, aber auch Emanuelle Béart, Emanuelle Seigner, Jean-Luis Trintignant auf. Neben Stadttheatergrößen, finden sich viele bekannte Namen aus der freien Szene, die im Rahmen von Koproduktionen und Gastspielen nach Luxemburg kommen, wie Thorsten Lensing oder *Nico and the Navigators*.

Bemerkenswert ist jedoch nicht, dass im *Grand Théâtre* das Theater zu Gast ist, das gerade im überregionalen Feuilleton *en vogue* ist, denn dieses ist teuer und Luxemburg hat die Mittel es einzuladen. Bemerkenswert ist, dass hier ein Querschnitt der Theatereliten Deutschlands, Frankreichs, Belgiens u. a. zugleich gezeigt wird – der internationale Radius also ausgedehnt ist, im Gegensatz zu dem Theater in einer deutschen oder anderen europäischen Hauptstadt. Unter dem Aspekt der hier vertretenen Künstler und Theatergruppen, kann de facto von einem europäischen Theater gesprochen werden, von einer Art verdichtetem Hauptstädtetheater. Denn es sind die großen Namen und die Geheimtipps verschiedener Länder Europas, die hier zusammenkommen – an dem einen Abend kann man eine Inszenierung von Peter Brook sehen, am nächsten die *Toneelgroup Amsterdam* und darauf das *Thalia Theater Hamburg*. Zahlreiche unterschiedliche Regie- und Landessprachen, nationale und experimentelle Formate

14 So Frank Hoffmann im Spielzeitheft des *Théâtre National* der Saison 2012/13.
15 Vgl. BLOCH, 2014, S. 120.

treffen aufeinander und künden von europäischer Theatervielfalt. Mitunter wagt man den Blick über Europa hinaus: So fand 2010 im *Grand Théâtre* unter dem Titel *Semaines du Congo* eine Afrika-Reihe statt, in der Choreografen und Künstler aus verschiedenen afrikanischen Ländern ihre Arbeiten präsentierten und mit dem Publikum diskutierten.

Die positiven Aspekte von Gastspielen und Koproduktionen bestehen für ein kleines Land wie Luxemburg jedoch nicht nur darin, dass die eigene Theaterszene durch neue Regisseure, Schauspieler und Bühnenbildner belebt wird und Leute aus unterschiedlichen Kulturkreisen zusammengebracht werden. Auf Koproduktionen sind die Luxemburger Theater geradezu angewiesen, weil diese den in oder mit Luxemburg produzierten Inszenierungen ermöglichen, durch die Länder der Koproduktionspartner zu touren (mitunter können das sieben oder acht sein) und damit einer breiteren europäischen Öffentlichkeit zugänglich zu sein. Nachteile dieser Koproduktionen könnten allerdings darin liegen, dass die Luxemburger Theater – je nach Bekanntheitsgrad der Partner – in Hinblick auf die künstlerische Mitarbeit, aber auch auf die Entscheidungsbefugnis, nicht gleichberechtigt sind und somit lediglich nur als für das Finanzielle zuständige Durchlauferhitzer fungieren.

Grundsätzlich ist bei Koproduktionen immer zu fragen, ob tatsächlich etwas von mehreren Partnern gemeinsam gemacht wird und ob dies auf der Bühne sichtbar wird. Durchaus denkbar ist, dass die sozialen und kulturellen Unterschiede in Zeiten der Globalisierung gar nicht mehr so groß sind bzw. kulturelle Angleichungen stattgefunden haben. Ebenso gilt es zu untersuchen, wie mit vermeintlich ‚fremden' Theatertraditionen und Regiesprachen umgegangen wird und ob hier eventuelle neue oder abweichende Theaterästhetiken entstehen.

Zwei Luxemburger Koproduktionen

Zwei eher willkürlich herausgegriffene, aber dennoch exemplarische Beispiele von Koproduktionen (da es sich jeweils um interkulturell ausgerichtete Mammutprojekte mit acht Parteien handelt), bei denen Luxemburg wesentlich beteiligt war, sollen hier kurz vorgestellt werden: Die unter Beteiligung des *Grand Théâtre* 2010 entstandene Inszenierung von *Endstation Sehnsucht* und das 2013 unter Mitwirkung des *Théâtre National* produzierte Stück *Faust Exhausted.*

Endstation Sehnsucht

Bei der Inszenierung von Tennessee Williams *Endstation Sehnsucht* waren neben Luxemburg hochrangige Theater und Festspiele aus Paris, Berlin, Genf, Amsterdam, Den Haag, Warschau und Grenoble beteiligt, das Stück wurde ebenfalls auf dem Festival *spielzeit europa* gezeigt. Frank Feitler, der damalige Leiter vom *Grand Théâtre,* war der Spiritus Rector bei der Zusammenführung des künstlerischen Teams, wobei er von seiner jahrzehntelangen Gastspiel- und Koproduktionspraxis profitieren konnte. Seine intensive und langjährige Zusammenarbeit mit dem polnischen Regisseur Krysztof Warlikowski – für den wiederum nur Isabelle Huppert für die Rolle der Protagonistin, Blanche Dubois, in Frage kam – konnte ihn darauf vertrauen lassen, dass hier ein außergewöhnliches Theaterereignis entstehen würde, obwohl die Zusammenstellung auf den ersten Blick etwas Spektakuläres und Effektheischerisches besitzt: Ein Stück, das legendär mit Marlon Brando verfilmt wurde, am Broadway für gute Zuschauerzahlen sorgte und an jedem Stadttheater auf kurz oder lang im Spielplan steht, mit einer schönen, weltbekannten Diva in der Hauptrolle zu besetzen, scheint zunächst einem kommerziellen Kalkül entsprungen, das auf die Zugkraft bekannter Namen setzt. Doch weder Warlikowski, noch Huppert bedienen die Klischees, die man mit der Inszenierung des Klassikers oder dem Auftritt der französischen Starschauspielerin in einer solchen Rolle in Verbindung bringt: Es gibt keine hollywoodübliche Enthüllungsdramaturgie, keinen zuschauerwirksamen Seelenstriptease[16] und keine ‚schöne' Inszenierung der Protagonistin. Die überregionale Presse schwärmte, Warlikowski verzichte in seiner radikalen Neu-Inszenierung des Tennessee-Williams-Klassikers „konsequent auf Südstaatenkolorit und antiquierten Gefühlsschwulst"[17], klopfe das Stück vielmehr auf seine Obsessionen ab[18] und Huppert organisiere „all die Emotionen mit einer eigentümlichen Dialektik von Zerbrechlichkeit und Rigidität"[19].

Grundlage für diesen innovativen Zugriff bildet eine, mit Textauszügen aus der Bibel und aus Werken von Oscar Wilde, Platon und Gustav Flaubert an das Original nur noch angelehnte, Neufassung des Stückes durch den frankokanadischen Dramatiker Wajdi Mouawad. Seine Fassung bleibt zwar ebenfalls ganz auf die Hauptfigur fokussiert, erzählt jedoch nicht wie im Original-Text den zunehmend desolater werdenden Zustand von Blanche, sondern entwickelt die Geschichte vom Abgrund her, worauf die Kritikerin Christine Wahl auf Spiegel Online jubiliert: „So hat man Blanche Dubois noch nie gesehen"[20].

16 Was sich bei der Rolle der Blanche durchaus anbietet, denn diese sucht bei ihrer jüngeren Schwester Stella und deren Mann Stanley Kowalski Zuflucht vor dem körperlichen Verfall, der finanziellen Not und ihrer Vergangenheit, scheitert jedoch.

17 WAHL, 2010.

18 KLAEUI, 2010, S. 38.

19 Ebd., S. 40.

20 WAHL, 2010.

Bereits der Anfang der Inszenierung zeigt das Endstadium der Hauptfigur, ihr Erloschensein:[21] Hupperts Blanche sitzt auf einem Hocker hinter einer Glasscheibe bewegungslos und mit hängenden Schultern, sie trägt nur ein Negligee, ihre nackten Arme und Beine verleihen ihr etwas sehr verletzliches, fragiles, trotz ihres Alters wirkt sie wie ein Kind. Hinter ihr ist das eigene Konterfei grobkörnig aufgelöst an die Wand geworfen, die Szene ist verzerrt, in blau-weißes Licht gehüllt, der Raum strahlt eine Atmosphäre von Kälte, Einsamkeit und Verlorenheit aus. Mit ihrem riesigen Antlitz im Rücken ist Blanche im wahrsten Sinne des Wortes auf sich zurückgeworfen und dabei komplett allein, eingesperrt hinter der Scheibe wie in Isolationshaft oder in einer Klinik. Ihr Mund formt in einer fast schon entstellenden, befremdlichen Mimik Worte aus einem Kinderreim,[22] doch ihre Stimme ist von ihrem Körper losgelöst und kommt aus Lautsprechern aus dem Off. Es folgt eine Befragung über ihre Person, wer sie sei, wo sie herkomme etc. durch eine strenge weibliche Stimme, auf die sie nur stockend, wie aus weiter Ferne antwortet. Insgesamt wirkt sie abwesend, betäubt, man hat das Gefühl hier ist ein Mensch am Ende. Psychopathologische Krankheitsbilder wie Narzissmus, Borderline,[23] insbesondere auch Depression, lassen sich bei ihrem Anblick assoziieren.

Bereits in dieser Anfangsszene wird mit einer herkömmlichen Repräsentationsästhetik gebrochen, indem die Grenze zwischen Innen- und Außenwelt visuell und akustisch getilgt wird und Stereotypisierungen der Repräsentation von hysterischer Weiblichkeit und Emotion vermieden werden. Mit technischen aber auch schauspielerischen Mitteln werden die im Ursprungstext behaupteten Subjekt-Grenzen dekonstruiert und traditionelle Ordnungskategorien von Psyche, Subjekt und Geschlecht in Frage gestellt. Die grenzüberschreitende (interkulturelle) Begegnung des Polen Warlikowski und seiner Art des Regieführens mit der französischen Schauspielerin sowie zahlreichen anderen Künstlern (Bühnenbildnern, Musikern, Lichtdesignern) führt zu einer Studie über psychisches Leid, die mit konventionellen Sichtweisen auf den Klassiker von Tennessee Williams radikal bricht.

---

21 Die folgenden Ausführungen beziehen sich auf einen Ausschnitt aus der Inszenierung, der auf Youtube zu sehen ist, http://www.youtube.com/watch?v=EoqVTbLBrr0 [letzter Zugriff 30.09.14].

22 Die aus einem Chanson von Claude Roy stammen: Si tu trouves sur la plage/Un très joli coquillage/Compose le numero/Ocean zero zero/ Et lóreille à l'appareil/ La mer te racontera/ Dans sa langue des merveilles/ Que papa te traduira.

23 Christine Wahl betitelt ihre Kritik mit *Endstation Borderline* (vgl. WAHL, 2010).

Faust Exhausted

Ein weiteres, ganz anderes Beispiel für eine luxemburgische Koproduktion stellt *Faust Exhausted* dar, an der das freie Stuttgarter Theater *TARTproduktion*, das Theater-Labor *Sfumato* aus Sofia, das *Théâtre National du Luxembourg*, das Nationaltheater *Radu Stanca Sibiu*, das Produktionszentrum *Tanz und Performance e.V. Stuttgart* und das *Schlachthaus Theater Bern* beteiligt waren.[24]

Wie für *Endstation Sehnsucht* wurde, bis auf einige Originalfragmente, eine Neufassung des Faust II Stoffes durch den Stuttgarter Autor Tomo Mirko Pavlovic und den Regisseur Bernhard Eusterschulte erstellt. Diese Fassung wurde an die verschiedenen Spielorte (die Produktion tourte durch alle Länder der Koproduktionspartner) und ihre sozialen Verhältnisse jeweils neu angepasst.[25] Produktionsdramaturg Andreas Wagner formuliert im Programmheft die Leitfragen dieser Neubearbeitung: „Was bleibt vom Faust-Stoff, wenn man ihn mit der europäischen Realität von heute konfrontiert, indem man diese Realität mit sechs Schauspielern unterschiedlicher Sprache, Kultur und unterschiedlichen Alters auf eine einzige Bühne stellt?" In diesem Sinne treffen auf der Bühne nicht nur sieben Sprachen aufeinander (Deutsch, Bulgarisch, Französisch, Englisch, Rumänisch, Luxemburgisch und Schwyzerdütsch), sondern die unterschiedlichen Theatersprachen und Schauspieltraditionen erzeugen auch Missverständnisse und man ringt immer wieder um ein Verstehen jenseits der gesprochenen Sprache. In diesem Sinne bringt es auch Strötgen auf den Punkt: „Die Bühne wird bei Eusterschulte zum Labor, zum Experimentierfeld interkultureller Prozesse. Nicht sprachliches Verständnis, sondern nonverbale Erfahrungen stehen im Vordergrund."[26]

Um Konzept und Eindrücke zu konkretisieren, soll auch hier ein kurzer Blick auf die Anfangsszene der Inszenierung in ihrer Version in Sofia geworfen

---

24 Zudem wurde finanzielle Unterstützung durch das *Goethe-Institut Sofia*, das *Goethe-Institut Bukarest*, das *Institut Pierre Werner Luxembourg* und die Universität Luxemburg geleistet.

25 Die Inszenierung ordnet sich hier, analog zu der Ausrichtung des postdramatischen Theaters, nicht dem Text unter, sondern der Text wird zum Material, das auf andere Materialien trifft: Sprachen, Spielhaltungen, Raum und Improvisationen (vgl. LEHMANN, 1999).

26 STROETGEN, 2014. Doch das Konglomerat von Sprachen auf der Bühne, das dazu führt, dass auch der Zuschauer nicht alles versteht, das Fremde mitunter fremd bleibt, interkulturelle Missverständnisse vorgeführt, statt aufgelöst werden, schien manchem Kritiker unbefriedigend: „Dabei wirkt vieles zwar diskursanregend, manches bleibt aber auch rätselhaft ungelöst." (MOSER, 2014).

werden:[27] In einer kleinen, bis auf zwei Stapel Holzpaletten, leeren Guckkastenbühne, sind fünf Menschen eingepfercht, drei junge Männer in blauen Hosen und weißen Hemden, zwei Frauen mit langen Haaren, ein älterer Mann in einem altmodischen Anzug. Sie stehen an die Wand gelehnt, sitzen, hocken oder liegen auf den Stapeln, als ob sie auf etwas warten würden. Doch so nah man auch beieinander ist, niemand kümmert sich um den anderen an diesem ärmlichen, unwirtlichen Ort, der von einer nackten von der Decke baumelnden Glühbirne rötlich beleuchtet wird. Auf die Rückwand ist ein kleiner Totenschädel projiziert, der an Fausts Studierzimmer (aber natürlich auch an Hamlet) erinnert und damit dezent auf die Klassikerfolie verweist, vor der das Stück spielt. Die mehrere Minuten andauernde Warte-Situation wird auch für den Zuschauer schier unerträglich – als einer der jungen Männer auf der Bühne zu schnarchen beginnt, hört man erleichtertes Lachen aus dem Publikum. Irgendwann zieht der ältere Mann einen Klappstuhl durch den Raum, setzt sich schließlich, murmelt einige Wörter in einer fremden Sprache, steckt sich eine Zigarette an und umschlingt seinen Körper wie frierend mit seinen Armen. Plötzlich beginnen zwei der jungen Männer äffisch zu kreischen und zu hüpfen, dann zitiert einer von beiden aus der Faust-Tragödie (erster Teil) auf Deutsch, wobei er immer wieder von einer der Frauen in einer fremden Sprache (Bulgarisch?) unterbrochen wird: „Das Drüben mag mich wenig kümmern“ – dass diese Faust-Inszenierung nicht störungsfrei ablaufen wird, ist nach diesen wenigen Spielminuten klar. Der junge Faust-Sprecher gerät in einen Händel mit einem seiner Doppelgänger, der wissen will, welches Drüben er meint. Durch das Aufeinanderprallen der verschiedenen Sprachen assoziiert man hier unweigerlich – über die im Faust gemeinte ‚jenseitige‘ Welt hinaus – den Osten Europas als „Drüben“.

Eine interkulturelle Begegnung zwischen Ost und West (und auch zwischen jung und alt) vollzieht sich auch kurz darauf zwischen dem jungen und dem älteren Mann auf dem Stuhl. Der Junge stellt dem Älteren abwechselnd auf Deutsch und Bulgarisch Fragen, die seine Verfassung und Gewohnheiten abklopfen, ob er trinke, fit sei, noch Sex habe, auf Facebook oder Twitter sei. Der Alte antwortet auf Bulgarisch, wirkt müde, als habe er abgeschlossen mit allem weltlichen. Der scheinbar beide Sprachen beherrschende, körperlich und medial versierte junge Mann zeigt sich damit als der Überlegene. Monolingualität bzw. die fehlende Partizipation an mehreren Sprachen wird als Exklusionsmerkmal vorgeführt, wobei nicht von ungefähr der Vertreter der westlichen Welt als jugendlich,

27 Diese wurde mir freundlicherweise von dem Regisseur Bernard Eusterschulte auf DVD zur Verfügung gestellt.

mehrsprachig und überlegen gezeichnet ist, der den aus dem Osten stammenden Älteren, den man unschwer als alten, müden Faust identifizieren kann, ökonomisch und kulturell überholt und abgehängt hat.

Die interkulturelle Konzeption und Zusammensetzung des Projekts spiegelt auch auf der Bühne, quasi wie in einer Laborsituation, die Konstellation von Ost- und Westeuropäern im vereinten, aber realiter höchst heterogenen Europa. Sprachliche Missverständnisse und Machtverhältnisse werden bereits in diesen ersten Minuten der Inszenierung vorgeführt. Der Raum ist karg und leer und verweist damit auf die fehlenden sozialen und kulturellen Bindemittel. Einzig die für Waren vorgesehenen Holzpaletten bezeugen den (bisherigen) ökonomischen Zweck des europäischen Gebildes. Zugleich werfen die unterschiedlichen Spielweisen – die körperlich-ausgestellte der jungen Männer und die psychologisch-grundierte des älteren Mannes – die Frage auf, ob eine mögliche Europäisierung des Theaters von allgemeinem Interesse ist: Könnte sich hier eine kulturell-künstlerische Bereicherung vollziehen oder wird auf kurz oder lang notwendigerweise eine Art Kulturesperanto entstehen? Intensiv wird der Zuschauer in dieser Inszenierung in einen Prozess hineingezogen, der den Anspruch auf umfassendes interkulturelles Verstehen unterläuft und verdeutlicht, dass die Auseinandersetzung mit Menschen aus anderen Sprach- und Kulturräumen eine Form des Einlassens erfordert, die mit Frustration und Gefühlen der Unzulänglichkeit einhergehen können.

So unterschiedlich die beiden hier vorgestellten Koproduktionen auch sind, in beiden Fällen handelt es sich doch um interkulturelle Theaterprojekte: In *Faust Exhausted* werden anhand des Faust II-Stoffes verschiedene Sprachen, Spielweisen und Perspektiven hinsichtlich der Frage nach einer gemeinsamen europäischen Identität miteinander konfrontiert, während in *Endstation Sehnsucht* die in die Arbeit eingeflossenen interkulturellen Prozesse im Endergebnis nicht mehr offenkundig sichtbar sind. Dennoch geht es um eine Überschreitung von Körper und Subjektgrenzen und um Fragen der Repräsentation, die indirekt auch mit einer interkulturellen Thematik zusammenhängen.

Eigenproduktionen

Neben den Koproduktionen mit internationalen Partnern gibt es Eigenproduktionen bei denen die Theater in Luxemburg häufig untereinander kooperieren. Wenn man sich die Spielpläne, abseits vom *Grand Théâtre* anschaut (bspw. vom *Théâtre National du Luxembourg*, dem *Kasemattentheater* oder auch dem *Théâtre Ouvert*), fallen zahlreiche kleinere Produktionen mit maximal zwei bis vier Darstellern auf, die in erster Linie von Luxemburger Theaterschaffenden realisiert werden.

Dies scheint jedoch weniger aus den ökonomischen Zwängen eines neoliberalen Zeitgeistes zu resultieren wie in anderen EU-Ländern, in denen der Subventionsabbau günstigere und kleinere Produktionen verlangt. Die Ausgangssituation in Luxemburg ist eine andere – man besitzt gar kein Ensemble- oder Repertoiretheater und hat es nie besessen, dementsprechend empfindet man die neoliberalen Strukturen im Theater nicht unbedingt als Bedrohung. Anders als im deutschen Repertoiresystem, in dem viele Stücke mindestens über den Zeitraum einer Spielzeit, in Ausnahmefällen sogar viele Jahre, parallel gespielt werden, funktioniert das projektgebundene Theater in Luxemburg, ebenso wie in Holland, Belgien und Frankreich als En-suite-Betrieb, das heißt, die einzelnen Theater zeigen jeweils nur eine einzige Aufführung, die im Anschluss daran abgespielt ist. Die dem Zuschauer zur Verfügung stehende Auswahl von Stücken ist demnach kleiner, die Theaterwelt schnelllebiger. Ein Repertoiretheater wäre in Luxemburg kaum realisierbar, denn dafür existiert kein Publikum, da man (je nach Größe des Theaters) die maximale Zuschauerzahl mit zwei bis acht Vorstellungen erreicht hat, nur in Ausnahmefällen wird eine Produktion in die nächste Spielzeit übernommen. Möglicherweise finden sich auch deshalb viele kleine Eigenproduktionen – eben weil sie schnell abgespielt sind.

Welche Stücke man in Luxemburg neben den großen Koproduktionen spielt, soll anhand eines kursorischen Blickes auf die Spielpläne der Spielzeit 2011/12 und 2012/13 des *Théâtre National*, des *Théâtre des Capucins* und des *Kasemattentheaters* in den Blick genommen werden. Neben leichteren, unterhaltsamen Stücken, Lesungen und Musiktheater finden sich auffällig viele moderne Klassiker: Harold Pinter, Dario Fo, Bertolt Brecht, George Tabori, Maxim Gorki, *Der Revisor* von Gogol im *Théâtre National* fällt hier schon aus der Reihe. In der Spielzeit 2012/13 wurde an den hier ausgewählten Theatern keiner der bspw. in Deutschland sehr beliebten, mitunter älteren Theaterklassiker als Eigenproduktion realisiert, weder Ibsen, Tschechow, Lessing, Shakespeare, Schiller, Goethe, Kleist, Büchner noch Racine, Voltaire, Corneille, geschweige denn eine antike Tragödie. Womöglich hat dies weniger inhaltliche Gründe, sondern erklärt sich durch den großen Aufwand für ein doch eher überschaubares Publikum. Luxemburger Theaterautoren werden besonders gefördert u. a. als Hausautoren (am *Théâtre National* und am *Grand Théâtre*) – eine Uraufführung in Luxemburg ist ihnen sicher. Die Brüder Nico und Guy Helminger sind als Theater- und Romanautoren auch in Deutschland bekannt, Jean Paul Maes, Guy Rewenig oder Pol Greisch hingegen schreiben vorrangig auf Luxemburgisch und setzen sich mit der Luxemburger Gesellschaft kritisch auseinander, über die Grenzen hinaus kennt man sie daher wenig.

Zweifelsohne ist die Luxemburger Theaterszene höchst überschaubar: Man begegnet stets den gleichen Regisseuren, Dramaturgen und Schauspielern, die zwischen den verschiedenen Theatern switchen. Einige davon sind in Deutschland und auch international bekannt, andere sind im Land feste Größen. Die Luxemburger Presse scheint die Theaterszene unterstützen zu wollen und manche Kritiker bezeichnen so gut wie jede Inszenierung als „herausragend" oder „hervorragend", was wenig hilfreich ist, da so die wirklich interessanten Dinge zwischen den mittelmäßigen und schlechten Inszenierungen untergehen – von einer kritischen, unabhängigen Berichterstattung sind einige Zeitungen noch entfernt. So wird die seichte Theateradaption eines Films von Theo van Gogh mit dem Titel *Das Interview*, die in der Spielzeit 2011/12 im *Kasemattentheater* stets vor ausverkauftem Haus spielte, frenetisch in der Presse bejubelt. Als „brillantes Schauspielertheater" und „atemberaubend spannender Kampf mit immer neuen Wendungen", wird das von Pol Cruchten inszenierte Psycho-Duell im *Volksfreund* gefeiert[28] und im *Letzeburger Land* als „intelligentes Theater auf höchstem Niveau"[29] eingestuft. Das ziemlich reißerische Zwei-Personen Stück, handelt von einem Interview zwischen einer B-Film-Diva und einem Journalisten und basiert auf immer neuen Enthüllungen, Täuschungen und Wendungen. Psychische Abgründe und Geschlechterbilder werden in einer konventionellen Repräsentationsästhetik höchst klischiert thematisiert, auch wenn die Schauspieler Steve Karier und Fabienne Elaine Hollwege ihre Sache gut machen. Ebenso gibt es ästhetisch innovative Produktionen, wie zum Beispiel eine Inszenierung von Heiner Müllers *Quartett* durch den immer wieder in Luxemburg arbeitenden deutschen Regisseur Stefan Maurer. Auch hier handelt es sich um ein Zweipersonenstück, das wie *Das Interview* auf fast leerer Bühne spielt. Doch statt auf Enthüllungsspannung, konzentriert sich Maurer auf die Dekonstruktion von Geschlechterverhältnissen und bricht mit herkömmlichen Sehgewohnheiten, was schon in der Besetzung der Frauenrolle mit einem Mann deutlich wird.

Abschließend lässt sich feststellen, dass die Überschaubarkeit der ortsansässigen Luxemburger Theaterszene und die unkritische Berichterstattung ihrer Qualität nicht immer zuträglich ist und es den anspruchsvollen Theatermachern nicht gerade leicht macht.

---

28 So ein ungenannter Kritiker im *Volksfreund* am 10. April 2013.
29 HANSEN, 2013.

Publikum und Mehrsprachigkeit in Luxemburg

Der (anspruchsvolle) Theaterbesuch gehöre nicht unbedingt zur Lebensgewohnheit der alteingesessenen Luxemburger Bürger, konstatiert Charles Muller und macht hierfür das fehlende Bildungsbürgertum in Luxemburg verantwortlich. Der Theaterleiter attestiert den Luxemburgern ein starkes Bedürfnis nach Unterhaltung, das er darin begründet sieht, dass zeitgenössische deutsche und französische Autoren nicht vor den 1970er Jahren aufgeführt wurden und Luxemburg wenig eigene Theaterautoren besitze.[30] Diese These spiegelt sich in den Spielplänen wider. Geht man davon aus, dass viele Luxemburger, obwohl sie mehrsprachig sind, gerne Stücke auf Luxemburgisch sehen, ist zu bemerken, dass hier überwiegend Komödien, Volksstücke und Kabarett angeboten werden. Auch das semi-professionelle auf Luxemburgisch spielende Volkstheater, das in zahlreichen Theatersälen und Kulturfabriken des Landes gezeigt wird, zieht ein immens großes einheimisches Publikum an.

Doch das Publikum in Luxemburg ist sehr heterogen: Insbesondere die Koproduktionen und Gastspiele haben ein internationales, theatererprobtes Publikum. Frank Feitler vom *Grand Théâtre* konstatiert, dass 70% seiner Zuschauer Nicht-Luxemburger seien,[31] was nicht weiter verwunderlich ist, denn 45% der Einwohner Luxemburgs besitzen keinen luxemburgischen Pass.[32] Hinzu kommen zahlreiche Theaterbesucher aus den Grenzgebieten, aus dem Trierer Raum bis zur Eifel oder von der französischen und belgischen Seite. Viele Theaterbesucher, insbesondere der Koproduktionen und Gastspiele, sind also keine alteingesessenen luxemburgischen Staatsbürger, sondern, wenn man es so will, Ausländer oder Neubürger. Dementsprechend findet sich ein mehrsprachiges Theaterangebot vorrangig in den Amtssprachen Deutsch und Französisch (wobei die Klassiker oft in ihrer Originalsprache gespielt werden), doch auch, wie bereits erwähnt, in der Nationalsprache Luxemburgisch. Für die in Luxemburg ansässigen Neubürger aus den neuen EU-Mitgliedstaaten (Tschechien, Ungarn, Polen etc.), die in den EU-Institutionen oder als Angestellte in den Niederlassungen internationaler Unternehmen tätig sind und deren Umgangssprache Englisch ist, werden zunehmend auch englische Produktionen eingeladen und (ko-)produziert.

30 Vgl. BLOCH, 2014, S. 144.

31 Ebd. S. 111.

32 Die Einwohner stammen aus insgesamt 153 Staaten, damit ist Luxemburg eins der kulturell gemischtesten Länder in Europa.

Zu bemerken ist allerdings, dass die weitaus größte Einwanderergruppe Luxemburgs, die portugiesischen Staatsbürger,[33] im Theater quasi nicht vorkommen.[34] Das mag zum einen darin begründet sein, dass die Portugiesen kaum eine eigene Theatertradition in ihrem Land besitzen und daher wenig Nachfrage ihrerseits zu existieren scheint. Zum anderen handelt es sich hier um Einwanderer, die in den 60er Jahren als Arbeitsmigranten für den Bausektor und die Stahlindustrie angeheuert wurden (ähnlich wie die sogenannten Gastarbeiter in Deutschland) und selbst in der zweiten oder dritten Generation noch im Niedriglohnsektor arbeiten. Viele portugiesische Bürger haben in Folge ihrer sozialen und ökonomischen Verhältnisse nur eine passive Kenntnis des Deutschen und des Französischen, wie Fernand Fehlen hervorhebt.[35]

Dementsprechend lässt sich sagen, dass die Teilnahme am Theaterleben in Luxemburg erst über eine bestimmte Sprachkompetenz ermöglicht wird[36] – die des Deutschen, Französischen, Englischen oder auch Luxemburgischen. Auch im kulturellen Bereich des Theaters zeigen sich Sprachen somit als gesellschaftliches Inklusions- und Exklusionsmittel, welches die kulturelle und ökonomische Hierarchie unserer Gesellschaft widerspiegelt und definiert, wer in welcher Form teilnimmt und wer nicht. In Deutschland verhält es sich ähnlich mit der türkischsprachigen Bevölkerung, auch sie nahm bislang aufgrund eines fehlenden türkischsprachigen Angebots bislang kaum am Theaterleben teil.[37]

Natürlich sind die verschiedenen Sprachgruppen häufig kaum zu trennen und mischen sich im Theater. Während auf dem internationalen Festivalmarkt mehrsprachige Inszenierungen gerade en vogue sind, sind sie in Luxemburg nichts Außergewöhnliches (zum Beispiel war *Trommeln in der Nacht* von Brecht in der Spielzeit 2012/13 im *Théâtre National* dreisprachig zu sehen), denn sie spiegeln die Mehrsprachigkeitserfahrung im Alltag der Menschen.

---

33 Die portugiesischen Staatsbürger machen 16,40% der Gesamtbevölkerung aus, die zweitgrößte Einwanderergruppe sind die französischen Staatsbürger mit nur 6,55%.

34 Sieht man davon ab, dass im städtischen Theater in Esch (wo der Anteil portugiesischer Bürger 40% beträgt), portugiesische Tanzabende, sogenannte Fados, gezeigt werden.

35 FEHLEN, 1997, S. 18.

36 In der Tat wird diese These durch eine empirische Studie belegt, die 2012 in Luxemburg im Rahmen des IDENT2-Projektes an der Universität Luxemburg durchgeführt wurde: Menschen, die häufig ins Luxemburger Theater gehen, sprechen die Hauptsprachen und haben einen hohen Schulabschluss, die deutschen und französischen Bürger gehen am häufigsten, die Portugiesen dicht gefolgt von den Italienern am wenigsten.

37 Mit den Berliner Theatern *Ballhaus Naunynstraße* und dem *Maxim Gorki Theater* unter der Leitung von Shermin Langhoff und Jens Hillje scheint hier langsam eine Wende einzutreten.

Luxemburg im Kontext europäischer Theaterentwicklung

Abschließend lässt sich feststellen, dass sich in den beiden Feldern der Luxemburger Theaterszene, den großen Koproduktionen und den eher kleinen Eigenproduktionen, die aktuellen Tendenzen der europäischen Theaterentwicklung zugleich spiegeln und nicht-spiegeln.

Mit dem kaum zu überbietenden Angebot an Koproduktionen und Gastspielen renommierter deutscher, französischer, englischer, belgischer Bühnen und Ensembles befindet sich Luxemburg im Trend der europäischen Entwicklung und kann als leuchtendes Beispiel für europäische Theatervielfalt gelten. Die hier besprochenen Koproduktionen unter Luxemburger Beteiligung von *Endstation Sehnsucht* und *Faust Exhausted* können als ästhetisch gelungene, aus interkulturellen künstlerischen Begegnungen resultierende Theaterprojekte gelten. Dabei darf allerdings nicht aus den Augen verloren werden, dass Koproduktionen nicht in jedem Fall hohe Qualität garantieren und der Wunsch nach interkulturellen, mehrsprachigen Begegnungen im Theater natürlich ebenso zu ästhetisch gefälligen, fremdbestimmten Inszenierungen führen kann. Koproduktionen garantieren in unserer Zeit in erster Linie Vermarktbarkeit und ökonomische Unterstützung, die ja auch grundlegend für Theater ist, denn sonst kann es nicht stattfinden.

Die Luxemburger Eigenproduktionen werden eher selten überregional wahrgenommen, auch wenn sie von der lokalen Presse in der Regel bejubelt werden. Die Beschaffenheit dieser Produktionen – kleine Besetzung, unaufwendige Bühnenbilder – korrespondiert ebenfalls mit Entwicklungen im europäischen Raum, nämlich mit den immer kleiner und kostengünstiger werdenden Produktionen, die in Deutschland u. a. EU-Ländern durch den sukzessiven Subventionsabbau erzwungen werden. Ein *Kirschgarten* (zwölf Personen), Gorkis *Nachtasyl* (siebzehn Personen) oder *Ein Sommernachtstraum* (über zwanzig Personen) können höchstens noch an den großen Theatern komplett besetzt werden. Mehrfachbesetzungen sind fast schon die Regel, insbesondere Nebenrollen besetzt man gerne mit einem einzigen Schauspieler. Begründet wird dies zumeist mit inhaltlichen Entscheidungen, wie mit der Destruktion und Austauschbarkeit des Subjekts in Zeiten der Globalisierung. Während die meisten klassischen Dramen von anderen Herrschaftsformen geprägt sind (bspw. der Monarchie) und der damit einhergehenden Bedeutung des Individuums, erfährt sich der Mensch heute kaum noch als authentisch, einzigartig und autonom. Die Erfahrung von Austauschbarkeit, vom Untergehen in einer anonymen Masse schlägt sich dementsprechend über Mehrfachbesetzungen in den Inszenierungen nieder. Das Perfide besteht allerdings darin, dass sich diese Mehrfachbesetzungen und die kleinen Produktionen, die häufig kargen Bühnenräume und der Mangel an Ausstattung, wunderbar mit den neoliberalen Forderungen nach Stellenabbau und Einsparungen im deutschen Stadttheaterbetrieb vertragen. Einerseits zeigt sich hier also ein Trend zu einer „neuen Einfachheit", die Lux als „antiillusionistisch, spielerisch, wahrhaftig"[38] beschreibt, andererseits – man mag es als Zufall werten – ist dies auch die finanziell günstigste Variante. Bei dieser Hand in Hand gehenden Entwicklung von Ästhetik und Ökonomie scheint es zunächst kein Problem zu geben – außer, dass man die Freiheit, es anders zu machen, gar nicht mehr hat.

Zusammenfassend lässt sich also sagen, dass sich das europäische (Stadt-) Theater der Gegenwart in einer ökonomischen Krise befindet, die sich nicht nur auf seine Struktur, sondern auch auf seine Ästhetik auswirkt. In Luxemburg hat es diese Form von subventioniertem Stadttheaterbetrieb allerdings nie gegeben, dementsprechend auch keinen einschneidenden Subventionsabbau, dennoch finden sich neben den großen Koproduktionen auffällig viele kleine, bescheiden ausgestattete Produktionen. Die Luxemburger mögen sich hier zum einen an der gerade ‚angesagten' Ästhetik der Nachbarländer orientieren, zum anderen sind diese ‚kleinen' Produktionen der Überschaubarkeit der eigenen Theaterszene und des Publikums geschuldet.

Der Anspruch eines europäischen Theaters, die Hegemonie einer Sprache zu brechen und dem Umstand Rechnung zu tragen, dass Mehrsprachigkeit zur kulturellen Identität zahlreicher Menschen nicht nur mit Migrationshintergrund gehört, wird im mehrsprachigen, kulturell hybriden Luxemburg selbstverständlich realisiert, im deutschsprachigen Stadttheater wurde das bislang wenig berücksichtigt. Zugleich spiegeln die im luxemburgischen Theater und die in seinem Publikum vorkommenden Sprachgruppen (französisch, deutsch, englisch) die gesellschaftlichen und kulturellen Hegemonien in Europa wider: Bestimmte Sprachgruppen, wie die Portugiesen, kommen hier nicht vor, obwohl sie einen größeren Anteil an der Luxemburger Bevölkerung haben als die Deutschen oder Franzosen.

Abschließend lässt sich sagen, dass sich das europäische Theater in Zeiten der Universalherrschaft neoliberaler Ökonomie institutionell und ästhetisch zunehmend verändert. Das Theater in Luxemburg kann hier nicht als paradigmatisch gesehen werden, denn es nimmt aufgrund seiner Demografie, seiner ökonomischen Bedingungen und seiner Theatertradition eine Sonderstellung ein. So international das Luxemburger Theater in Hinblick auf seine Kooperationspartner und auf das Publikum, das es damit anzieht, auch sein mag, so sehr scheint die

38 LUX, 2013, S. 31.

vielsprachige Theaterszene Luxemburgs auf der anderen Seite regionale und nationale Unterschiede, Rezeptions- und Erwartungshaltungen widerzuspiegeln.

Literaturverzeichnis

BLOCH, NATALIE: Internationales Theater und Inter-Kulturen. Theatermacher sprechen über ihre Arbeit, Hannover 2014.

FEHLEN, FERNAND: „Die Luxemburger sind zwar offiziell mehrsprachig…“. Zu einer neuen Untersuchung über die Sprachen in Luxemburg, in: Forum – für Politik, Gesellschaft und Kultur in Luxemburg, Nr. 177, 1997, S. 15–19.

HEYNEN, RUTH: Erfahrung des Unmöglichen. Zur Verfassung eines Theaters für Europa, München 2013.

KLAEUI, ANDREAS: Schmetterlingskunde, in: Theater heute 7 (2010), S. 38–41.

LEHMANN, HANS-THIES: Postdramatisches Theater, Frankfurt am Main 1999.

LUX, JOACHIM: Ökonomie und Ästhetik oder Eine deutsche Eselei, in Theater heute Jahrbuch 2013, Berlin 2013, S. 28–34.

SCHÖßLER, FRANZISKA: Drama und Theater nach 1989. Prekär, interkulturell, intermedial, Hannover 2013.

Internetquellen/Tageszeitungen

MEIN, GEORG: „Die heterogenste Fakultät der Uni“, Gespräch mit Georg Mein, Dekan der Faculté des lettres, Tageblatt 06.09.2013.

HANSEN, JOSEE: Das Interview. „Narbe erkennt Narbe“, in: Letzeburger Land 12.04.2013, URL: http://www.land.lu/2013/04/12/narbe-erkennt-narbe%E2%80%A9/, 15.09.2014.

MOSER, GENEVA: Baustelle ‚Faust‘, auf Nachtkritik 26. März 2014, URL: http://www.nachtkritik.de/index.php?option=com_content&view=article&id=9326:faust-exhausted-ein-interkulturelles-schauspiel-projekt-am-schlachthaus-theater-bern&catid=38:die-nachtkritik&Itemid=40, 15.09.2014.

O. A.: „Brillantes Schauspielertheater bei ‚Das Interview‘ von Theo van Gogh in Luxemburg“, in: Volksfreund, 10. April 2013, URL: http://www.volksfreund.de/nachichten/region/kultur/Kultur-in-Der-Region-Brillantes-Schauspieler theater-bei-Das-Interview-von-Theo-van-Gogh-in-Luxemburg;art764,3492605_, 15.09.2014.

OSTERMEIER, THOMAS: Die Zukunft des Theaters, in: Le Monde diplomatique, 14.06.2013, URL: http://www.monde-diplomatique.de/pm/2013/06/14.monde-Text1.artikel,a0013.idx,5, 19.08.14.

STRÖTGEN, JANINA: Was die Welt im Innersten zusammenhält, Tageblatt 07.11.14, URL: http://www.tageblatt.lu/kultur/story/20099149, 22.08.14.

WAHL, CHRISTINE (2010): Theater-Ereignis mit Isabelle Huppert: Endstation Borderline, Spiegel Online 21.11.2010, URL: http://www.spiegel.de/kultur/gesellschaft/theater-ereignis-mit-isabelle-huppert-endstation-borderline-a-730302.html, 19.08.14.

Martin Doll

Heiratspolitik im Zeitalter des Postnationalen: Die Hochzeit des Erbgroßherzogs Guillaume als Medienereignis, gelesen als Selbstbeschreibung Luxemburgs

„Luxembourg is small-scale Europe." This sentence from the Luxemburger Tageblatt is on the one hand a paradox if we assume that a 'European Community' gains shape to the same degree as national imaginations retreat to the back. On the other hand, Luxembourg likes presenting itself and thus its national identity as a paradigm of the European space. The contribution pursues in detail these self-descriptions of Luxembourg in the tension area between inter- and trans-nationality by the example of the TV coverage of the wedding of Luxembourg's Hereditary Grand Duke Guillaume.

„Luxemburg ist Europa im kleinen Maßstab."[1] Dieser unscheinbare Satz aus dem Luxemburger *Tageblatt*, den man inhaltlich ähnlich problemlos auch in anderen Tageszeitungen finden bzw. bestätigt bekommen könnte, ist bei genauerem Hinsehen zweischneidig, wenn nicht sogar ein Paradox. Denn einerseits kann eine ‚Europäische Gemeinschaft' nur in dem Maße Gestalt annehmen, wie nationale Imaginationen mehr und mehr in den Hintergrund treten; andererseits stellt sich Luxemburg und damit seine ‚ureigene' nationale Identität gerne als Vorbild für den gesamten europäischen Raum dar – also als Land, in dem auf der Mikroebene bereits realisiert ist, was auf der Makroebene noch erreicht werden muss. Im „Discours sur l'état de la nation 2012" von Jean-Claude Juncker kommen beide Aspekte – gewollt oder ungewollt – sehr deutlich zum Ausdruck. Er betonte seinerzeit, dass „nur ein Land, das in seine kulturelle Identität und kulturelle Multi-Diversität investiert, attraktiv ist".[2] Schon 1990 hat Vilém Flusser seine Idee politischer *overlaps* –„graue Zonen, in denen sich Felder überdecken"[3] – bezeichnenderweise am Beispiel Luxemburgs erläutert: „Ganz Luxemburg ist eine Frage von Grenzen. Es ist wahr, daß es eine bestimmte luxemburgische Sprache gibt, aber in Wirklichkeit

1 Carlo Thelen, zit. n. GREIS, 2014, o. S.

2 Im Original heißt es: „[N]ëmmen ee Land, dat a seng kulturell Identitéit an a seng kulturell Multidiverzitéit investéiert ass attraktiv" (JUNCKER, 2012, o.S.), Übers. M. D.

3 FLUSSER, 1996, S. 62.

wird in diesem Grenzgebiet zur selben Zeit Französisch und Deutsch gesprochen. Man spricht dort von Regionen, in denen Kulturen aufeinanderliegen."[4]

Im Folgenden soll dieses Spannungsfeld zwischen Inter- und Transnationalität anhand von massenmedialen Repräsentationen, verstanden als Selbstbeschreibungen[5] Luxemburgs, genauer ausgeleuchtet werden. Am Beispiel der TV-Live-Übertragung der Hochzeit des Erbgroßherzogs Guillaume soll so gezeigt werden, wie Luxemburgs ‚Nation Branding'[6] u. a. darin besteht, sich als Vorreiter einer internationalen (europäischen) Gemeinschaft zu profilieren. Im Januarheft 2013 des Luxemburger *forum* ist zwar zu lesen: „Könige und Großherzöge werden zu festangestellten *Celebrities*. Das konnte einmal mehr die Luxemburger Prinzenhochzeit im Oktober 2012 vorführen: Der Mainstream der Berichterstattung fokussierte sich auf die Hutwahl der Damen und den Kuss der Brautleute, neben der Kommerzialisierung aller möglichen Produkte."[7] Im Unterschied zu dieser Sichtweise soll hier ergänzend gefragt werden, welche Identitätspolitik während der Fernsehsendung mitartikuliert wurde und damit welche politische Funktion das Medienereignis – über die genannte Boulevardisierung der Monarchie hinaus – erfüllte.

Bevor über diese Selbstinszenierung Luxemburgs gesprochen werden kann, muss jedoch zunächst ein Schritt zurückgegangen und gefragt werden, wie sich im Falle der Europäischen Gemeinschaft die Verkörperung bzw. die visuelle Vermittlung der abstrakten Idee politischen Zusammenhalts bislang darstellt bzw. vor welchen Problemen diese von Anfang an gestanden hat.

I. Identität – Das Problem der Europäischen Union

Betrachtet man das EU-Projekt historisch, zeigt sich sehr deutlich, dass es von Anfang an kein identitäres, sondern ein wirtschaftsliberales Unterfangen gewesen ist. Seine Wurzeln liegen nicht zufällig in der ‚Europäischen Gemeinschaft für Kohle und Stahl' bzw. der ‚Montanunion' 1951, der ‚Europäischen Wirtschaftsgemeinschaft' (EWG) 1957 und der EURATOM, ebenfalls 1957: Wenn es in dieser Tradition innerhalb der EU nach wie vor im Kern um Freizügigkeit (der

---

4 Ebd., S. 94.

5 Vgl. zu diesem Konzept: WERBER, 2007, S. 187f. u. S. 274. Werber beruft sich dabei auf: LUHMANN, 1997, S. 886–893 und zur „Selbstbeobachtung des Gesellschaftssystems" auf dens., 1996, S. 173.

6 Vgl. zu Nation Branding allgemein GÖTZ, 2011; ARONCZYK, 2013; vgl. zu diesen Quellen a. ZEMAN, 2016.

7 KMEC/KOHNS, 2013, S. 11.

EU-Arbeitnehmer), der Niederlassungs- und Dienstleistungsfreiheit (der EU-Unternehmen) und der Freiheit des Kapital- und Zahlungsverkehrs, ergänzt um das Diskriminierungsverbot (eines einzelnen Staates) z. B. im Zusammenhang mit dem Zugang zu Arbeitsmärkten – de facto aber nicht zu Sozialleistungen – geht, so beschränkt sich die explizite Garantie gleicher Grundfreiheiten innerhalb der EU strenggenommen auf die implizite Garantie gleicher Wirtschaftsfreiheiten. Zugleich wird das EU-Recht jeweils noch von den nationalen Instanzen direkt angewendet wie auch schon die Gesetzgebung maßgeblich vom Europäischen Rat sowie dem Rat der Europäischen Union (kurz: Ministerrat), nicht aber vom Europäischen Parlament bestimmt wird. Obwohl man es bei der EU mit der Idee einer neuen Staatengemeinschaft zu tun hat, gehen die einzelnen Staaten in diesem Konstrukt nicht auf, sondern werden, um die Soziologin Theresa Wobbe zu zitieren, „als Teil eines darüber liegenden Gebildes betrachtet, indem sich frühere nationale Unterschiede zunehmend als Binnendifferenzierung eines einzigen (neuen) Systems darstellen".[8] Dieses System krankt nun daran, dass – obwohl in ihm gleiche Wirtschaftsfreiheiten gelten und daran angelehnt ein Gemeinschaftsrecht existiert – ein soziales Band, eine gemeinsame Identität fehlen. Beides muss daher notorisch den genannten ökonomischen Kernaspekten aufgepfropft werden. Wobbe hat dies zwar nicht als Problem benannt, aber die unterschiedlichen Identitätskonstruktionen treffend unterschieden: Während die einzelnen Nationalstaaten im Prozess des ‚nation building' mit viel Aufwand eine Idee kultureller Homogenität durch Grenzziehungen – z. B. über kulturelle Differenzsetzungen – betrieben hätten, würde demselben Prozess im europäischen ‚market building' grundlegend eher abstrakt gegengesteuert. Dies hat zwei Konsequenzen: Einerseits fehlen der Europäischen Gemeinschaft im Vergleich zu den einzelnen Nationalstaaten ähnlich starke Identifikationsmerkmale, weil sie weitgehend auf Abstrakta, wie „gemeinsam geteilte[n] Wettbewerbsregeln" und wirtschaftlichen Grundfreiheiten, beruht. Das wäre ja nicht weiter problematisch (versteht man unter Politik etwas anderes als identitäre Abgrenzungen), wenn nicht andererseits die einzelnen nationalen Identitäten immer noch zu wirkmächtig wären, um zumindest einer gemeinsamen europäischen Leitidee[9] genug Raum zu geben. Die

8 WOBBE, 2012, S. 175.

9 Étienne Balibar etwa hat mit seinem ‚Satz von der Gleichfreiheit' (Égaliberté) die Forderung erhoben, der „revolutionären Gleichsetzung" in der *Déclaration de l'Homme et du Citoyen* von 1789 zu folgen und Gleichheit und Freiheit radikal zusammenzudenken: „Die Situationen, in denen eine von beiden fehlt, sind zwangsläufig dieselben, in denen auch die andere fehlt." Dadurch ergibt sich die umfangslogische Maximalforderung, dass ein Höchstmaß an Gleichheit „für die kollektive Umsetzung individueller

Identitätsproblematik wird nirgendwo deutlicher als bei der Erscheinungsweise des europäischen Geldes: Auf den Scheinen sind architektonische EU-Symbole (vergleichbar dem Brandenburger Tor etc.) nur als Fiktionen realisiert; auf den Euromünzen prangt zwar die neue Europakarte als Einheitssymbol, aber auf den Revers, den Münzrückseiten ist durchweg die Identität der prägenden Nationen erhalten. „In Vielfalt geeint" – so lautet das Motto der Europäischen Union – einem Motto, dem außer der Flagge und der kartierten Außengrenzen jegliche Symbolik fehlt. Entsprechend wird immer wieder versucht und gefordert, der abstrakt anmutenden Idee der Europäischen Union wirkmächtigere Verkörperungen zu geben, die die Konstruktionen versinnlichen, die Idee anschaulich machen (und dies nicht zuletzt anlässlich der jüngsten Diskussionen um die ökonomische Krise der EU und die damit verbundene EU-Verdrossenheit).

Was bedeutet nun in diesem Zusammenhang, dass Luxemburg sich darauf beruft, wie kein anderer Staat im Kleinen die Dynamik des europäischen Einigungsprozesses zu symbolisieren? Und damit paradox seine nationale Identität als Paradigma für den europäischen Raum darzustellen? Jürgen Stoldt hat dies schon 2008 in einem Beitrag über Luxemburg folgendermaßen treffend in Worte gefasst: „Das heutige Luxemburg ist noch immer in diesem Paradox verfangen: die europäische Einigung als gleichsam missionarisches Projekt vor sich her zu tragen und dabei den eigenen Vorteil und die Privilegien der territorialen Unabhängigkeit im Auge zu behalten".[10] Wie sich dies immer wieder auf verschiedenen Ebenen aktualisiert, lässt sich stichprobenartig am Medienereignis der Hochzeit des Erbgroßherzogs Guillaume nachweisen. Eine solche Herangehensweise birgt indes die Gefahr, zu einem ideologiekritischen Unterfangen mit all seinen vorschnell präjudizierten Verblendungszusammenhängen und Manipulationsverdächten zu werden – einem methodischen Prozedere, das nicht ohne Grund

Freiheiten" ebenso unabdingbar ist wie ein Höchstmaß an Freiheit „für die kollektive Gleichheit unerlässlich ist". Oder anders formuliert: „Es gibt kein Beispiel für Restriktionen oder Entzug von Freiheit ohne soziale Ungleichheiten, und kein Beispiel für Ungleichheiten ohne Einschränkung oder Abschaffung von Freiheiten" (BALIBAR, 2009, S. 10; Herv. im Original getilgt, vgl. a. BALIBAR, 1993, v.a. S. 103–123). Slavoj Žižek hat jüngst im Zusammenhang mit dem Konflikt in der Ukraine, der sich ja an der Annäherung an die (Ideale der) EU entzündet hat, darauf hingewiesen, dass diese Gleichfreiheit in der Praxis meist sowohl von europäischen Institutionen als auch von ökonomischen Akteuren verraten werde (ŽIŽEK, 2014, S. 36f.). Dies zeigt sich beispielsweise darin, dass es weder EU-weite Mindestlöhne gibt noch die Freizügigkeit sich de facto auf das Recht erstreckt, sich frei entscheiden zu dürfen, in welchem Mitgliedsland man Sozialleistungen erhalten möchte.

10 STOLDT, 2008, S. 20; vgl. dazu auch PARR, 2010, S. 96f.

spätestens seit Michel Foucaults archäologisch-genealogischen Überlegungen zu einer anderen Machtanalytik vehement infrage gestellt wurde. Diesem Problem lässt sich mit Überlegungen zur Performativität von Medienereignissen vonseiten der medienwissenschaftlich orientierten Sozialwissenschaftler Daniel Dayan und Elihu Katz begegnen.

II. Loyalität - Das Problem audio-visueller Repräsentation

„Die Übertragung öffentlicher Ereignisse im Fernsehen steht vor der Herausforderung, das Ereignis nicht nur darzustellen, sondern dem Zuschauer [*viewer*] auch ein funktionales Äquivalent für das festliche Erlebnis anzubieten.“[11] Der Begriff der Übertragung, den die Übersetzerin ins Deutsche, Christine Hanke, geschickt für den von den Autoren verwendeten Begriff „televise“ gewählt hat, lässt in der deutschen Übersetzung fast deutlicher noch als im Original die Frage offen, ob es sich dabei - wie Dayan und Katz schreiben - um eine (mehr oder weniger) wahrheitsgetreue „Repräsentation einer Zeremonie“ handelt oder ob „die Zeremonie nichts anderes als ein Live-Requisit für das Medienereignis“ ist?[12] Vor diesem theoretischen Hintergrund bleibt es somit zweitrangig, ob die im Medienereignis mitvermittelte Luxemburger Identität Ergebnis der medialen, also mittelbaren Wiedergabe ist oder bereits von den Organisatoren im Event selbst angelegt ist. Zugleich wird mit dem Begriff der Übertragung vermieden, naiv ins andere Extrem zu fallen und unbedacht von einer unmittelbar möglichen Wiedergabe des Ereignisses durch das Fernsehen auszugehen. Vielmehr hat man es sowohl bei der Übertragung als auch bei der Zeremonie in gleichem Maße mit Konstruktionsleistungen zu tun. Mit Dayans und Katz’ Überlegungen lässt sich somit geschickt einer, sich gerne intuitiv einstellenden, konservativ-kulturkritischen Haltung gegenüber dem Fernsehen als zweiter Instanz begegnen - einer Instanz, die nur auf die Position reduziert wird, das ihm Dargebotene mehr oder weniger perfekt wiedergeben zu können (und dabei im schlimmsten Fall zu verzerren, zu verschweigen oder Ähnliches). Für die beiden Theoretiker ist das Fernsehen hingegen der „Hauptdarsteller [*primary performer*] bei der Ausführung öffentlicher Zeremonie[n]“. Damit ist aber nicht gemeint, dass das, was das Fernsehen zeigt, grundsätzlich eine freie Erfindung wäre, sondern dass es besonders signifikante, der Zeremonie verpflichtete Konstruktionsleistungen

11 DAYAN/KATZ, 2002, S. 413. Im Original heißt es: „The televising of public occasions must meet the challenge not only of representing the event but of offering the viewer a functional equivalent of the festive experience.“ (DAYAN/KATZ, 1987, S. 174)

12 DAYAN/KATZ, 2002, S. 414.

vollbringt: Die Fernsehübertragung „führt die verstreuten Elemente eines Ereignisses für sein Publikum zusammen“ und muss daher als Prozess einer Umformung, „einer qualitativen Umwandlung der Beschaffenheit öffentlicher Ereignisse begriffen werden“.[13] Dadurch nötigt es u. a. sogar die Organisatoren, den Ablauf eines Ereignisses so zu organisieren, dass es „eine eigenständige Kohärenz“ erhält, z. B. Leerläufe und Wartezeiten unbedingt vermieden werden.[14] Nichts ist in diesem Sinne bei einer Hochzeitszeremonie störender als lange Pausen, in denen nichts Zeigenswertes passiert oder Verzögerungen im Ablauf, so dass etwa der Höhepunkt des Ereignisses, der finale Kuss des Brautpaars sich so sehr verspätet, dass er aus der geplanten Sendezeit herausfällt.

Für Dayan und Katz geht es daher bei Fernsehübertragungen nicht um die Frage nach Wahrheit oder Fälschung, sondern um ‚Loyalität‘, um Treue, um ein ‚Bekenntnis‘ (*commitment*) zu einem Ereignis.[15] Dies geschehe dadurch, dass das Fernsehen nur diejenigen Momente zeige, die der gängigen Definition dieses Ereignisses entsprächen. Der Regisseur wählt zum Beispiel keine unpassenden – der Zeremonie nicht adäquaten – Reaktionen aus, wie z. B. ein verächtliches Lachen, ein Bohren in der Nase, ein Naseputzen etc., um den feierlichen Rahmen zu wahren bzw. zu erzeugen – obwohl diese Vorgänge sicherlich während jeder Zeremonie zu finden sind. Wie sehr Zuschauer daran gewöhnt sind und man es entsprechend als unpassend empfindet, wenn diese Bilder doch gezeigt werden, lässt sich an einer während der Luxemburger Hochzeit zunächst aus Versehen doch übertragenen illoyalen Situation vor Augen führen, die die Regie früher oder später offensichtlich auszublenden bemüht ist: So wird z. B. eine peinliche, fast schon slapstickartige Szene, in der die geladenen Ehrengäste sich nicht entscheiden können, ob sie sich während eines bestimmten Moments in der Liturgie setzen können oder stehen bleiben sollen, schnell überspielt, indem sie durch einen Umschnitt auf das Brautpaar (in einer engen, amerikanischen Einstellung)

---

13 Ebd., S. 414.

14 Ebd. Bani Abidi hat dies in ihrer Doppelkanal-Video-Installation *Reserved* (2006) zum Thema gemacht. Dort werden sämtliche scheinbar beiläufigen Momente, die einen Staatsbesuch umgeben – Absperrungen, roter Teppich, wartendes Publikum, Luxuslimousinen, Ehrengäste vor Ort –, isoliert (in der Vorbereitungsphase) gezeigt und so als substantielle Elemente der Huldigungszeremonie lesbar (vgl. FRANKFURTER KUNSTVEREIN/EXZELLENZCLUSTER „DIE HERAUSBILDUNG NORMATIVER ORDNUNGEN“ DER GOETHE-UNIVERSITÄT FRANKFURT AM MAIN, 2012, S. 266–269).

15 DAYAN/KATZ, 2002, S. 414f.

buchstäblich aus dem Blick verloren wird.[16] In seiner Verpflichtung auf die „Loyalität gegenüber der Definition“[17] des Ereignisses erzeugt das Fernsehen somit einen Eindruck im Sinne der Organisator_innen. Die Gestaltung der Motive sowie die Art der Bildauswahl geben so immer auch Hinweise auf das Verständnis des Ereignisses: Auf der einen Seite können Veranstalter gezielt (fernsehtaugliche) visuelle Elemente hinzufügen, eine gut abbildbare Zeremonie choreographieren, während auf der anderen Seite das Fernsehen durch eine geschickte Selektion des von ihm Beobachteten den Eindruck erwecken kann, dass die Veranstaltung eine stimmige Anmutung, eine bestimmte Symbolkraft hat. Es geht bei Medienereignissen somit nicht um eine journalistische Beschreibung des Stands der Dinge, sondern darum, einen bestimmten Stand der Dinge, eine Atmosphäre, einen feierlichen Rahmen überhaupt erst hervorzubringen, wenn nicht sogar fast schon magisch zu beschwören, wie Dayan und Katz vielschichtig schreiben: „Medienereignisse führen symbolisch vor, was sie selbst zu verwirklichen wünschen.“[18]

Mit Dayan und Katz ist also emphatisch zu betonen, dass das Fernsehereignis, verstanden als im Fernsehen hervorgebrachtes Ereignis, kein Derivat des eigentlichen Ereignisses ist. Vielmehr macht das Fernsehen aufgrund seiner Konstitutionsleistung (nämlich die von den Organisatoren vorgeschlagenen Definitionen eines Ereignisses zu betonen und zu interpretieren) den Fernsehzuschauern in kondensierter Form zugänglich, um was es dabei im Wesentlichen geht: „Der Fernsehzuschauer weiß weit mehr von der symbolischen Bedeutung des Ereignisses als das primäre Publikum vor Ort“,[19] und dies unter der Voraussetzung, „dass ein Medienereignis nicht eine verarmte Erfahrung ist, sondern alles in allem eine andere Erfahrung“.[20]

Im Folgenden soll nun insbesondere die paradoxe Gegenüberstellung der Souveränität Luxemburgs und seiner internationalen Vermittlerrolle im europäischen Prozess in den Vordergrund gerückt werden. In diesem Zusammenhang ist es interessant zu wissen, dass sich die Überlegungen auf im ZDF gesendete, aber von RTL Luxemburg gestellt Live-Bilder beziehen. Diese Doppelrahmung fügt auf der technisch-institutionellen Ebene dem interkulturellen System der Kollektivsymbole in Luxemburg, wie es Rolf Parr analysiert hat, eine weitere Dimension hinzu. Mit Parr lässt sich davon ausgehen,

---

16 Vgl. ZDF, 2012, TC 2:12:17.
17 DAYAN/KATZ, 2002, S. 420.
18 Ebd., S. 430.
19 Ebd., S. 434.
20 Ebd., S. 450f.

> dass zwei nicht immer friktionslos miteinander verbindbare Kollektivsymbol-Systeme parallel kursieren, nämlich ein erstes, die nationalstaatliche Entität Luxemburg verbildlichendes [...] und ein zweites, das Luxemburg als EU-Zentrum zum Gegenstand hat [...], wobei allerdings bereits eine Fremdperspektive auf Luxemburg[21] von ‚innen' her übernommen und dann wieder punktuell (nämlich für Fremde) nach ‚außen' hin reproduziert wird.[22]

Diese zuerst internalisierte und dann wieder vermittels der RTL-Live-Bilder externalisierte Fremdperspektive wird nun wiederum durch das ZDF übernommen bzw. ‚übertragen' und dadurch ein weiteres Mal, nämlich durch Zusatz von Kommentaren aus deutscher Sicht, perspektiviert. Wie sehr dabei auch unterschiedliche politische Blickwinkel aufeinander prallen, zeigt sich am Fauxpas des Moderators Norbert Lehmann, der – schlecht vorbereitet – wohl mehr über die europäischen Königshäuser zu wissen scheint als über die Geschichte Luxemburgs. Seinem „Man kann eigentlich sagen, Luxemburg ist deutsch!", weiß Danièle Thoma nach langer Pause zunächst nur ein „Ähm" entgegenzusetzen. Der Moderator, die Lage erkennend, setzt nach: „Also erstmal ist Luxemburg Luxemburg, aber [*zieht Luft durch die Zähne*], was die Dynastie betrifft, ähm, die stammen ja alle, wie sie grad sagten, Nassau-Weilburg..." Frau Thoma schlichtet schließlich: „Mmhh. Wir waren ja aber auch teilweise mal unter fremder Herrschaft, also wir wollten, wir hatten ja auch mal Ludwig XIV ..., bei dem ging es uns nicht so gut."[23]

Viel interessanter als solche skurrilen Abweichungen sind jedoch für die hier verfochtene These, die Hochzeit als politische Selbstbeschreibung Luxemburgs zu lesen, die völlig ‚normalen', d.h. die durch und durch loyal-royalen Aspekte der Fernsehübertragung.

III. Royalität – Die Hochzeit als politisches Medienereignis

Hier sollen nun insbesondere diejenigen Momente beleuchtet werden, die deutlich machen, auf welche Weise das Fernsehen jene politischen Merkmale des Hochzeits-Ereignisses herausstellt, „durch die es von den Organisatoren [als solches] erkennbar gemacht wird".[24] Das „Was" einer Hochzeit königlicher Hoheiten ist bereits von vornherein festgelegt: Es gibt einen Einzug, eine religiöse Zeremonie und den genau getimten Kuss des Brautpaars. Interessant für eine

---

21 Rolf Parr führt dies darauf zurück, dass „Luxemburg" in der internationalen Berichterstattung häufig metonymisch neben Brüssel als Ort schlechthin für EU-Entscheidungen benutzt wird (PARR, 2009, S. 95).

22 PARR, 2010, S. 97.

23 ZDF, 2012, TC 18:25.

24 DAYAN/KATZ, 2002, S. 419.

politische Interpretationen der Vorgänge wird somit das „Wie", weil darin die Besonderheit der Zeremonie greifbar wird und gezeigt werden kann, wie sie mit Bedeutung aufgeladen wird. In seiner Eigensinnigkeit sorgt das Fernsehen in diesem Zusammenhang dafür, neben den nicht minder interessanten verbalen Zuschreibungen insbesondere die Politik der Bilder und Gesten des Ereignisses hervorzuheben und damit bestimmte Interpretationen nahezulegen.[25] Aus diesen Deutungsangeboten sollen nun wiederum diejenigen herausgegriffen werden, die im Sinne des eingangs skizzierten Paradoxes zu verstehen sind.

Zunächst geht es bei dieser Hochzeitszeremonie, wie bei jeder anderen auch, insgesamt darum, den gemeinschaftsstiftenden Charakter der Veranstaltung hervorzuheben, in dem man eine möglichst „einmütige Bindung der Menge an die gefeierten Werte oder Symbole" zeigt.[26] Dies geschieht auf der Ebene des Bildschnitts dadurch, dass man zum einen gleiche Verhaltensweisen und Stimmungen (etwa der Rührung, der feierlichen Gefasstheit) aneinander montiert und als eine Art „Verhaltenshinweis"[27] an das Publikum zu Hause schickt. Zum anderen dadurch, dass man diese Einmütigkeit in der Vielfalt präsentiert (mit dem Effekt, dass es so erscheint, als würde die Zeremonie jegliche gesellschaftlichen, nationalen und leider immer noch existierenden rassistischen Unterscheidungen überwinden). In den Publikumsszenen ist diese Mannigfaltigkeit zugleich durch das einmütige Schwingen der Luxemburger Flagge vereint.

Abb. 1: Publikum vor dem großherzoglichen Palais (TC 3:07:57), Abb. 2: Schwenk über die königlichen Gäste (im Vordergrund links: Paola, Frau von Albert II v. Belgien und rechts: Königin Silvia von Schweden (TC 1:05:59).

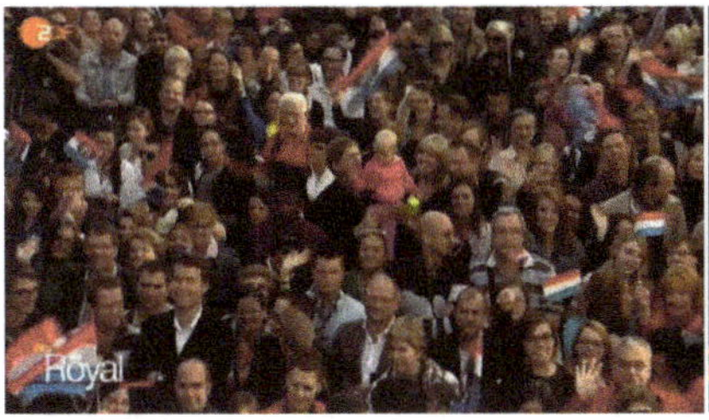

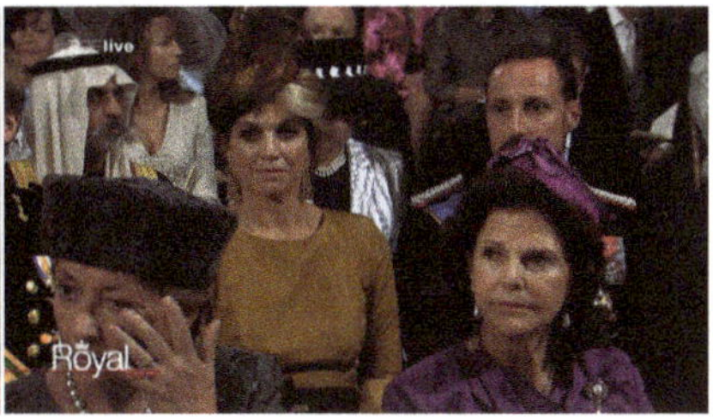

Der Aspekt des ‚Verhaltenshinweises' tritt vor allem während des Gottesdienstes in den Vordergrund: Den europäischen Monarchen kommt dabei die Rolle

25 Vgl. ebd., S. 426.
26 Ebd., S. 417.
27 Ebd.

zu, vorbildhaft für die Menschen an ihren Bildschirmen das Geschehen berührt zu verfolgen. Eine ähnlich Zusammenhalt stiftende Funktion haben ferner die extremen Großaufnahmen mit ihren ganz privaten Perspektiven auf das Brautpaar: Erstens, weil durch die enge Kadrierung beim Erbgroßherzog sämtliche Hoheitszeichen ausgeblendet bleiben und er somit in erster Linie als Privatmann erscheint; zweitens, weil die Fokussierung auf das Gesicht die Aufmerksamkeit auf die allgemein menschlichen Regungen eines jeden Brautpaars an ihrer Stelle lenkt. Diese können dann als besonders allgemeingültige Identifikationsangebote fungieren. Der Großherzog und Vater des Bräutigams hingegen wird nur einmal in einer solch extremen Großaufnahme (also privat) gezeigt, d. h., er bleibt visuell eher mit seiner Machtposition assoziiert.

Abb. 3: Erbgroßherzog Guillaume (TC 1:30:34), Abb. 4: Gräfin Stéphanie de Lannoy (TC 1:30:28).

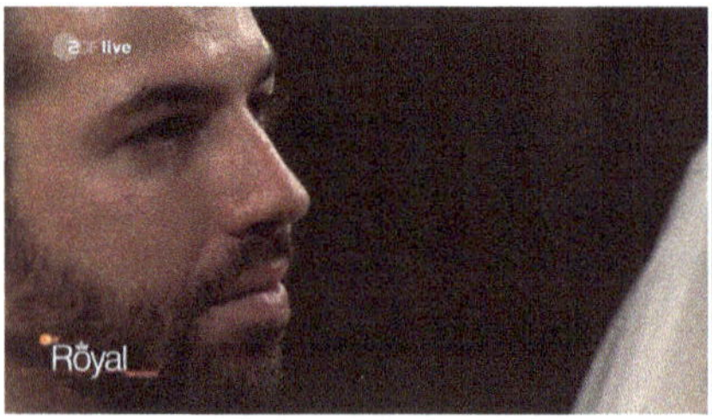

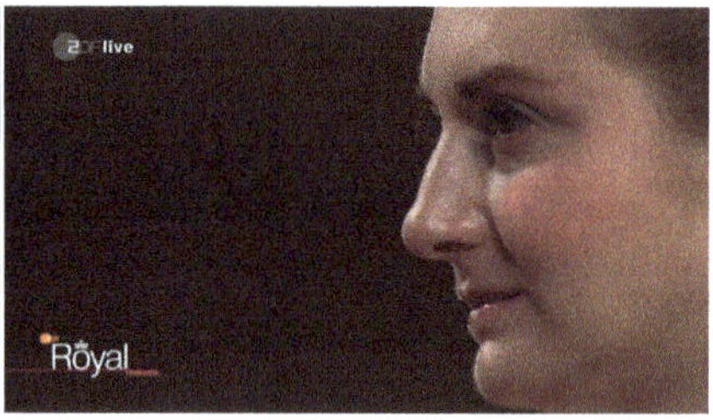

Die immer wieder gezeigten Schwenks über die verschiedenen gekrönten Häupter haben indessen noch eine zweite Funktion, und zwar Internationalität vor Augen zu führen. Hier geht es weniger um die einzelnen Könige und Thronfolger, sondern darum, die guten internationalen Kontakte des Großherzoglichen Hauses vor Augen zu führen, mithin dessen politisches Potenzial, die vielen königlichen und fürstlichen Vertreter in Luxemburg zu versammeln. Dies wird zusätzlich verstärkt durch das häufig ins Bild gerückte starke Symbol weitreichender familiärer Beziehungen: die von mehreren Hoheiten getragene orange-gelbe Schärpe des Naussauischen Hausordens (des goldenen Löwen).[28] Diese – wenn man so will – nationale Leistung, starke und vielfältige internationale Verbindungen zu etablieren, wird bereits beim Defilee vor der Kirche profiliert: Es ist räumlich so angeordnet, dass sich sämtliche Gäste in ihrer Internationalität vor der Luxemburger

28 Vgl. ZDF, 2012, z. B. TC 31:12.

Armee und dem Wappen des Großherzogtums, den Zeichen der Souveränität Luxemburgs, zeigen müssen.[29]

Abb. 5: Königin Silvia von Schweden vor der Luxemburger Armee (TC 29:24); Abb. 6: Königin Beatrix der Niederlande (TC 32:12).

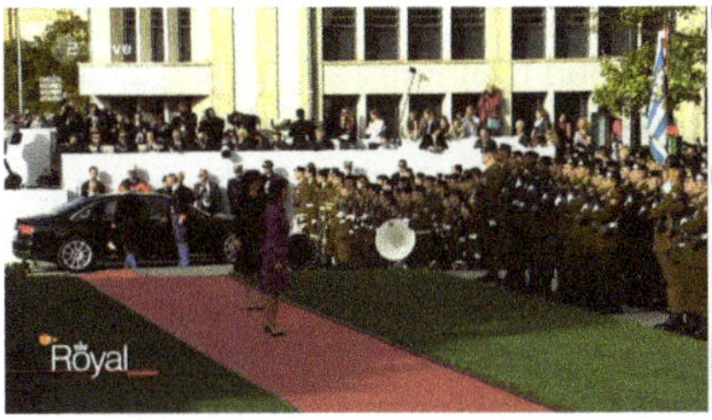
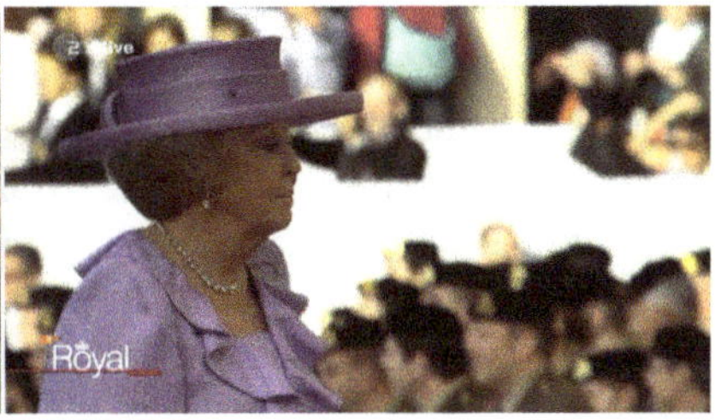

Vor allem nach der Trauungszeremonie werden die Vertreter der europäischen Königshäuser und das internationale bzw. multikulturelle Publikum schließlich im Geiste (und in ihrer Vielfalt) vereint – eine Form der Gemeinschaftsbildung, die sich schließlich in der Live-Übertragung in Luxemburg, Belgien und Deutschland sowie in der Berichterstattung durch zwölf internationale TV-Sender medial fortsetzt.[30] Vor Ort wird dieser symbolischen Unifizierung dadurch viel Raum gegeben, dass vor und nach dem zweistündigen Gottesdienst, der in der Kirche einem exklusiven Publikum vorbehalten ist, die Zeremonie des Einzugs und Auszugs auf insgesamt 1¼ Stunden im öffentlichen Raum der Stadt ausgedehnt wird. Entsprechend wird immer wieder auf der visuellen Ebene das gesamte in Luxemburg anwesende (europäische) Publikum durch zahlreiche Kamerafahrten und -schwenks in seiner Mannigfaltigkeit repräsentiert. Dayan und Katz vergleichen einen solchen, Vielfalt in Szene setzenden Vorgang mit dem „römischen *Adventus* – der zeremoniellen Begrüßung eines vornehmen Gastes am Stadttor", während der „die Abwesenheit einer bestimmten Gruppe Zurückweisung oder Missachtung bedeuten" könnte.[31]

Die Internationalität findet so auch Eingang in die Kommentare der ZDF-Berichterstatter über das anwesende Publikum:

29 Noch deutlicher wird dies in den Pressefotografien des Events, weil – wie man vermuten könnte – in diesem Fall den Fotografen und nicht den Fernsehkameras die ideale Blickkonstellation zugestanden wurde.

30 ANONYMUS, 2013, o. S.

31 DAYAN/KATZ, 2002, S. 417.

> [Lehmann:] Überhaupt ist dieses Luxemburg ja multikulti. Viele Menschen aus dem Ausland, die hier leben. Aber auch viele Menschen aus dem nahen Ausland, die hier arbeiten. [...] [Wechsel zu Thoma:] Der Hauptteil sind Portugiesen. Also wir sind multikulti, wir sind international. Wir sprechen ja auch mehrere Sprachen, ne? [Wechsel zu Lehmann:] Da gab's ja mehrere Sprachen: Deutsch, Luxemburgisch, Englisch, Französisch und eben auch Portugiesisch. [Wechsel zu Thoma:] Genau![32]

Hier werden fast schon nationale Stereotype von Luxemburg als „Zwischenland" (Robert Gliedner)[33] bzw. als – immer etwas abwertend anmutende – „Mischkultur" (Batty Weber) aufgerufen.[34] Währenddessen gerät die Beschreibung der international geladenen Gäste eher zum indirekten Lob des diplomatischen Geschicks des Großherzogtums: „[Lehmann:] 350 000 Euro soll das Ganze gekostet haben inklusive des Feuerwerks. Angesichts des, ich sag' mal, des Werbeeffekts für ihr kleines Land [...] sind das fast Peanuts. [...] [Wechsel zu Julia Melchior] Zumal das ja fast 15 Staatsbesuche zeitgleich sind."[35] Die Internationalität zeigt sich ebenfalls auf der Ebene der in die Hochzeit involvierten Waren. Sicherlich nicht ohne Grund begegnet dem Zuschauer ein Querschnitt europäischer Herkünfte: Gefahren werden deutsche Audis und VW, britische Rolls Royces, zum Essen gibt es unter anderem – eigens von der Moderatorin hervorgehoben – französische Madeleines der Luxemburger Starköchin Lea Linster und das Brautkleid stammt schließlich wie die Braut aus Belgien.

Auch in der Beschreibung der großherzoglichen Familie und der belgischen Braut findet sich diese u. a. europäische Internationalität eigens hervorgehoben. So wird zum Beispiel im entsprechend bebilderten Beitrag über Guillaume herausgestellt, dass er in der Schweiz studiert und in Großbritannien eine Militärausbildung genossen habe, bevor er Offizier der Luxemburger Armee geworden sei.

---

32 ZDF, 2012, TC 2:53:24.

33 Gliedner schreibt „Am genauen Schnittpunkt zweier Kulturen, steig ich in mein Eigenes, Unverwechselbares. Jedenfalls versuch ich mich zwischen den Strömungen zu bewegen. [...], es ist mein eigenes luxemburgisches Geschick im Zwischenland." (GLIEDNER, ROBERT, „im zwischenland", in: Nachrichten aus Luxemburg. Deutschsprachige Literatur in Luxemburg, hg. v. CARLO HURY, Hildesheim/New York 1979 (= Auslandsdeutsche Literatur der Gegenwart 11), S. 1, zit. n. PARR, 2010, S. 98)

34 Vgl. zu Batty Weber: PARR, 2009, S. 107 u. GOETZINGER, 2004, S. 21f.

35 ZDF, 2012, TC 3:12:04–3:12:25.

Abb. 7+8: Bilder aus ‚Einspieler' über Erbgroßherzog Guillaume.

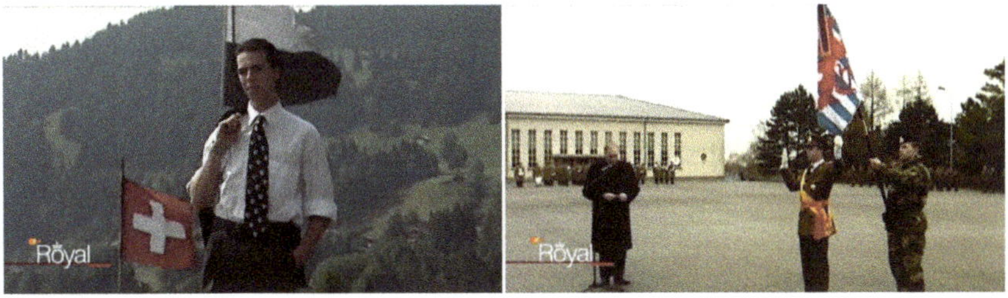

Bei der Braut wird ebenfalls mehrfach betont, dass sie nicht nur ein Semester in Moskau gewesen sei und Russisch spreche, sondern auch Germanistik studiert habe, perfekt Deutsch beherrsche und nun – unverzüglich mit der Luxemburger Staatsbürgerschaft ausgestattet – Luxemburgisch lerne, kurz: „Sie […] hat eine sehr internationale Ausbildung genossen, was sie also auch prädestiniert, diese Rolle an der Seite des Thronfolgers von Luxemburg einzunehmen."[36]

Insgesamt wird der gesamte großherzogliche Nachwuchs in den Kontext unvergleichlicher internationaler Konnektivität gerückt: „Und alle Kinder des Großherzogspaars, die wir hier sehen, […] sind grade im Ausland studieren, der eine Bioethik in Rom, die jungen Leute Politikwissenschaften in Großbritannien. In Luxemburg ohnehin, die großherzogliche Familie ist sehr international ausgerichtet. Europäer im wahrsten Sinne des Wortes."[37]

Den Höhepunkt bildet jedoch das Fürbittengebet im (Trau-)Gottesdienst, während dessen die gesamte Sprachenvielfalt Luxemburgs beispielhaft ausgestellt wird, indem in Luxemburgisch, Deutsch, Französisch, Portugiesisch, Niederländisch und Englisch gebetet wird.[38] Dabei wird nicht nur der Idee einer Weltgemeinschaft der Christen gehuldigt. Der liturgische Moment wird vielmehr zum Vehikel, sämtliche maßgeblich in Luxemburg vertretenen Sprachen vorzuführen und in der Hochzeitszeremonie zu vereinen – eine Geste der Organisator_innen, die die Kommentator_innen später bereitwillig aufgreifen und erneut einschlägig als besondere nationale Sprachkompetenz würdigen: „Aber sie sprechen ja toll deutsch, das haben wir ja auch in dem Interview gehört. Und sie sind ja ohnehin solche Sprachgenies […] [Wechsel zu Thoma] Deutsch, Französisch sind ja

36 Ebd., TC 6:12–6:21.
37 Ebd., TC 23:49–24:12.
38 Ebd., TC 1:45:56.

unsere beiden Sprachen, Amtssprachen … natürlich Luxemburgisch, das dürfen wir nicht vergessen.“[39]

IV. Konklusion

Vergleicht man diese Zurschaustellung von Internationalität oder – um auf Roland Barthes anzuspielen[40] – Europäizität mit der realpolitischen Situation Europas, so lässt sich das eingangs als Leitfrage formulierte Paradox, im Lichte der Luxemburger Hochzeitsfeierlichkeiten betrachtet, auflösen. Denn, genau genommen, geht es insgesamt weniger darum, eine gemeinsame postnationale europäische Identität (oder politische Leitidee) zu imaginieren, sondern, wie eingangs zitiert, eher darum, einer luxemburgischen Identitätspolitik der Multi-Diversität und Multilingualität zu huldigen. Vor dem Hintergrund dieser Profilierung kann Luxemburg dann latent als machtvoller Motor und Vermittler einer Inter-Nationalität *in sensu strictu* erscheinen – einer Internationalität nämlich, bei der die spezifischen Interessen und Differenzsetzungen der einzelnen Nationen gewahrt bleiben. Anders formuliert, die Bildpolitik der Hochzeitsfeierlichkeit und die politische Situation Luxemburgs in Europa stimmen in gewisser Hinsicht überein. Und zwar insofern, als sich die politischen Ziele Luxemburgs vor dem Hintergrund seiner besonderen Mehrsprachigkeit und seiner nachhaltigen internationalen Kontakte derzeit darauf beschränken, im europäischen Einigungsprozess lediglich die ökonomischen Kernziele, wie z. B. den ungehinderten Wettbewerb zwischen den beteiligten Nationen in einem gemeinsamen europäischen Markt, federführend zu optimieren. Von der europäischen Idee einer Égaliberté, wie sie etwa Balibar formuliert hat,[41] ist eine solche politische Selbstbeschreibung Luxemburgs (noch) weit entfernt. Sie wäre nämlich damit verbunden, nicht nur einen ökonomische Belange umfassenden einheitlichen Wirtschaftsraum zu schaffen, sondern ein Europa, in dem man bestrebt ist, soziale Ungleichheiten bzw. die Einschränkung von individuellen Freiheiten zu beseitigen, indem man es etwa emphatisch als „unbegrenzte Sphäre der Politisierung von Rechtsansprüchen“ versteht.[42]

39 Ebd., TC 3:09:09–3:15:00.
40 Vgl. dazu BARTHES, 1990, S. 30.
41 Siehe Anm. 7.
42 BALIBAR, 2009, S. 11.

Literaturangaben

ANONYMUS: Zwölf TV-Sender übertragen die Hochzeit, in: L'essentiel Online, URL: http://www.lessentiel.lu/de/news/dossier/guillaume/story/Zwoelf-TV-Sender-uebertragen-die-Hochzeit-20199141, 29.1.2013.

ARONCZYK, MELISSA: Branding the Nation. The Global Business of National Identity, New York 2013.

BALIBAR, ÉTIENNE: Die Grenzen der Demokratie, aus dem Franz. von Thomas Laugstien, Hamburg *1993*.

– Die Proposition *Égaliberté* („Gleichfreiheit"), in: Trivium, Nr. 3 (2009), URL: http://trivium.revues.org/3337, 8.5.2014.

BARTHES, ROLAND: Rhetorik des Bildes, in: Der entgegenkommende und der stumpfe Sinn, aus dem Franz. v. Dieter Hornig, Frankfurt/M. 1990, S. 28–46.

DAYAN, DANIEL/KATZ, ELIHU: Media Events, in: Impacts and Influences. Media Power in the Twentieth Century, hg. v. JAMES CURRAN/ANTHONY SMITH/PAULINE WINGATE, New York 1987, S. 174–197.

– Medienereignisse [1987], aus dem Engl. v. Christine Hanke, in: Grundlagentexte zur Fernsehwissenschaft. Theorie – Geschichte – Analyse, hg.v. RALF ADELMANN u. a., Konstanz 2002, S. 413–453.

FLUSSER, VILÉM: Zwiegespräche. Interviews 1967–1991, Göttingen 1996.

FRANKFURTER KUNSTVEREIN/EXZELLENZCLUSTER „DIE HERAUSBILDUNG NORMATIVER ORDNUNGEN" DER GOETHE-UNIVERSITÄT FRANKFURT AM MAIN (Hg.): Demonstrationen. Vom Werden normativer Ordnungen = Demonstrations. Making Normative Orders : Frankfurter Kunstverein, 20. Januar – 25. März 2012 ; eine Publikation zur Ausstellung, Nürnberg 2012.

GREIS, YVES: Luxemburgs enge Beziehungen zu Deutschland, in: Tageblatt (28.02.2014), URL: http://www.tageblatt.lu/wirtschaft/story/Luxemburgs-enge-Beziehung-zu-Deutschland-22783284, 22.05.2014.

GÖTZ, IRENE: Zur Konjunktur des Nationalen als polyvalenter Vergemeinschaftungsstrategie. Plädoyer für die Wiederentdeckung eines Forschungsfeldes in der Europäischen Ethnologie, in: Zeitschrift für Volkskunde 107.2 (2011), S. 129–154.

GOETZINGER, GERMAINE: Die Referenz auf das Fremde. Ein ambivalentes Begründungsmoment im Entstehungsprozess der luxemburgischen Literatur, in: Über Grenzen. Literaturen in Luxemburg, hg. v. IRMGARD HONNEF-BECKER/PETER KÜHN, Esch-sur-Alzette 2004, S. 15–26.

JUNCKER, JEAN-CLAUDE: Discours sur l'état de la nation 2012 (2012) [Luxemburger Fassung], URL: http://www.gouvernement.lu/1817856/08-juncker-etat-de-la-nation, 29.1.2013.

KMEC, SONJA/KOHNS, OLIVER: Fiktionen der Macht. Public Viewing statt Public Opinion?, in: Forum, Nr. 325 (2013) S. 10–13.

LUHMANN, NIKLAS: Die Realität der Massenmedien, Opladen 1996.

– Die Gesellschaft der Gesellschaft, Frankfurt am Main 1997.

PARR, ROLF: Was eigentlich ist Luxemburger Literatur und was ihre Spezifik? Ein interdiskurstheoretischer Diskussionsbeitrag, in: Komparatistik. Jahrbuch der Deutschen Gesellschaft für Allgemeine und Vergleichende Literaturwissenschaft, Jg. 2008/2009 (2009), S. 93–110.

– Kompetenz: Multi-Interdiskursivität, in: Zwischen Provokation und Usurpation. Interkulturalität als (un)vollendetes Projekt der Literatur- und Sprachwissenschaften, hg. v. DIETER HEIMBÖCKEL u. a., München 2010, S. 87–100.

STOLDT, JÜRGEN: Luxemburg – Kern Europas, in: Aus Politik und Zeitgeschichte, Nr. 8 (2008), S. 16–23.

WERBER, NILS: Geopolitik der Literatur. Eine Vermessung der medialen Weltraumordnung, München 2007.

WOBBE, THERESA: Die ‚Europäische Union' als transnationale Vergesellschaftung. Eine inklusionstheoretische Sicht, in: Transnationale Vergesellschaftungen, hg.v. HANS-GEORG SOEFFNER, Wiesbaden 2012, S. 169–181.

ZEMAN, MIRNA: Schwarz-Rot-Gold der Suppendose. Nation als Marke, in: Figurationen des Politischen, Bd. 1: Zur Phänomenalität der Politik in der Gegenwart, hg. v. MARTIN DOLL/OLIVER KOHNS, Paderborn 2016, S. 411–442.

ZDF: Liebeshochzeit in Luxemburg, ZDF Royal, 22.10.2012, 10:15–13:30.

ŽIŽEK, SLAJOV: Barbarism with a Human Face, in: The London Review of Books 36.9 (2014) S. 36–37. URL: http://www.lrb.co.uk/v36/n09/slavou-zizek/barbarism-with-a-human-face, 8.5.2014.

Eva Wiegmann

Satirische Verortung Luxemburgs in Europa und der Welt: Guy Rewenigs Glossen über ein „unwiderstehliches Land"

Satirical texts take an analytical view most of all at the interior, thus dissecting the structures and mentalities of a country. In so far it is worth the effort to have a look at the satirical introspection of the Grand Duchy of Luxembourg, in order of pursuing the question of Luxembourg as an intercultural laboratory. This contribution focusses on the satirical commentaries by Guy Rewenig which provide an ironical-critical view at this author's home country and, in both the European and the global context, put both official and unofficial self-images into question.

Das Kollektivsymbol von Luxemburg als ‚interkulturellem Labor' oder ‚Reagenzglas Europas', manifestiert sich – wenn man den Ausführung von Irmgard Honnef-Becker und Peter Kühn folgt – in der Literatur des Landes, deren „[w]ichtigstes Merkmal [...] ihre Inter- und Multikulturalität" sei.[1] Sie erklären, dass „[d]ie literarische Kommunikation im polyglotten Mikrokosmos ‚Luxemburg' [...] durchaus als Modell für Literatur in einer zunehmend sich öffnenden und nomadisierenden Welt angesehen werden" könne.[2] Ohne Zweifel sind Reflexionen über das ‚Eigene' und das ‚Fremde' in der luxemburgischen Literatur, die gewissermaßen „an der Schnittstelle verschiedener Kulturen und Literaturen angesiedelt ist"[3] relativ häufig anzutreffen. Somit scheint zunächst eine ungebrochene Wechselbeziehung zwischen einem Selbstverständnis der ‚Luxemburger' als kulturelle Grenzgänger sowie „Vermittler[ ] zwischen den Kulturen"[4] und einer ebenfalls von kulturellen und sprachlichen Grenzüberschreitungen geprägten literarischen Landschaft zu bestehen. Das vermehrte Nachdenken über interkulturelle Fragestellungen, das sich aus der besonderen kultur- und sprachensoziologischen Situation des Landes ergibt, verhält sich jedoch selbstverständlich nicht grundsätzlich affirmativ zum idealisierten Autoimage des Großherzogtums.

---

1 HONNEF-BECKER/KÜHN, 2004, S. 7.

2 Ebd., S. 8.

3 Ebd., S. 10.

4 Vgl. LIPPERT/WILLE, 2012, S. 140. Bereit 1911 spricht Nicolas Ries von Luxemburg als „pont entre l'esprit allemand et l'esprit francais" (Nicolas Ries: Le Dualisme linguistique et psychique du peuple luxembourgeois, 1911).

Vielmehr werfen literarische Texte regelmäßig auch die Frage nach dem Verhältnis zwischen dem idealisierten Selbstbild bzw. einer von außen vorgenommenen Monosemierung Luxemburgs auf Europa hin[5] und den soziokulturellen Realitäten auf. Insbesondere der Zerrspiegel der Satire wirft dabei häufig ein Bild zurück, dass die Differenz zwischen der idealen und realen Gestalt des kollektiven Ichs überdeutlich ausgestellt.

Die Satire ist – wie Gero von Wilpert schreibt – als „Verzerrung des politischen, geistigen und Volkslebens" grundsätzlich „stärker national gebunden als andere Dichtarten".[6] Ihr analytischer Blick richtet sich vornehmlich nach innen und seziert Strukturen und Mentalitäten innerhalb eines Landes. Insofern scheint es lohnend, einen Blick auf die satirische Introspektion des Großherzogtums zu werfen, um der hier übergreifend gestellten Frage nach Luxemburg als ‚interkulturellem Labor' nachzugehen. Die Grundlage dieses Beitrags stellen im Folgenden vor allem die satirischen Texte des 1947 geborenen Autoren Guy Rewenig dar, der über sein satirisches Werk hinaus auch für seine vielfach ausgezeichneten Romane, Kinderbücher[7] und Theaterstücke sowie als Miteigentümer des *ultimomodo* Verlages bekannt ist. Schwerpunktmäßig werden hier die Bände *Ein unwiderstehliches Land* (1986), *Cross Country. Eine Heimatkunde* (2006), *Cross Country. Ein Hürdenlauf* (2008) sowie *Made in Happyland. Eine Raritätenschau* (2008) untersucht, da der Autor in ihnen so etwas wie eine Inventur seines Heimatlandes unternimmt und dabei ein „kritisches Panorama der Luxemburger Gesellschaft, Politik und Kulturszene"[8] erstellt. Die in den genannten Bänden publizierten satirischen Texte und Glossen zeichnen vom Großherzogtum „ein ganz anderes Bild [...], als es in offiziellen Darstellungen entworfen wird."[9] Sie „sezieren" – wie es im Klappentext von *Made in Happyland* heißt – „den Luxemburger Mikrokosmos

5 Vgl. PARR, 2009, S. 13.

6 WILPERT, 1964, S. 613.

7 1984, 1988 und 1991: 1. Preis im Concours littéraire national
2000: Nic.-Thoma-Preis der Fédération générale des instituteurs luxembourgeois
2004: Kinder- und Jugendliteraturpreis "De Fiischen" der Action familiale populaire
2005: Prix Batty Weber
2006: Prix Servais für Passt die Maus ins Schneckenhaus?
1. Preis im Concours littéraire national 2007 für Le chef d'orchestre à la baguette de bambou.
2010: Servais-Preis für Sibiresch Eisebunn, veröffentlicht unter dem Pseudonym Tania Naskandy.

8 http://www.autorenlexikon.lu/page/author/476/4764/DEU/index.html, 20.05.2015.

9 Einband der Cross-Country-Bände (REWENIG, 2006 und 2008a).

[…] mit dem literarischen Mittel der Ironie".[10] Dabei sind die Texte jedoch meist weniger humoresk, sondern überwiegend in einem bissigen bis aggressiven Ton verfasst, der seit Michel Rodanges 1872 erschienenem *Renert* die luxemburgische Satiretradition prägt.[11]

I.

Die größtenteils ursprünglich in der Wochenzeitung *Lëtzeburger Land* erschienen Satiren der *Cross Country* Reihe und des Bandes *Made in Happyland. Eine Raritätenschau* nehmen häufig aktuelle Nachrichten und Debatten zum Anlass um ganz grundsätzlich über Land und Leute nachzudenken. Dabei betätigt sich Rewenig gewissermaßen als „Aufklärer in öffentlicher Mission". Durch „groteske Vergrößerung eines Makels"[12] benennt er gesellschaftspolitische Missstände und entlarvt sie als unzumutbar indem er sie der Lächerlichkeit Preis gibt. Den Satiren des ursprünglich am Institut pédagogique in Walferdange als Lehrer ausgebildeten Autoren „liegt folglich eine didaktische Intention zu Grunde".[13] Sie folgen – wie Rewenig selbst betont – dem Grundsatz von Dario Fos, demzufolge „‚Lernen durch Lachen' […] die nachhaltigste Lernform"[14] überhaupt sei. Damit sieht sich Rewenig auch in einer Satire-Tradition, die auf die von Johann Georg Sulzer in seiner *Allgemeinen Theorie der schönen Künste* (1771) formulierte normative Poetik zurückgeht, die verlangt, dass diese literarische Form zum Zweck der moralischen Besserung des Menschen dem Leser in „spöttische[r] Weise" gesellschaftliche Missstände, die in einer „falschen Art zu denken oder zu empfinden" gründen, vorhalten solle.[15] „Der Endzweck der Satire ist" – Sulzer zufolge – „dem Übel, das sie zum Inhalt gewählt hat, zu steuern, es zu verbannen, oder wenigstens sich dem weiteren Einreißen desselben zu widersetzen und die Menschen davon abzuschrecken."[16] Rewenigs satirisches Selbstverständnis erinnert aber auch an die Rolle des mittelalterlichen Narren, der als Überbringer unliebsamer Wahrheiten fungierte und dessen scharfe Kritik nur deswegen geduldet wurde, weil sie „in einer harmlosen Form" daher kam, nämlich indem sie „Lachen" erregte und

10 Einband von *Made in Happyland* (REWENIG, 2008b).
11 Vgl. CONTER/SCHMIT/SEIL PASCAL, 2012, S. 211.
12 Ebd., S. 209.
13 Ebd., S. 210.
14 O. A., 1983, S. 33.
15 SULZER, 1775, S. 554
16 Ebd., S. 555.

damit selbst „keinen Anspruch auf eine halbwegs ernsthafte Rolle" im politischen Leben erhob.[17]

Stilistisch vorherrschend ist bei Rewenig vor allem die Antiphrasis. So beginnen die Glossen der *Made in Happyland*-Reihe grundsätzlich mit der ironischen Einleitung „Heute loben wir …", wonach dann immer eine bissige Kritik an dem ‚Gelobten' entfaltet wird. Ähnlich funktionieren auch die satirischen Texte, die in der Tageblatt-Beilage *kulturissiomo* erschienen und immer mit einer zweifelhaften Forderung überschrieben sind. Etwa mit den Worten: „Wir brauchen technisch begabte Mörder!"[18] Rewenigs beißende Kritik an den gesellschaftspolitischen Realitäten bedient sich darüber hinaus den für die satirische Form typischen Stilmitteln der Hyperbel (sich im Textverlauf steigernden Übertreibungen) und des Bathos (plötzliches Umschlagen ins Gewöhnliche). Sehr häufig sind auch allegorische Verschiebungen und Verfremdungen. Narrative und sprachliche Verfahren des Perspektivwechsels – wie semantische Verschiebungen, Literarisierungen, Parallelisierungen und Referenzverschiebungen[19] –, die das Eigene mit dem Fremden in eine dialektische Beziehung setzten, sind laut Peter Kühn generell ein typisches Charakteristikum Rewenig'scher Texte.[20] Indem „das Eigene verfremdet und das Fremde entfremdet"[21] wird, kommt ein von der interkulturellen Hermeneutik viel beachtetes Verfahren zur Anwendung, dass durch Perspektivwechsel „ein[en] kritische[n] Blick auf das eigene Land, die eigene Kultur und die Mitmenschen ermöglicht." Hierdurch „werden die Leserinnen und Lesern nicht nur in fremde Personen, Charaktere, Figuren und Kulturen hineinversetzt, sondern sie müssen darüber hinaus ihren habitualisierten Sprachgebrauch desautomatisieren und werden auf einen unkonventionalisierten, konkretisierten oder frappanten Wortgebrauch gestoßen, der zur Reflexion anregt."[22]

Das Themenfeld der Glossen ist der Aktualitätsbindung entsprechend relativ vielfältig. Dennoch lassen sich Kernbereiche ausmachen, die häufig im Mittelpunkt der satirischen Kritik stehen. In Übereinstimmung mit der linksliberalen Prägung Rewenigs im Umfeld der 68er Bewegung, richtet sie sich häufig gegen das sog. Establishment und alle mögliche Formen von Autoritätsausübung. Die humoresk verbrämten Wort-Angriffe zielen entsprechend oft auf politische und

---

17 Alexander Wessselowskij: Isbrannyje statji (Ausgewählte Aufsätze), Leningrad 1939, S. 441–42, zit. n. BACHTIN, 1990, S. 38).

18 REWENIG, 2008b, S. 219.

19 Vgl. KÜHN, 2004, S. 148–152.

20 Vgl. ebd., S. 145.

21 HONNEF-BECKER/KÜHN, 2004, S. 11.

22 KÜHN, 2004, S. 145.

religiöse Herrschaftsstrukturen sowie auf die im Luxemburger ‚Bankenparadies' sehr präsente ‚Diktatur des Kapitals'. Neben dieser gezielten Kritik an Autoritätsformen vollzieht sich in den satirischen Texten Guy Rewenigs aber auch eine Dekonstruktion von nationalen Narrativen, von offiziellen und inoffiziellen Selbstbildern sowie die Verortung des kleinen Großherzogtums im großen Ganzen, also in Europa und der Welt.

Ein zentraler Punkt, der immer wieder hervorgehoben wird, ist die Differenz zwischen einem europäischen Geltungsbedürfnis und der flächen- und einwohnermäßigen Geringfügigkeit im Gegensatz zu den anderen EU-Mitgliedsländern. Die Selbstwahrnehmung Luxemburgs als ideelles Zentrum Europas dekonstruiert er, wenn er z. B. in der Glosse *Weltmeisterschaftsverdacht* schreibt:

> Schon ein paar hundert Kilometer jenseits unserer Landesgrenzen, also in allernächster Nähe, scheitern unser lieben europäischen Nachbarn daran, Luxemburg korrekt zu lokalisieren. Sie irren mit dem Zeigefinger über die Europakarte und fragen sich ganz belämmert: Wo zum Teufel liegt denn nur dieses Großherzogtum? Von entfernteren Ländern, etwa der südlichen oder östlichen Peripherie Europas, ganz zu schweigen. Alle einheimischen Touristen, die sich mehr als 2000 Kilometer von ihrer Heimat fortbewegen, wissen: Je weiter man in die Tiefen Europas eindringt, umso schneller wird Luxemburg zu einer Art Scherzartikel, zu einem virtuellen Devisenparadies, einer trügerischen Fata Morgana, so unfassbar und schillernd, dass sie gar nicht einer geographischen Wirklichkeit entsprechen kann.[23]

Insofern erscheint es absolut absurd zu sein, dass das politische „Dreikäsehoch" Luxemburg tatsächlich in einer Riege mit den „Machtzentralen im alten Europa" und dem „Riesen aus Übersee" zu stehen und „mit den ganz großen Hunden pinkeln" zu können glaubt. Diesen Umstand entlarvt die Glosse *Autounfallstaatsaffäre* in *Cross Country. Eine Heimatkunde* als gestörte Selbstwahrnehmung, denn de facto spiele das machtpolitisch marginale Luxemburg doch nur „den interkontinentalen Hanswurst",[24] der sich im Grunde unreflektiert bei allen Mächtigen anbiedere um seine Winzigkeit zu kompensieren und im Fahrwasser der ganz Großen selbst an Größe zu gewinnen. Anlässlich eines Putin-Besuchs im Großherzogtum schreibt Rewenig entsprechend:

> Nichts als ein peinlicher Ausbruch von Megalophilie! Dieses Leiden, das vor allem Regierungschefs winziger Staaten befällt, kennen wir auch unter dem populärwissenschaftlichen Namen ‚Überfunktion der Machtgeilheitsdrüsen'. Der von Magalophilie Heimgesuchte unterscheidet nicht mehr zwischen den Objekten seiner Umarmungsbegierde. Er wirft sich wahllos jedem Mann an den Hals, sofern dieser Kerl ein vermeintlich

23 REWENIG, 2006, S. 37.

24 Ebd., S.10f.

> wichtiges politisches Amt bekleidet. Ob der heftig Umarmte Dreck am Stecken oder gar Blut am Revers hat, spielt dabei überhaupt keine Rolle.[25]

Problematisiert wird dabei vor allem auch das mangelnde Identitätsbewusstsein der Politiker, die aus Luxemburg etwas machen wollen, das es nicht ist. Sie würden sich im Prinzip für ihr Land und seine Provinzialität schämen. Am härtesten trifft die Kritik immer wieder den ehemaligen Premierminister Juncker, dessen ganz und gar nicht zum Land passender machtpolitischer Ehrgeiz u. a. dadurch karikiert wird, dass er in Anspielung auf den Chinesen Mao Zedong wiederholt der ‚große Vorsitzende' genannt wird.[26]

Wie sehr die Luxemburger „Volkskultur"[27] im Widerspruch zu einem machtpolitischen Denken in gleichsam „planetarischen Kategorien"[28] steht, stellt Rewenig schon in den *Neuen Kleinburger Innensichten* aus dem Jahr 1985 heraus, wenn er schreibt: „Wir sind kein Volk, dem das weltmännische Kostüm aus fremden Konfektionsläden gut zu Gesicht stünde: der schlichte Bauernkittel mit seinem natürlichen Faltenwurf bleibt nach wie vor unser liebstes Gewand."[29] Rewenig ist aber natürlich auch kein antimoderner Befürworter einer rückständig-provinziellen Kultur. Vielmehr werden gerade auch die konservativen Aspekte von Volk und Staat immer wieder kritisiert. Die überwiegend konservative Mentalität der autochthonen Luxemburger gerät oft ins satirische Kreuzfeuer und die Dominanz der katholischen Kirche, vor allem aber die Monarchie werden als unzeitgemäß, ja geradezu mittelalterlich und „mit dem demokratischen Prinzip unvereinbar"[30] dargestellt.

Im Kontext des Europäischen Kulturhauptstadtjahres nimmt er mehrfach das Motiv des ‚blauen Hirschen' auf die Schippe, der zum offiziellen Logo der Kulturhauptstadt gekürt wurde. Ähnlich wie Heinrich Heines Tanzbär Atta Troll wird der blaue Hirsch bei Rewenig zur Allegorie für die „Luxemburger Um- und Zustände"[31] und verdeutlicht den Widerspruch zwischen den sehr modernen und den extrem konservativen Tendenzen in der Kultur des Landes. Der weltmännische Anspruch, der mit dem Titel der Kulturhauptstadt und der Präsentation von international hochkarätiger Kunst verknüpft ist, wird kontrastiert mit dem Sinnbild des ‚röhrenden Hirschen', der die „Volkskultur" als provinziell entlarvt.

25 REWENIG, 2008a, 141f.
26 Vgl. u. a. REWENIG, 2008b, S. 143.
27 REWENIG, 2006, S. 12.
28 REWENIG, 2008b, S. 91.
29 REWENIG, 1986 S. 205.
30 REWENIG, 2008a, S. 66.
31 REWENIG, 1986, S. 2.

Ein röhrender Hirsch soll die Besucher anlocken" beschreibt eine Tageszeitung das eben gekürte Kulturhauptstadtlogo. Wir sollten uns freuen über das intelligente Sinnbild. Es geht nämlich der einheimischen Volkskultur radikal auf den Grund: peinliches Potenzgehabe, Männlichkeitswahn, stimmgewaltiges Auftrumpfen. Nicht zu vergessen die auffällige Färbung: blau ist der Hirsch, der da aus dem schwarzen Hinterwald hervorprescht vermutlich nur deshalb, weil er im schützenden Gebüsch zuviel Jägermeister gesoffen hat. Damit haben wir gleich den eigentlichen Kern der Volkskultur plastisch vor Augen: den ambienten Alkoholismus.[32]

II.

Eng verknüpft mit dem Titel der Europäischen Kulturhauptstadt ist – wie Thomas Ernst und Dieter Heimböckel schreiben – in der Regel auch ein ‚interkulturelles Selbstverständnis'.[33] Dieser grenzüberschreitende Aspekt wird im Falle Luxemburgs noch dadurch akzentuiert, dass auch die Großregion nominell und praktisch in das Kulturhauptstadtjahr einbezogen wurde. Mit dieser öffentlichkeitswirksamen Transzendierung der innereuropäischen Grenzen inszenierte sich das Großherzogtum gewissermaßen als europäisches Paradebeispiel und damit auch als vorbildhaft in Punkto Interkulturalität. Zum grenzüberschreitenden Element tritt dabei noch die öffentliche Inszenierung der ‚Europa-Stadt' Luxemburg als ‚multikulturelles Musterbeispiel'.[34] So heißt es z. B. auf der Internetseite visitluxemburg.com:

> Luxemburg ist ein kultureller Dreh- und Angelpunkt: [...]. Im Zentrum des Landes leben Menschen von nicht weniger als 150 verschiedenen Nationalitäten. Sie sind es, die der Stadt ihre ganz besondere Ausstrahlung verleihen: multikulturell, mehrsprachig, kreativ und vielfältig. Das kulturelle Programm von Luxemburg spiegelt diese Vielfalt in beeindruckender Weise wider.[35]

In die hyperbolisch-satirischen Sprache Rewenigs übersetzt, die gleich suggeriert, dass es sich bei diesem Narrativ eher um ein Märchen als um eine realistische Erzählung handelt, hört es sich wie folgt an:

> Op der ganzen Welt gëtt et keen anert Vollek, datt esou opgeschloss, fortshrëttlich, tolerant a mënschenfrëndlich ass wéi mir Lackzëmbööger. Joerhonnte laang hu mir voller Freed a Begeeschterung bei eis Leit vun alle Kontinenter opgeholl, souger dann, was mat Kavallerie a Kanounenen ugeréckt sinn. Ni an eiser Geschicht ware mir bornéirt oder

32 REWENIG, 2006, S. 12.

33 ERNST/HEIMBÖCKEL, 2012, S. 8.

34 Vgl. O. A., 13.03.2012.

35 O. A., o. J. (http://www.visitluxembourg.com/de/regionen/luxemburg-hauptstadt-und-umgebung, 20.05.2015).

> äerzkonservativ, eis eenzeg Ambitioun war ëmmer, aus eisem Land Lackzëböög eng Insel vum Fridden a vun der Soliaritéit ze maachen.[36]

An anderer Stelle bezeichnet er den Mythos vom multikulturellen Musterland explizit als „Propaganda". Zwar würden in der Stadt Luxemburg „mehr Ausländer als Einheimische" leben, dennoch würden dieser „Bevölkerungsmehrheit" keinerlei politischen Rechte zugestanden, sie würden vielmehr „von der eingeborenen Minderheit regelrecht bevormundet". Die vielfach inszenierte, aber nicht institutionalisierte Multikulturalität, bliebe im Grunde nur ein oberflächlicher Karneval der Kulturen, ein „Copacabanazauber", der „mit farbigem Variété die politische Realität zu verwischen"[37] suche. In vielen Texten wird dieser Einsicht entsprechend der Umgang mit Gastarbeitern und Flüchtlingen, aber auch mit Grenzgängern scharf kritisiert. Tenor ist dabei stets, dass sich die reichen Luxemburger ärmere „Ausländer" nur als eine Art ‚Arbeitssklaven' hielten,[38] die „hier alle Arbeiten" verrichten, für die die Luxemburger sich „zu schade sind".[39] Reichere Ausländer dürfen im Großherzogtum auch gerne ihr Geld anlegen und ordentlich konsumieren, mitbestimmen dürfen sie aber auch nicht. Rewenigs in der Glosse *Kein Hirsch auf der Zuckerrohrplantage* formuliertes Fazit in diesem Punkt lautet:

> eine Stadt, die über 60% ihrer Einwohner von der politischen Mitbestimmung ausschließt, nur weil sie keine reinen Einheimischen sind, sollte nicht so vermessen sein, sich als europäische Kulturmetropole aufzuspielen. Es sei denn, Apartheid gilt in Europa neuerdings als Kulturprinzip.[40]

Die Behauptung, dass im interkulturellen Labor Luxemburg „Großes [...] für die Verständigung der Völker" gleistet würde, ist für Rewenig also nichts weiter als ein werbewirksamer Mythos. In Wirklichkeit sei „das kleine Volk [...] ganz einfach kein Beispiel für die Welt".[41] Und selbst wenn das Zusammenleben der Völker im Sinne einer integrativen Interkulturalität hier mustergültig funktionieren würde, könne es nicht repräsentativ für Europa sein, weil schon der unwirkliche Reichtum des Landes ganz eigenartige Bedingungen generiere. Grundsätzlich müsste ein interkulturelles Labor aber ein mehr oder minder steriler Raum sein, der nur oder doch überwiegend Bedingungen aufweist, die zumindest allen europäischen Ländern gemeinsam also typisch sein müssten, damit die hier gewonnenen

---

36 REWENIG, 2013, S. 4.
37 REWENIG, 2006, S. 21.
38 Vgl. Einbürgerungswunschdenken, in: REWENIG, 2006, S. 137ff.
39 REWENIG, 2008b, S. 88.
40 REWENIG, 2008b, S. 31.
41 REWENIG, 2006, S. 39.

Ergebnisse repräsentativ sein könnten. Das kleine Bankenparadies Luxemburg erfüllt aber diese Kriterien in den Augen Rewenigs nicht. Es sei kein exemplarischer Fall, sondern eine „merkwürdige[ ] Sumpfblüte des reichen Westens".[42]

Das Großherzogtum tauge also aus verschiedenen Gründen nicht zum musterhaften Vorbild für eine interkulturelle Hybridisierung der Gesellschaft. Dennoch konstatiert Rewenig einen spezifischen Vorbildcharakter Luxemburgs im Hinblick auf Europa. In einem besonderen Aspekt sei Luxemburg nämlich tatsächlich ein Vorreiter der modernen europäischen Mentalität und zwar hinsichtlich des Abschottungswillens gegen Einwanderer aus armen nicht-EU-Ländern. Die sogenannte „Festungsmentalität"[43] erklärt der Autor zu einem wesentlichen Punkt der Luxemburger ‚Identität', die sich mit der Entwicklung Luxemburgs zum Bankenparadies paradigmatisch herausgebildet habe. Die Parabel *Das Kastell* (1984), die die Geschichte der Wiederbesetzung der vielen nutzlos leerstehenden Burgen durch ehemalige Industriebarone erzählt, die hier wie mittelalterliche Fürsten hausen und hinter den dicken Mauern ihren vergoldeten Besitz mehren, beschreibt die Ablösung der Industrie durch den Bankensektor und wie diese die Abschottung und die Verteidigung des luzilischen Reichtums nach Außen bedinge. Luzilien ist hier ein Synonym für Luxemburg und greift die mittelalterliche Ursprungsbezeichnung der Festungsanlage ‚Luzilienburg' (‚kleine Burg') auf. Zugleich wird hier aber auch Bezug genommen auf Lucilius, den Begründer der römischen Satiretradition. Insofern findet hier eine „Referenzverschiebung" statt, die „am Übergang zwischen dem sprachlichen und erzählerisch bedingten Perspektivwechsel"[44] steht. Durch die diachrone Verfremdung des gegenwärtigen Luxemburg zum mittelalterlichen Luzilien wird dabei eine Distanz geschaffen, die eine schonungslos kritische Reflexion der Verhältnisse im eigenen Land ermöglicht: In den Burgen herrscht hier nicht das Volk, sondern allein das Kapital, das die luzilischen Bürger unreflektiert mit Macheten, Pulverfässern und Kanonen verteidigen, weil die Banken den um ihre Existenz Fürchtenden eine glänzende Zukunftssicherung im postindustriellen Zeitalter versprechen. In dem 2008 erschienenen *Cross Country* Band *Ein Hürdenlauf* zieht Rewenig eine deutliche Parallele zwischen dieser Luxemburger Festungsmentalität und der Flüchtlingspolitik der EU, die Einwanderer und „verzweifelte Bootsflüchtlinge aus Afrika im europäischen Sicherheits- und Abwehrnetz" einfängt und kaltherzig „der Festung" verweist.[45] Das Luxemburger Kastell oder das „sogenannte

42 Ebd., S. 38.
43 REWENIG, 2008a, S. 147.
44 KÜHN, 2004, S. 152.
45 REWENIG, 2008a, S. 146.

‚Luzilische Modell‘“[46] habe sich zum ‚europäischen Bollwerk‘ entwickelt, dessen Herren nicht von humanitären Grundsetzten und idealistischem Denken, sondern allein von einem kapitalistischen „Festungsgedanke[n]“[47] geleitet würden. An dieser Stelle erscheint die populäre Wendung von Luxemburg als ‚Reagenzglas Europas‘ in einem ganz anderen Licht und entlarvt mit der luxemburgischen auch die europäische Identitätskonstruktion als vor allem auf Grenzziehungen bzw. Differenzkonstruktionen beruhendes und nur bedingt integratives Konzept. Die Rewenig'sche Satire entlarvt die propagierte Weltoffenheit als problematischen, auf Besitzstandswahrung ausgerichteten Eurozentrismus. Der „moralische Zorn der Satire“ richtet sich hier „gegen die Lieblosigkeit“[48] einer Flüchtlingspolitik, die in scharfen Kontrast zur gerade in Luxemburg so häufig propagierten ‚europäischen Idee‘ steht. Wer sich immer wieder auf Luxemburg als interkulturelles Musterland und ‚Herz Europas‘ beruft, sich damit also „eine Vortrefflichkeit anmaß[t], die“ er „nicht bes[i]tzt[ ]“[49] – wie etwa der so oft kritisierte Jean Claude Juncker – den trifft genretypisch der erbarmungslose Spott des Satirikers.

III.

Laut Kurt Tucholsky ist „[d]er Satiriker ein gekränkter Idealist“, der in der verzweifelten Sehnsucht nach einer „[guten] Welt [...] gegen das Schlechte an[rennt]“.[50] Daran anknüpfend kann man auch Rewenig als einen Idealisten bezeichnen, der in der Hoffnung auf eine, auch von Tucholsky erwartete, heilende Wirkung der Satire[51] den Finger in die Wunde legt, die zwischen humanistischen Idealen und realer Machtpolitik klafft.

Nicht ganz unproblematisch an dieser satirisch maskierten Kritik am europäischen Idealverlust ist allerdings in *Das Kastell* die letztliche Zurückführung der angeprangerten Missstände auf ein „Amerikavirus“,[52] das stark an die stereotypen Topoi der antimodernen Kapitalismuskritik des frühen 20. Jahrhunderts erinnert und so etwas wie eine kapitalistische Fremdherrschaft in Luxemburg und Europa suggeriert, von der es sich zu befreien gelte. Aus einer linksliberalen

---

46 REWENIG, 1986, S. 64.

47 REWENIG, 2008b, S. 79.

48 PAUL, 1990, S. 116.

49 O. A. (Ueber die Satire), 1819, S. 259

50 TUCHOLSKY, 1995, S. 43.

51 Bei Tucholsky heißt es: „Die echte Satire ist blutreinigend: und wer gesundes Blut hat, der hat auch einen reinen Teint.“ (ebd., S. 44).

52 Vgl. REWENIG, 2008a, S. 65.

Herrschaftskritik heraus konstatiert Rewenig mehrfach eine Art Okkupation des Großherzogtums durch die Kirche und die Banken, die hier mehr zu sagen hätten als die vom Volk gewählten Politiker. An solchen Stellen entpuppt sich der scharfe Kritiker der gesellschaftspolitischen Verhältnisse in Luxemburg dann als Patriot, den die Diskrepanz zwischen idealer und realer Gestalt des kollektiven Ichs schmerzt, weil er in dem spezifisch Luxemburgischen ein Potential erkennt, dass er nicht verwirklicht sieht. Dass die Satire an sich ein Ausdruck der Vaterlandsliebe und nicht das Echo einer antiheimatlichen Einstellung ist, betont schon Julius von Voss in seinen *Satirischen Zeitbildern* (1817), der sich in seinen redlichen Absichten missverstanden fühlt:

> Wer nun diesen Staat liebe, dem thut das Herz, beim Anblicke der Misbräuche [sic!], weh, er beweint das gegenwärtige, ihnen entkeimende, Uebel, und zittert, in die Folge aussehend. Die Schmerzen machen sich endlich in Worten Luft, […]. In solchen Staaten darf man aber keine heimathliche Einrichtung, viel weniger, irgend einen namhaften Großen tadeln, sonst ist man kein Gutgesinnter.[53]

Auch bei Guy Rewenig sind in diesem Sinne wohl – mit Voss gesprochen – „nur Hinsichten [ ]einer warmen redlichen Vaterlandliebe […] im Spiel."[54] Der melancholische Ton, der von Zeit zu Zeit durchbricht, zeugt von einem Schmerz, den man nur empfinden kann, wenn man sich dem Gegenstand der Kritik ehrlich verbunden fühlt.

Seine Mittel der Wahl im ‚Freiheitskampf' gegen jede Form der politischen und finanzwirtschaftlichen Fremdbestimmung und Autoritätsausübung über das Luxemburger Volk sind die Sprache und der Humor. Beide werden von Rewenig als subversive Kräfte verstanden, als „lustbetonte und anarchische Unterwanderung"[55] der Herrschaftsstrukturen. In den Augen des Autors, der mit *Hannert dem Atlantik* (1984) als der Begründer des Neuen Luxemburgischen Romans gilt,[56] entzieht sich gerade die nicht vollständig standardisierte Sprache des Lëtzebuergeschen[57] durch ihre widerspenstige Eigenart und die kleine Zahl ihrer Sprecher der politischen und ökonomischen Funktionalisierbarkeit. Ähnlich antithetisch zu allen Hegemonialbestrebungen erweist sich der Humor. „Das Lachen", das – wie Michail Bachtin in *Literatur und Karneval* schreibt – selbst „keine

53 VOSS, 1817, S. 186.

54 Ebd., S. 76.

55 REWENIG, 2006, S. 93.

56 Bis 1985 sind tatsächlich überhaupt nur drei Romane in luxemburgischer Sprache erschienen (vgl. CONTER, 2012, S. 213).

57 Es gibt zwar eine offizielle Orthographie und auch eine offizielle Grammatik, aber nicht im Sinne eines implementierten Regelkatalogs.

Verbote und Einschränkungen" verfügt und sich damit der Sprache der „Macht, Gewalt und Autorität" entgegenstellt, hat die Kraft die Autoritäten zumindest für den „Moment" zu entmachten.[58]

Gerade in der Kultur eines machtpolitisch de facto marginalen Landes wie Luxemburg ist ein selbstironischer Humor für Rewenig „eine ganz elementare Notwendigkeit", weil er eine von jeglichen Hegemonialbestrebungen freie Verortung im weltpolitischen Gefüge ermöglicht.[59] Wer über sich selbst lachen kann, erhebt sich nicht über andere und beweist damit jene „Menschlichkeit",[60] an der es dem gegenwärtigen europäischen „Festungskult"[61] mangele. In der humorvollen Anerkennung der eignen Schwäche, liegt dabei für den Autor eine ganz „wesentliche Voraussetzung zur Menschlichkeit" überhaupt.[62] Der Schlüssel zu einem tatsächlichen interkulturellen Vorbildcharakter Luxemburgs liegt für Rewenig also allein in dem humorvollen Bekenntnis zur nationalen Individualität begründet. So heißt es in *Ein unwiderstehliches Land*:

> Das Lachen über die zahlreichen Anlässe zur Trauer ist lebensnotwendig, weil es den Mut zum Widerstand bewahrt. Warum selbst die Geschichten, die im Grunde tragische Züge haben, immer wieder in satirischer Verspieltheit münden liegt wohl an der Beschaffenheit dieses Landes, das unsere Heimat sein soll: sich auf Luxemburger Um- und Zustände einlassen, heißt mit der Karikatur das Aufgesetzte, Unechte, Aufgedonnerte bekämpfen und zugleich den ‚inneren Kern' – alles, was dieses Land unwiderstehlich macht – behutsam herausstreichen. Aus der Nähe betrachtet ist die Satire fast eine Partikularität der Luxemburger: wahrscheinlich ist das unsere Art, uns gegen die groteske Selbstüberschätzung zu wehren.[63]

Insofern ist der Titel des Bandes *Ein unwiderstehliches Land* durchaus nicht nur ironisch gemeint.

IV.

Abschließend lässt sich feststellen, dass die kritische Inventur der gesellschaftspolitischen Verhältnisse in Luxemburg stets vor dem Hintergrund eines engagierten Eintretens für die luxemburgische Kultur und ihre Besonderheiten erfolgt. Dabei

58 Vgl. BACHTIN, 1990, S. 35ff.

59 Vgl. auch Georges Erasme Muller alias George Erasmus, der in *How to remain what you are* (1989) vom „ironical und sceptical patriotism" der Luxemburger spricht (Erasmus 1989, zit. n. CONTER/SCHMIT/SEIL, 2012, S. 9).

60 REWENIG, 2006, S. 100.

61 REWENIG, 2008b, S. 79.

62 REWENIG, 2006, S. 100.

63 REWENIG, 1986, S. 2.

korreliert die explizite Affirmation des Marginalen keineswegs mit dem Kleingeistigen und Engherzigen, wie bspw. die Betrachtung der Glosse über den provinziellen blauen Hirsch gezeigt hat. Insofern ist Rewenigs Engagement für das spezifische Luxemburgische nicht als Patriotismus im Sinne eines beschränkten Nationalismus zu verstehen.[64] Vielmehr handelt es sich um ein – im Grunde an postkolonialen Ansätze anschließendes – Plädoyer für kulturelle Pluralität im internationalen Raum am Beispiel Luxemburgs, dessen kulturellen Besonderheiten er durch die entindividualisierende Indienstnahme als ‚interkulturelles' oder ‚europäisches Labor' besonders bedroht sieht.[65] Das Starkmachen des Lëtzebuergeschen als Kultursprache im sog. Neuen Luxemburgischen Roman kann mithin als Paradigma für die Verteidigung kultureller Vielfalt gegen Homogenisierungsprozesse im Rahmen einer primär ökonomisch motivierten Globalisierung gesehen werden. Damit schließt Rewenig an poststrukturalistische und postkoloniale Positionen an, die eine Reduzierung kultursprachlicher Polyphonie als „Machtergreifung"[66] und kulturelle Enteignung verstehen. Die Fürsprache für das Lëtzebuergesche als Alternative zu den dominanten Kultursprachen Französisch und Deutsch[67] bedeutet in diesem Sinne eine künstlerische Intervention gegen kulturelle Expansionsbewegungen, die eine Orientierung an den Hegemonialsprachen einfordern und die Qualität literarischer Texte vor allem an den Maximen ihres Kulturraums messen. Zwar geht Rewenig nicht so weit „das Deutsche als Literatursprache aufzugeben"[68], aber daneben etabliert er eine Art Schutzraum für das spezifisch Luxemburgische indem er mit *Hannert dem Atlantik* eine

---

64 Laut Fernand Hoffmann galt den linksliberal geprägten Intellektuellen der 1986er Generation alles Luxemburgische als „suspekt" und die „Tatsache, daß jemand Lëtzebuergisch schrieb, [als] [...] Ausdruck einer konservativen Geisteshaltung und eines überholten Patriotismus." (Fernand Hoffmann, 1979, zit. n. KÜHN, 2004, S. 137).

65 Rolf Parr hat darauf hingewiesen, dass sich hier „ein auf die Europaperspektive und speziell noch einmal den Bereich der Finanzwirtschaft hin eingeschränktes Bild [verfestigt hat], dass das letztlich alles, was mit Luxemburg zu tun hat, zunächst einmal auf Europa hin ausrichtet (semiotisch gesprochen: Luxemburg auf Europa hin monosemiert). Eine von außen qua Metonymisierung zugeschriebene Identität wird also partiell von innen übernommen und in Form von diese Identität reproduzierenden Kollektivsymboliken als von innen her reproduziertes Bild nach außen in Umlauf gehalten." (PARR, 2009, S. 13).

66 DELEUZE/GUATTARI, 2005, S. 17, vgl. auch DERRIDA, 2003; SPIVAK, 2008.

67 Bspw. das Gedicht „kriegsgericht" (1973) stellt anhand einer Sportreportage die kriegerische Brutalität der „verrohte[n] und militarisierte[n] deutsche[n] Sprache" Sprache aus (vgl. KÜHN, 2004, S. 141).

68 KÜHN, 2004, S. 138.

neue luxemburgische Romantradition begründet[69] und damit die Existenz einer eigenständigen luxemburgischen Literatur- und Kulturlandschaft zu sichern sucht. Die Kritik am Umgang mit Flüchtlingen und Gastarbeitern macht deutlich, dass mit der Wahrung kultureller Diversität nicht „Apartheit"[70] gemeint ist, sondern vielmehr ein Kulturideal, das Diversität mit einem interkulturellen Dialog auf Augenhöhe verknüpft. Im Refugium der Kunst behauptet Rewenig seine Utopie, die Luxemburg nicht mehr nur als verbindende „Grenzbrücke" und „Bindeglied"[71] zwischen den angrenzenden kulturellen Großmächten sieht, sondern als einen gleichberechtigten Kulturraum mit – trotz aller grenzüberschreitender Gemeinsamkeiten und Formen des Allgemeinmenschlichen – ganz eigenen Bedingungen. Wenngleich er sein Vaterland mit beißendem Spott bedenkt, sieht er doch wohl gerade in dessen spezifischer kultursoziologischer Situation das Potential, ein Kulturkonzept zu verwirklichen, das kulturelle Diversität mit grenzüberschreitendem Humanismus verbinden und in dieser Hinsicht ein interkulturelles Vorbild abgeben könnte. Solange aber die gesellschaftspolitischen Realitäten massiv von dieser Utopie einer von jeglichen Hegemonialbestrebungen freien Verortung im weltpolitischen Gefüge abweichen, werden vermutlich die Rewenig'schen Satiren den Finger in die Wunde legen, die zwischen humanistischen Idealen und realer Machtpolitik klafft und das Missverhältnis zwischen der idealen und der realen Gestalt des kollektiven Ichs mit selbstironischem Humor inszenieren.

Literaturverzeichnis

BACHTIN, MICHAIL M.: Literatur und Karneval. Zur Romantheorie und Lachkultur, Frankfurt a.M. 1990.

CONTER, CLAUDE D./SCHMIT, SANDRA/SEIL, PASCAL: Satirische Literatur in Luxemburg: vum Eilespill an anere Kregéiler (Ausstellungskatalog), Mersch 2012.

CONTER, CLAUDE D.: Von Neubrasilien nach Sibirien. Gegenwartromane aus Luxemburg. Guy Helminger und Guy Rewenig, in: Die Literaturen der Großregion Saar-Lor-Lux-Elsass in Geschichte und Gegenwart (Saarbrücker literaturwissenschaftliche Ringvorlesungen 2), hg. von RALF BOGNER/MANFRED LEBER, Saarbrücken 2012, S. 213–233.

DELEUZE, GILLES/GUATTARI, FÉLIX: Tausend Plateaus: Kapitalismus und Schizophrenie, Berlin 2005.

---

69 Vgl. GOETZINGER, 2000, S. 14.

70 REWENIG, 2008b, S. 31.

71 KÜHN, 2004, S. 165.

DERRIDA, JAQUES: Die Einsprachigkeit des Anderen oder die ursprüngliche Prothese. Aus dem Französischen von Michael Wetztel, München 2003.

ERNST, THOMAS/HEIMBÖCKEL, DIETER: Verortungen der Interkulturalität und die Perspektive der vergleichenden Kulturhauptstadtforschung. Ein Überblick, in: Verortung der Interkulturalität. Die ‚Europäischen Kulturhauptstädte' Luxemburg und die Großregion (2207), das Ruhrgebiet (2010) und Istanbul (2010), hg. von DENS., Bielefeld 2012, S. 7–18.

GOETZINGER, GERMAINE: Eine Sprache geht ihren Weg: Von „onst Däitsch" zu „eis Sprooch": „eng Ried, déi vun allen am meeschten ëm ons kléngt" (A. Meyer), in: Lëtzebuergisch, hg. von DERS. u. a., Luxemburg 2000, S. 6–19.

HONNEF-BECKER, IRMGARD/KÜHN, PETER: Interkulturalität und Hybridität in der Literatur in Luxemburg, in: Über Grenzen. Literatur in Luxemburg, hg. von DENS., Esch/Alzette 2004, S. 7–14.

KÜHN, PETER: Die Relativierung des Eigenen. Techniken des Perspektivwechsels bei Guy Rewenig, in: Über Grenzen. Literatur in Luxemburg, hg. von IRMGARD HONNEF-BECKER/DEMS., Esch/Alzette 2004, S. 137–167.

LIPPERT, SAHRA/WILLE, CHRISTIAN: Grenzgänger, in: Lieux de mémoire au Luxembourg 2. Jeux d'échelles/Erinnerungsorte in Luxemburg 2. Perspektivwechsel, hg. von SONJA KMEC/PIT PÉPORTÉ, Luxemburg 2012, S. 139–144.

O. A.: Guy Rewenig. URL: http://www.autorenlexikon.lu/page/author/476/4764/DEU/index.html, 20.05.2015.

O. A.: Lernen durch Lachen. Der Schriftsteller Guy Rewenig, in: forum (65–66) 1983, S. 33, URL: http://www.forum.lu/pdf/artikel/1408_65_66_forumredaktion_Rewenig.pdf, 20.05.2015.

O. A.: Luxemburg als multikulturelles Musterbeispiel. 72 Prozent der Luxemburger unter 35 Jahren haben ausländische Wurzeln, in: Luxemburger Wort, 15. März 2012. URL: http://www.wort.lu/de/view/luxemburg-als-multikulturelles-musterbeispiel-4f61f264e4b0860580abe1e8, 20.05.2015.

O. A.: Luxemburg, Hauptstadt und Umgebung, o. J. URL: http://www.visitluxembourg.com/de/regionen/luxemburg-hauptstadt-und-umgebung, 20.05.2015.

O. A.: Ueber die Satire, in: Eos. Eine Zeitschrift aus Baiern, zur Erheiterung und Belehrung. 1819, Bd. 2, S. 259.

PARR, ROLF: Wie konzipiert die (Inter-)Diskurstheorie individuelle und kollektive Identitäten? Ein theoretischer Zugriff, erläutert am Beispiel Luxemburg, in: forum (289) 2009, S. 11–16.

PAUL, JEAN: Vorschule der Ästhetik. Nach der Ausgebe von Norbert Miller, hg., textkritisch durchgesehen und eingeleitet v. WOLFHART HENCKMANN, Hamburg 1990.

REWENIG, GUY: Cross Country. Eine Heimatkunde, Nospelt 2006.

– Cross Country. Ein Hürdenlauf, Nospelt 2008a.

– Made in Happyland. Eine Raritätenschau, Nospelt 2008b.

– Ein unwiderstehliches Land. Geschichten und Satiren, Luxemburg 1986.

– Häwwwi! Lëtzebuerger Leckzikion, Nospelt 2013.

RIES, NICOLAS : Le Dualisme linguistique et psychique du peuple luxembourgeois, in: Gymnase grand-ducal de Diekirch. Programme publié à la clôture de l'année scolaire 1910–1911, Diekirch 1911, S. 5.

SPIVAK, GAYATRI CHAKRAVORTY: Can the Subaltern Speak? Postkolonialität und subalterne Artikulation. Mit einer Einleitung von Hito Steyerl, Wien 2008.

SULZER, JOHANN GEORG: Allgemeine Theorie der schönen Künste. In einzelnen, nach alphabetischer Ordnung der Kunstwörter aufeinanderfolgenden, Artikeln abgehandelt, Bd. 2,2 (von R bis Z), Leipzig 1775.

TUCHOLSKY, KURT: Was darf die Satire?, in: DERS.: Gesammelte Werke, Bd. 2 (1919–1920), Reinbek bei Hamburg 1995, S. 42–44.

VOSS, JULIUS v.: Satirische Zeitbilder in scharfen Umrissen nach dem Leben. Oder, Erzählungen, Schwänke und Possen aus der neuen und neuesten Zeit, kurzweilig und erbaulich niedergeschrieben, Band 2, Breslau 1817.

WILPERT, GERO v.: Sachwörterbuch der Literatur, 4. Verbesserte und erweiterte Auflage, Stuttgart 1964.

II.
Migrationsraum Luxemburg: Diskursanalytische Untersuchungen

Fabienne Scheer

Alphabetisierung auf Deutsch? Probleme und Herausforderungen im heterogenen luxemburgischen Grundschulklassenzimmer

This contribution is meant to shed light on challenges and possibly unsolvable problems of primary school teaching in Luxembourg. Statements on German language lessons, on the German language skills of pupils in Luxembourg, and of the development of the German language there inform about changes happening in the country as well as about the future position and functions of the German language in Luxembourg.

An kaum einem anderen Ort in Luxemburg äußert sich die spezifische Mehrsprachigkeit des Landes in einer sichtbareren Form als in der öffentlichen Grundschule. Hier nehmen das Einüben der zwei Bildungssprachen *Deutsch* und *Französisch* sowie der Nationalsprache *Luxemburgisch* über 40 % der vorhandenen Unterrichtszeit ein.[1] Die offizielle Dreisprachigkeit des Landes[2] und die Ordnung der drei Sprachen, sie wird hier stabil gehalten und reproduziert. Reformen des Sprachencurriculums haben somit direkte Auswirkungen auf die Bewertung und Bedeutung der einzelnen Sprachen im Land.[3] Neben den drei Sprachsystemen, die in der Grundschule aufgebaut werden, kursieren zwischen den Schulstunden und in den Köpfen der Schülerinnen und Schüler eine Vielzahl weiterer Sprachen, die zuhause in der Familie gesprochen und in der Schule mehr hinderlich als nützlich erscheinen. Im vorliegenden Beitrag sollen Probleme, Schwachstellen, Herausforderungen und möglicherweise Unlösbarkeiten, die im luxemburgischen Grundschulunterricht bestehen, beleuchtet werden. Angesichts einer zunehmend heterogener werdenden Luxemburger Schule, die nicht nur dreisprachig, sondern mehrsprachig ist, stellt sich die Frage, ob die Aufgabenverteilung an die drei Grundschul- und Landessprachen noch zeitgemäß ist, ob die Lehrmethoden es noch sind und ob ein einheitlicher Unterricht es noch ist. Die deutsche Sprache übernimmt in der luxemburgischen Grundschule bedeutende Funktionen: Sie ist

1 Vgl. ENGEL DE ABREU, 2015, S. 15.

2 Französisch, Deutsch und Luxemburgisch sind seit der Verabschiedung der *loi sur le régime des langues* am 24. Februar 1984 offiziell als Sprachen des Landes gesetzlich festgeschrieben. In diesem Gesetz werden den Sprachen jeweils unterschiedliche (nicht gleichberechtigte) Funktionen und Positionen gewährt.

3 Vgl. HU u. a., 2015, S. 63.

aufgrund ihrer Nähe zum luxemburgischen Sprachsystem die Alphabetisierungssprache und die Hauptausbildungssprache, obschon sie außerhalb der Schule als gesprochene Sprache kaum zu hören ist. Grundlage der folgenden Analyse bilden Interviews mit Grund- und Sekundarschullehrern aus Luxemburg, die sich über die positiven und die negativen Auswirkungen dieser Aufgabenverteilung an die Schulsprache Deutsch äußerten.[4]

Ein Blick ins Sekundarschulklassenzimmer

Es ist manchmal einfacher über Vor- und Nachteile einer Lehrmethode und eines Bildungssystems zu diskutieren, wenn man zunächst einige Jahre nach vorn blickt, fragt wie weit manche Schüler gekommen sind, die mit dieser Methode eine Kommunikationssprache erworben und ihre Ausbildung begonnen haben. Die Einschätzungen eines Sekundarschullehrers, der diese Perspektive einnehmen konnte, bilden daher den Ausgangspunkt der vorliegenden Überlegungen. Dieser Lehrer unterrichtet an einem Schultypus, den in Luxemburg Statistiken zufolge immer noch die wenigsten Kinder mit Migrationshintergrund erreichen: das sogenannte *enseignement secondaire classique*, das klassische Gymnasium.[5] Er erklärt, dass ein Großteil seiner Schüler zuhause Luxemburgisch spräche. Nur einige wenige hätten eine andere Erstsprache, manche zwei Familiensprachen. Die deutsche Sprache, so der befragte Lehrer, sei am klassischen Lyzeum die Sprache, die zumindest auf der Klassenstufe *5ième* die meisten luxemburgischen Schüler relativ korrekt als mündliche und schriftliche Bildungs- und Konversationssprache beherrschen würden:

> Sie machen Fehler, diese Fehler sind auch noch auf einer *1ère* präsent, aber es ist nicht die Masse an Fehlern.[6] Sie bringen es zumindest auf einer *5ième* fertig im Deutschen, die

---

4 Auf den nachfolgenden Seiten werden mehrere Lehrkräfte zitiert, die in den Jahren 2012–2014 in Interviews als Experten Informationen zum luxemburgischen Schulsystem gaben. Die Namen der Experten bleiben aufgrund ihrer teilweise kritischen Aussagen zum Bildungssystem anonym. Mein Dank gilt allen Lehrerinnen und Lehrern, die sich darin wiedererkennen werden.

5 47,7 % der Grundschüler mit luxemburgischer Nationalität werden im Durchschnitt jedes Jahr auf ein klassisches Gymnasium orientiert (Stand 2011/2012) (vgl. MEN, 2013, S. 112). 14,5 % der Schüler mit portugiesischem Migrationshintergrund schaffen den Sprung dorthin (vgl. ebd.). Der Anteil an Kindern mit einer anderen Nationalität als Luxemburgisch oder Portugiesisch, die auf einer *7ième classique* ihre Sekundarschullaufbahn beginnen, beläuft sich auf 35,1 % (vgl. ebd.).

6 Die Vorschule ist in Luxemburg obligatorisch für Kinder ab vier Jahren und umfasst zwei Jahre. Es besteht die Möglichkeit ab 3 Jahren ein fakultatives Jahr Früherziehung

allermeisten, einen ordentlich konstruierten, sinnvollen Satz zu machen, sich angemessen zu einer Problematik zu äußern.[7]

Betonen müsse man allerdings auch – und diesen Gedanken schiebt der Lehrer direkt nach –, dass sich von *5ième* bis *1ère* der Sprachstand der Schüler dann nur noch geringfügig weiterentwickele:

Deutschlehrer: „Bei manchen Schülern geht zwischen *5ième* und *1ère* die Ausdrucksfähigkeit verloren, wenn der Text oder die Fragestellung, die sie behandeln sollen, komplexer werden. Also sich zum Beispiel über ein literarisches Werk angemessen auszudrücken, über einen Roman, über einen kürzeren Text und das wirklich auch angemessen in einem verständlichen Deutsch wiederzugeben, das ist nicht mehr ohne Weiteres vorauszusetzen. So lange es um relativ einfache Texte geht, die man auf *7ième*, *6ième*, *5ième* behandelt, ist die Fähigkeit der Schüler sich auf Deutsch auszudrücken gut."
F. S.: „Als Konversationssprache wird die deutsche Sprache demnach beherrscht?"
Deutschlehrer: „Genau als Konversationssprache und auch als Schreibsprache für relativ, also lassen Sie uns sagen, um weniger komplizierte Kontexte zu formulieren. Ja das ist im Grunde genommen die Situation, wie sie sich gegenwärtig präsentiert und da merkt man, dass zwischen der *5ième* und der *1ière* an der Qualität des Sprachstils, des Satzbaus, wenig an Evolution stattfindet."
F. S.: „War das denn schon immer so oder ist das, sagen wir mal, in den letzten zehn Jahren schlimmer geworden?"
Deutschlehrer: „Also es gab immer diesen gewissen Prozentsatz an Schülern, der sich auf den oberen Klassen nicht mehr angemessen ausdrücken konnte, also das ist ein Phänomen, das beobachtet man schon relativ lange als Lehrkraft. Trotzdem muss ich sagen, dass dieser Prozentsatz an Schülern in den letzten sechs, sieben Jahren relativ angestiegen ist."

Der luxemburgische Bildungsdiskurs hat vieles gemeinsam mit den Bildungsdiskursen, die in den Nachbarländern Luxemburgs und anderweitig geführt werden. Aussagen, wie ‚unsere Kinder lesen immer weniger', ‚es wimmelt nur so von Rechtschreibfehlern', ‚ihr Leistungsstand und Wissensstand sinkt von Jahr zu Jahr', sind in Luxemburg genauso konsensfähig wie in der Bundesrepublik

(précoce) zu besuchen und es gibt ein umfassendes Kitaangebot. Die Grundschule umfasst sechs Schuljahre, die in Grundschulzyklen unterteilt sind. Die Sekundarschulzeit beginnt in der siebten Klasse *(7ième)*, an die sich in der Regel je nach Ausbildung bis zu sieben weitere Schuljahre anschließen können. In der Regel schließen die Schüler ihre technische oder klassische Sekundarschullaufbahn mit der 13. Klasse *(13ième/1^{ière})*, dem Abiturjahr, ab. Die Klassenstufe 5ième entspricht der neunten Klasse.

7 Die Aussagen der Interviewpartner werden hier in die deutsche Sprache übersetzt, erfolgten jedoch alle ursprünglich in luxemburgischer Sprache.

Deutschland.[8] In vielerlei Hinsicht ähneln sich die Probleme und auch die angewandten Argumentationsmuster. Entfernt man sich allerdings von der ‚transnationalen Diskursöffentlichkeit' und führt den Blick zurück in die Nahbetrachtung der Gesamtbevölkerung Luxemburgs, so wird erkennbar, dass im Bildungsdiskurs eines mehrsprachigen Landes zum Teil andere Fragen aufgeworfen werden und Intentionen verfolgt werden als in einem offiziell einsprachigen Land. So beobachten die Lehrkräfte besonders in den klassischen Lyzeen, in denen sich, wie schon erwähnt, traditionell mehr Schüler mit Erstsprache Luxemburgisch wiederfinden als in den technisch ausgerichteten Sekundarschulen *(enseignement secondaire technique)*, wie sich die Gewichtungen der einzelnen Landessprachen zunehmend zugunsten der luxemburgischen und der deutschen Sprache verschieben. Wenn die Schüler eine Wahlmöglichkeit erhalten, entledigen sie sich des Fachs Französisch:[9]

> *(Deutschlehrer:)* „Ich nenne es eine ‚solution de la facilité', die der deutschen Sprache gegenwärtig zugute kommt. Gibt man den Schülern die Möglichkeit eine Sprache abzuwählen und diese Möglichkeit haben sie je nach gewählter Spezifikation, so wählen sie in der Regel nicht das Fach Deutsch, sondern das Fach Französisch ab."

Der Lehrer erklärt, dass er anfangs ja davon ausgegangen sei, dass sich diese Wahlmöglichkeit als fatal für die Zukunft des Deutschunterrichts erweisen würde. Das gesprochene Französisch ist im Alltag der Schüler schließlich weitaus präsenter als das Deutsche. Französisch wird in Luxemburg als *lingua franca* im Umgang mit Grenzgängern und Zuwanderern betrachtet, während die deutsche Sprache nur innerhalb der Schulmauern hörbar wird und in Interaktion mit deutschen Sprechern benutzt wird. Die positive Einstellung gegenüber der deutschen Sprache erklärt sich der Lehrer folgendermaßen:

> Es liegt daran, dass wir mit der deutschen Sprache aufgewachsen und auf Deutsch alphabetisiert worden sind. Es ist einfach die Sprache, die wir [Luxemburger mit Familiensprache Luxemburgisch] am besten beherrschen – und mit der wir [diese Altersklasse von Schülern] auch die wenigsten negativen Erfahrungen gemacht haben.

---

8 Inwieweit sich die sprachlichen Kompetenzen der Schüler insgesamt verändert haben und was die Gründe hierfür sein können, ist nicht der Gegenstand dieses Betrages.

9 Diese Verschiebung hat auch Auswirkungen auf die Ausbausprache Luxemburgisch. Es ist davon auszugehen, dass hierdurch der Einfluss der deutschen Sprache auf den Wortschatz des Luxemburgischen zunimmt, bei Dubletten, die aus deutschen oder französischen Entlehnungen entstanden sind (z. B.: Tëlee [aus dem frz. télé] oder Fernseh [aus dem dt. Fernseher]), zunehmend das deutsche Lehnwort gewählt wird und zu Ausbauzwecken generell der deutsche Wortschatz eher konsultiert wird als der französische.

Negative Erfahrungen hat diese Schülergruppe, die vorrangig mit der luxemburgischen Sprache und mit deutschen Medien aufgewachsen ist, eher im Zusammenhang mit der französischen Sprache gemacht. Das Wissen um den hohen Kapitalwert[10], welcher der Sprache beigemessen wird, und ihre Omnipräsenz in der Gesellschaft, tragen nicht unbedingt dazu bei, dass große Teile der Schülerschaft ‚Nähegefühle' ihr gegenüber aufbauen. Der französischen Sprache haftet auf der einen Seite das Image einer schwer zugänglichen Sprache an. Der Unterricht ist bis heute auf eine *konzeptionell schriftliche* Perfektion ausgerichtet. Auf der anderen Seite wird sie in Luxemburg zur *lingua franca* im Austausch mit Migranten und der überwiegenden Mehrheit der Arbeitspendler. Beides kann bei den Schülern sprachliche Abwehr-, Repressions- und Vermeidungsstrategien hervorrufen. Die Beobachtungen des oben zitierten Lehrers wurden von den Aussagen anderer Lehrkräfte gestützt. Eine Lehrerin, die sowohl an der klassischen als auch an der technischen Sekundarschule unterrichtet, kam 2012 zu dem Schluss:

> Bei uns stellt man fest, dass 90 % der Schüler Französisch regelrecht hassen. Man ist ganz verwundert, wenn man als Lehrkraft über den Flur geht und in einem neuen Schuljahr hört, wie ein Siebtklässler dem anderen zuruft: ‚Ich hasse Französisch!'. Mit so einer Inbrunst sagen sie das. Es ist selten ein Schüler dabei, der sagt: ‚Ich hasse Deutsch.' Sie haben vielleicht eine Antipathie gegen ihren Deutschlehrer, aber sie hassen nicht die deutsche Sprache.

Dieser Aussage zufolge entwickeln auch jene Schüler, die Probleme im Umgang mit der deutschen Sprache haben, und das sind ganz oft Schüler mit einer anderen Muttersprache als Luxemburgisch, trotz früher Schulprobleme, die auf die Bedeutung der deutschen Sprache in der Grundschule zurückzuführen sind, nicht derart vergleichbar starke Aversionen gegen die deutsche Sprache an sich. Erfahrungsgemäß ist es so, dass bei diesen Schülern nach den Grundschuljahren die Einstellung zur deutschen Sprache positiver wird. Der Einfluss der deutschen Sprache auf ihre Schulkarriere nimmt dann nämlich zusehends ab. Im klassischen Sekundarschulunterricht übernimmt die französische Sprache nach der neunten Klasse die Rolle der Unterrichtssprache. Im technischen Sekundarschulunterricht dominiert zwar die deutsche Sprache weiterhin als Unterrichtssprache, allerdings gehen die Lehrer oft nachsichtiger mit den Kommunikationsproblemen ihrer Schüler um. Deutsch wird dann als ein Fach wahrgenommen, durch das man sich, wenn auch mühsam, irgendwie ‚hindurch schleppen' kann:

---

10 Im Sinne von Bourdieu.

Deutschlehrer: „Da wo es besonders schwer zu Buche schlägt, ist bei den frankophonen Schülern, die das gar nicht machen, die überhaupt nicht mit der deutschen Sprache in Berührung kommen."
F. S.: *„Erreichen die auch nie diesen Punkt, wo es funktioniert? Wo sie genau so gut Deutsch können wie ihre Kameraden mit Erstsprache, mit Muttersprache Luxemburgisch?"*
Deutschlehrer: [Pause] „Hm, nein, ich bin da eher, ich denke nicht. In der Sprache, nein, die Basis wird in den ersten Jahren gelegt, danach ist es vorbei. Ich sehe es ja hier, sie schleppen sich mühsam von Jahr zu Jahr und kompensieren das Fach [...] und dann ist es wie bei einer Lotterie, es hängt davon ab, welchen Lehrer sie bekommen, ist er streng, ist er weniger streng ..."

Grundschüler denken selten darüber nach, zu welchem Zweck sie welche Sprache erlernen müssen. Sie versuchen einfach klar zu kommen. In der Orientierungsdebatte, die an der Jahreswende 2000–2001 zum Thema *Une école d'intégration* in der Abgeordnetenkammer stattfand, wiesen die Verantwortlichen der ASTI darauf hin, dass viele zugewanderte Eltern nicht in der Lage seien die schulischen Fortschritte ihrer Kinder einzuschätzen.[11] Als Gründe führten sie den Bildungsstand und die nicht, oder nur unzureichend, vorhandenen Kompetenzen in den Sprachen Luxemburgs an.[12] So berichtet der Portugiese Filipe in *Les portugais du Luxembourg (1999)* rückblickend: „En ce qui concerne les études, j'ai toujours décidé moi-même. [...] Depuis l'école primaire, j'étais livré à moi-même."[13]

Bei Realschülern spielen die Motivation, die Erfahrungen, das Wissen und die Alltagsrelevanz, die sie einer Sprache beimessen, eine bedeutendere Rolle im Spracherwerb. Kommen die Schüler erst im Sekundarschulalter nach Luxemburg und müssen sich im dortigen Schulsystem zurechtfinden, nehmen sie die Sprachensituation oft weniger bereitwillig an. Ein DAF-Schüler erklärte auf die Frage hin, warum er Deutsch lerne Folgendes:

J'apprends l'allemand parce que je suis obligé, l'allemand est obligatoire à l'école. Je trouve que au Luxembourg les langues les plus importantes sont le français pour tout ce qui est administratif et le luxembourgeois pour la communication avec les gens du pays. Je

11 Vgl. CHD, 2000, S. 26. Anm.: ASTI steht für *Association de soutien aux travailleurs immigrés.* Die NGO wurde 1979 gegründet und setzt sich seither für die Rechte und Interessen der Zuwanderer in Luxemburg ein. Sie fördert den Austausch zwischen Migranten und Einheimischen.

12 Vgl. ebd.

13 „Was die Ausbildung betrifft, so habe ich immer alles selbst entschieden. [...] Seit der Primärschule war ich auf mich allein gestellt." (eigene Übersetzung). (BEIRÃO, 1999, S. 117f.)

trouve que l'allemand n'a aucun intérêt au Luxembourg, je trouve qu'on devait plutôt nous apprendre le Luxembourgeois à l'école, pas l'Allemand.[14]

Die Erfahrungen der zitierten Sekundarschullehrer dürften verdeutlicht haben, dass die gegenwärtige Didaktik des Deutschunterrichts und die Alphabetisierung auf Deutsch für manche Schüler durchaus zielgerecht konzipiert sind, anderen dagegen von Beginn an das Lernen erschwert und wiederum für andere, wie den DAF-Schüler absolut nicht nachvollziehbar sind. Die *Topoi der Ungerechtigkeit* und *der Realitätsanpassung* gehören seit Beginn der portugiesischen Immigration, die Mitte der 1960er Jahre einsetzte, zum luxemburgischen Bildungsdiskurs dazu. Der öffentliche Diskurs spiegelt die Probleme eines Landes wider, in dem der Migrantenanteil zurzeit bei über 44,5% liegt.[15] Er umfasst im weiteren Sinne die Immigrations- und Integrationspolitik des Landes, ist ein Symptom für gesellschaftliche Umbrüche und ein Symptom für eine Auflösung oder Verfestigung der sozialen Stratifikation. Die Notwendigkeit einer Anpassung der Schule an deren zunehmend heterogener werdende Schulpopulation wird im luxemburgischen Printmediendiskurs durch Metaphern, die eine Schwere ausdrücken, akzentuiert. Dabei werden der Stellenwert des Sprachenunterrichts, der Stellenwert der deutschen Sprache, die Methode, wie die deutsche Sprache in der luxemburgischen Grundschule erworben wird und die Funktionen, die sie dort als Bildungs- und Alphabetisierungssprache übernimmt, seit Jahrzehnten als nicht mehr zeitgemäß wahrgenommen und kritisiert. Nachstehend findet der Leser zwei ausgewählte Beispiele, die stellvertretend für die Argumentationsmuster im Printmediendiskurs der letzten 30 Jahre stehen:

---

14 „Ich lerne die deutsche Sprache, weil ich es muss, Deutsch ist obligatorisch in der Schule. Meiner Meinung nach sind die Sprachen, die in Luxemburg am wichtigsten sind, das Französische für alles, was Verwaltungsangelegenheiten anbelangt und Luxemburgisch für den kommunikativen Austausch mit den Menschen des Landes. Ich finde, dass die deutsche Sprache überhaupt keine Bedeutung in Luxemburg hat. Ich finde man müsste uns in der Schule viel eher Luxemburgisch beibringen und nicht Deutsch." (eigene Übersetzung). Ich bedanke mich an dieser Stelle bei dem Deutschlehrer Wilfried Jansen *(Lycée technique du Centre)*, der mir die Antworten von Schülern des hier angeführten Lyzeums für meine Forschungszwecke zur Verfügung stellte. Die Schüler beantworteten schriftlich die folgende Fragestellung des Lehrers: *Warum lernen Sie Deutsch? (Sie können mehrere Gründe angeben, nennen Sie jedoch bitte den wichtigsten Grund zuerst). Pour quelle raison apprenez-vous l'allemand à l'école? (Vous pouvez indiquer plusieurs raisons, mais mettez s'il vous plait la raison la plus importante au premier).*

15 Vgl. STATEC, 2013, S. 9.

Den in Luxemburg zur Schule gehenden Ausländerkindern werden zum Teil unüberwindliche Steine, in Form des Sprachunterrichts, in den Weg gelegt.“[16]; „Le texte en question souligne aussi le handicap des enfants qui prennent le départ avec une autre langue maternelle que le luxembourgeois propre à faciliter l'apprentissage de l'allemand. [...] Pour contourner l'obstacle linguistique (essentiellement l'allemand), certains décrochent certificats et diplômes dans la région frontalière ou dans les écoles privées au Luxembourg [Herv. F. S.].[17]

Welche Methode für den Deutschunterricht in der Grundschule? Welche Alphabetisierungssprache für Luxemburgs Grundschüler?

Im Juni 2013 titelte das Magazin *DER SPIEGEL: ‚Die Rechtschreip-katerstrofe. Warum unsere Kinder nicht mehr richtig schreiben lernen‘.*[18] Es war ein kritischer Beitrag zu den Folgen des Schriftspracherwerbs mit der Anlauttabelle. Diese Methode sei, so der Tonus des Artikels, Schuld an der „neuen Schlechtschreibung“ in Deutschland. Die (An-)Lautmethode funktioniert nach dem lautgetreuen, phonografischen Prinzip. Ein ausgeprägtes phonologisches Bewusstsein für den Wortlaut der deutschen Sprache, sprachanalytische Fähigkeiten und die Anlaut- oder Lauttabelle bilden hier die Basis für den Schriftspracherwerb. Auf der nachstehend abgebildeten Lauttabelle steht jedes Bild für einen entsprechenden Laut oder Buchstaben. So steht das Bild einer „Ameise“ für den Laut /ɑ:/ und das Bild eines Apfels für den Laut /a/ und beides steht für das Graphem <A>. In der Schreibarbeit mit der Anlauttabelle soll jedes Wort in seine lautlichen Bestandteile zerlegt werden. Sie sehen die Mila-Lauttabelle (BILTGEN, CHARLES ET AL., 2008), wie sie seit dem Schuljahr 2004/2005 in einem Großteil der Grundschulen in Luxemburg eingesetzt wird:

16 GA, 1986, S. 7.

17 „Der besagte Text unterstreicht auch das Handicap der Kinder, die ihre Schulkarriere mit einer anderen Muttersprache beginnen als Luxemburgisch, das ein Erlernen der deutschen Sprache erleichtert. [...] Um das linguistische Hindernis zu umgehen (vor allem das deutsche), erwerben einige Bescheinigungen und Diplome in der Grenzregion oder auf Privatschulen in Luxemburg“ (eigene Übersetzung) (JEUDI, 24.04.1997).

18 DER SPIEGEL, 2013.

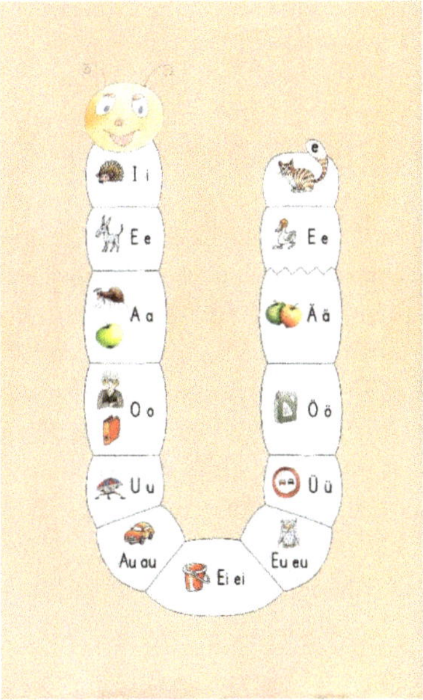

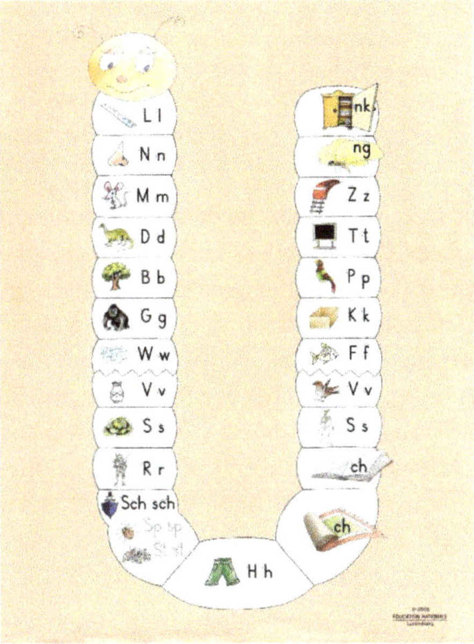

„Vor allem Risikokinder, die in einer spracharmen Umgebung oder mit Deutsch als zweiter Sprache aufwachsen, lernen [sofern sie mit der Anlautmethode alphabetisiert wurden] so möglicherweise niemals richtig schreiben", zitieren die SPIEGEL-Autoren Rafaela von Bredow und Veronika Hackenbroch eigenen Aussagen zufolge die Befürchtungen von Linguisten, Didaktikern, Pädagogen und Hirnforschern.[19] Die Deutsch-als-Zweitsprache-Forschung steht der Anlautmethode in der Tat mit Bedenken gegenüber. Und die deutschen Bedenken gelten auch für Luxemburg. Luxemburgs Grundschulen dürfen in Absprache mit ihrer Schulleitung, den *inspecteurs de l'enseignement fondamental*, selbst entscheiden, welches Material sie im Lese- und Rechtschreibunterricht einsetzen wollen. Es muss dabei mit dem geltenden Lehrplan *(plan d'études)* übereinstimmen. Auf die Frage hin, ob in Luxemburg die meisten Schulen mit der MILA-(An-)Lautmethode arbeiten, gab Robert Brachmond vom Bildungsministerium folgende Antwort: „Ich hoffe nicht!" Weder das Ministerium noch die Lehrkräfte scheinen von der Methode wirklich überzeugt zu sein und doch ist eine Lautmethode zurzeit in den meisten Schulen zumindest teilweise im Einsatz. So berichtet eine Lehrkraft im Jahr 2014:

19 Ebd., S. 96.

> Wir arbeiten noch mit dem überarbeiteten *Mila-Buch*. Wir sind nicht sonderlich begeistert davon, haben uns allerdings auch noch nicht nach passenderen Alternativen umgeschaut. Andere Arbeitskollegen arbeiten mit dem Buch *Flex und Flora*. Die Lauttabelle des Mila-Buches haben wir im 1. Schuljahr beiseite gelassen, weil unsere Schüler einfach zu leistungsschwach sind und nicht über das notwendige deutsche Vokabular verfügen, um frei mit der Lauttabelle schreiben zu können.

In Luxemburg gibt es durchaus Schüler, die dank der Mila-Lauttabelle relativ schnell Geschichten schreiben können, aber es gibt eben auch jene, die nach sechs Jahren Grundschule keine Geschichte und keinen fehlerfreien Satz auf Deutsch verfassen können. Die deutsche Sprache ist in Luxemburgs Klassenzimmern selten Muttersprache, sie ist momentan für die Hälfte der Schüler eine bekannte Sprache, weil sie über das Fernsehen und über Geschichten mit ihr aufgewachsen sind und für die andere eine Fremdsprache oder eine gänzlich fremde Sprache.

Betrachten wir die Textproduktion eines Schülers aus einer luxemburgischen Grundschule. Das Thema war „Meine Ferien". Die Textproduktion entstand gegen Ende des Grundschulzyklus 2.1., vormals erste Klasse, im September 2013 an einer luxemburgischen Grundschule:

> *Ich war auf Grand kanariea. Ich war in den Pul ge sprunen. Ich war in den Palmitus -Park und in den CrocodiloZoo. Ich war in die Dünen da hatte ich rischtik spas. Im Palmitos Park war eine Delfinscho.
> (Thema „Meine Ferien", Ende Grundschulzyklus 2.1., 16.09.2013)

Die Textproduktion deutet auf einen Schreiberwerb mit der (An-)Lauttabelle hin. Der Schüler verwendet bereits eingeprägte orthographische Muster und Lernwörter, er greift vor allem bei Fremdwörtern auf die lautgetreue Methode zurück. Das Beispiel weist eine hohe Anzahl an Rechtschreibfehlern auf. Mit Blick auf die Lauttabelle wäre aber vieles hier phonologisch richtig abgerufen und nach dem Lautprinzip graphisch folgerichtig umgesetzt. Streng genommen sollen Rechtschreibfehler, die bei freien Textproduktionen mit der Lauttabelle entstehen, erst dann als solche angestrichen und verbessert werden, wenn die dazu passende Regel, das orthografische Wissen, erworben wurde. Dies geschieht vor allem im Grundschulzyklus 2.2 (vormals zweite Klasse). Dann sei es aber erfahrungsgemäß oft zu spät, so eine hierzu befragte Lehrkraft:

> Wenn wir bei den Regeln ankommen, hat sich die falsche Schreibweise bereits in den Köpfen festgesetzt. Wenn dann im zweiten Grundschuljahr die nächste Fremdsprache ‚Französisch' hinzukommt, versuchen die Kinder automatisch die Lautmethode hierauf zu übertragen, was natürlich nicht mehr funktioniert. Sie schreiben dann *blö anstatt *bleu* und lesen lautgetreu /ble:u/.

Schülerinnen und Schüler, die zuhause in einer spracharmen Umgebung aufwachsen, die Probleme mit der akustischen Verarbeitung von Lauten haben, die wenig Motivation beim Erlernen der, oft als Fremdsprache aufgefassten, deutschen Sprache zeigen und dementsprechend wenig lesen, tendieren dazu weiterhin lautgetreu zu schreiben. In den Folgejahren haben sie erhebliche Probleme damit, das ihnen vermittelte Regelwissen zu speichern, ein orthografisches Wissen und ein automatisiertes Worterkennen aufzubauen. Dies führt dann zu Ergebnissen wie diesem Diktat eines Schülers aus dem Grundschulzyklus 4.2.[20]:

> *Diktat: Ein Bär im Hotel
> Ein risiger Bär war seit langem im Nationalpark als fritlicher und Harmloser ein- woner berkant. Nach einmal, und zwach im letzten Sommer wach sein benehmen aufelig schlecht, er hatte ganz fergesen, wass er seinem guten Namen schüldig war.
>
> Von einer unbendigen Neutribigen getriebe, Wannderte er eines tages zum Gasthaus hinüber. One anzu klopfen, trat er durch die große forder Tür. In der Hale richterte er sich in seiner Ganzen größe auf und Bramte frointlich. An geschtelte un Geste sahen das anders un flüchteten Haltz über kopf zur hintertür heraus.
> Ganz alein und ferlasen schtant das ferduzte Tier in diesem weitroimigen Sahl. Weill sich Niemand um ihm kümerte, tapste er weiter, gerade aus auf die gestezimmer zu.
>
> „wenn du dieses zimmer Nütiger braurst als ich, so Kannst du es haben, Bitte schönn!", schoterte der überaschte Gast. Dann nahm er seine Beine in die Hand schprang zum ofenen Fenster hinaus, überkwerte Terrase, ohne nahr rechtz und lings zu schauen, und Raste zur necksten Telefon zehle.
> Ganz aufgereckt rief er den direcktor an: „Ein Bär ist im Haus un wiell, so scheintes, das Kommando übernehmen. Dürfen wir schiesen?"
> „Schiesen ist im Parck nicht erlaubt", lautete die antwort. „Nemt denn wasserschlauf!"
>
> So foischt und Kalt hatte der Bär sich seinem aufenthalt im otel nich vor geschtelt; Büsse cknurent wachelte er von dannen. Ein Andenken nahm er alerdings mit. Als er in der Küche vorbei komm, schnapte er sich in ein saftigen Rinderfirtel un ferschwand damit im Wald.

Die zuständige Lehrkraft zählte 89 Fehler. Automatismen, wie das Prinzip der Schemakonstanz wurden nicht ausgeführt (unbendig – Band, Geste – Gast, weitroimig – Raum), die Groß-/Kleinschreibung wurde teilweise übergangen, genauso wie die graphische Rücknahme der Auslautverhärtung. Wörter wurden im Lernwortschatz nicht visuell gespeichert, sondern bei Unsicherheiten wieder falsch nach dem Lautprinzip verschriftlicht.[21]

---

20 Vormals sechste Klasse.

21 Das sieht man bei: *i* und *ie*, *v* und *f*, *ch* und *r*, Dehnungs-*h*, *e* und ä, *scht* und *st*, *äu* und *oi*.

Würde sich die luxemburgische Grundschule größtenteils aus Schülerinnen und Schülern zusammensetzen, deren Familiensprache das Luxemburgische wäre und solchen Schülern, die ‚nur' mit den drei Grundschulsprachen Deutsch, Französisch und Luxemburgisch zurechtkommen müssten, dann wäre Zeit vorhanden die Rechtschreibfehler zu beheben. Das tut sie aber nicht. Bei nur 39,8 % der Grundschulkinder ist Luxemburgisch die erste Familiensprache (Stand 2014). 60,2 % wachsen mit einer anderen Erstsprache auf.[22] Unter 40 % liegt mittlerweile der Anteil jener Kinder, die in den Zyklus 1.1 kommen und bereits Luxemburgisch sprechen.[23] 49 % aller Grundschüler haben einen Migrationshintergrund.[24] Die Gemeinden Larochette, Esch-Alzette und Differdingen liegen mit Migrationsanteilen von 69,4 %, 69,1 % und 66,9 % derzeit an der Spitze.[25] Die Migration ist regional unterschiedlich verteilt. So weisen Leudelange oder Harlange beispielsweise mit 33,3 % und 25,1 % einen bedeutend geringeren Anteil an Schülern mit nicht-luxemburgischer Staatsangehörigkeit auf als andere Gemeinden.[26] Und die Gruppe der Schülerinnen und Schüler mit Migrationshintergrund ist in sich sehr heterogen. Die portugiesischen Einwanderer stellen die zahlenmäßig größte Migrationsgruppe mit 25,9 %, gefolgt von den Zuwanderern aus Ex-Jugoslawien (5,1 %), den Franzosen (4,8 %) und Belgiern (2,3 %).[27] Wächst der Nachwuchs dieser Bevölkerungsteile in einer spracharmen und bildungsfernen Umgebung auf, kommt er mit schwach ausgeprägten Sprachkompetenzen in die Schule. Bei der größten Migrationsgruppe ist dies leider oft der Fall und hierunter fallen auch viele kapverdischen Einwanderer mit portugiesischem Pass. So ist die Erstsprache Portugiesisch oder das kapverdische Kreol vielfach nicht altersentsprechend entwickelt, wenn im Alter von drei, vier Jahren Lëtzebuergesch als Zweitsprache hinzukommt. Auf diesem unstabilen Gerüst weitere Sprachen aufzubauen, fällt schwer.

Das gesamte luxemburgische Vorschulangebot wurde darauf ausgerichtet, bei allen Kindern die Erst- und Zweitsprache Luxemburgisch zu festigen. Die Lehrkräfte in den staatlichen Kitas, *Précoces*[28] und Vorschulen sind angehalten, ab dem ersten Tag Luxemburgisch mit den Kindern zu sprechen und sich um eine

22 Vgl. MENJE, 2014, S. 10.
23 Vgl. wort.lu, 16.02.2014.
24 Stand 2012/2013, Zyklus 1–4, vgl. MENJE, 2013, S. 8.
25 Vgl. ebd., S. 20.
26 Vgl. ebd., S. 20f.
27 Vgl. ebd., S. 8.
28 Précoce bedeutet „Früherziehung". Kinder, die das dritte Lebensjahr erreicht haben, können die Früherziehung besuchen. Es handelt sich hierbei, um ein fakultatives

korrekte Aussprache zu bemühen. Ein gefestigter Wortschatz im Luxemburgischen „facilitera non seulement leur intégration dans la société, mais d'un autre coté, il devra leur permettre d'aborder avec moins de difficultés l'allemand, langue d'alphabétisation en première année d'études primaires", heißt es u. a. bei Berg und Weis.[29] Zu Beginn des ersten Grundschuljahres sollen die Luxemburgischkenntnisse soweit gefestigt sein, dass sie das Fundament für eine Alphabetisierung auf Deutsch bilden können. Für Kinder mit Erstsprache Luxemburgisch stellt die Alphabetisierung in deutscher Sprache bis auf wenige klassische Interferenzfehler kein Problem dar. In den Experteninterviews gingen die Lehrerinnen und Lehrer von keinem bedeutsamen Leistungsgefälle zwischen den Textproduktionen luxemburgischer und deutscher Schülerinnen und Schüler aus – anders die Sekundarschullehrer, die den luxemburgischen Schülern circa ein Jahr Rückstand auf deutsche Muttersprachler attestierten. Da ist zum einen die sprachgenealogische Verwandtschaft beider Sprachen. Zum anderen verfügen die Sechsjährigen für gewöhnlich bereits über einen Grundwortschatz und ein passives Verständnis der deutschen Sprache, wenn sie in der ersten Klasse mit ihr konfrontiert werden. In gewisser Weise findet ein ungesteuerter, wenn auch künstlicher, Erwerb der deutschen Sprache über das Fernsehen statt. Für die restlichen 60,2 % der Grundschulpopulation gelten diese Voraussetzungen nur bedingt: Jene Erstklässler, die aufgrund elterlichen Engagements oder dank schulischer Unterstützung einen altersgerechten Wortschatz in ihrer Muttersprache und/oder im Luxemburgischen ausgebildet haben, sind oft motiviert und schaffen auch die an sie gestellten Sprachanforderungen. Sie werden in höhere Schullaufbahnen orientiert. De facto sind aber nicht alle durchschnittlich sprachbegabt. Sie lernen die deutsche Sprache in Luxemburg nicht in einer natürlichen Erwerbssituation, sondern ausschließlich gesteuert. Deutsch ist in Luxemburg nicht die alltägliche Kommunikationssprache. Sie ist vor allem Medien- und Schulsprache und als Unterrichtssprache ist sie eher konzeptionell-schriftlich. Viel deutlicher als ihre Schulkameraden mit Familiensprache Luxemburgisch, mischen Kinder mit Migrationshintergrund luxemburgische Lehnwörter unter das Deutsche. In einem Experteninterview erklärte eine Lehrerin: „In der Vorschule lernen sie ausschließlich Luxemburgisch. Verständlich, dass nicht alle ohne Weiteres und intuitiv den intellektuellen Sprung von Luxemburgisch zu Deutsch schaffen."

Schuljahr vor der eigentlichen Vorschule, die wiederum obligatorisch ist und die ein Kind ab vier Jahren besuchen muss.

29 BERG/WEIS, 2005, S. 51.

Und so greifen nicht wenige Schüler im Verlauf ihrer Grundschulzeit auf die luxemburgische Sprache zurück, um ihre Gedanken auf Deutsch in Worte fassen zu können. Konkrete sprachvergleichende Übungen sind im Unterricht nicht vorgesehen. Das Mila-Programm und auch andere Deutschbücher berücksichtigen die heterogene und mehrsprachige Zusammensetzung der Klassen nur bedingt: So wurden bei der Anpassung der Lauttabelle an die luxemburgischen Verhältnisse Bilder ausgetauscht, weil die entsprechenden deutschen Bezeichnungen luxemburgischen Kindern nicht geläufig waren. Wenn mit der Mila-Tabelle gearbeitet wird, werden in den ersten drei Monaten des Grundschulzyklus 2.1 zunächst einmal die deutschen Bezeichnungen für die einzelnen Bilder auf der Lauttabelle gelernt. Auf den ersten Seiten des Mila-Buches geht es zunächst darum, anhand von Bildern einen deutschen Wortschatz aufzubauen. Allerdings wird nicht davon ausgegangen, dass es sich bei der deutschen Sprache um eine völlig unbekannte Sprache handelt. Die Lehrkräfte sind angehalten sich am Rhythmus ihrer Schüler zu orientieren, der je nach Klassenzusammensetzung sehr unterschiedlich ist. Deutsch wird bis heute in einer dem Muttersprachunterricht vergleichbaren Weise gelernt. Den Lehrkräften fehlt es an einer entsprechenden Didaktik für „Deutsch als Fremdsprache" und oft auch an den entsprechenden Lehrwerken. So konstatiert eine Grundschullehrerin:

> Wir haben wunderschöne Deutschbücher mit Texten, die auf die mehrsprachige und multikulturelle Zusammensetzung unseres Landes eingehen. Hätte ich 15 luxemburgische Schüler und zwei portugiesische Schüler vor mir sitzen, könnte ich viele Anregungen umsetzen und die Portugiesen gezielt in der Grammatik fördern. In Wirklichkeit habe ich aber sechs Portugiesen, zwei Bosnier, drei Serben, einen Kapverdier und zwei Luxemburger in der Klasse. Natürlich habe ich mir Bücher für den Deutsch als Fremd- und Zweitspracheunterricht besorgt, nach all den Jahren bin ich aber noch immer auf der Suche nach einem passenden Lehrbuch.

Auf der anderen Seite nimmt der Deutschunterricht bedeutenden Anteil an der Sozialisation der Kinder. Die interkulturelle und sprachpolitische Arbeit, die hier erfolgt, wurde bislang noch nicht näher erforscht. In den Deutschbüchern, die für den Grundschulunterricht in Luxemburg vom Bildungsministerium herausgegeben werden, erscheinen bewusst Kurzgeschichten und Textauszüge, die auf Mehrsprachigkeit und das Aufeinandertreffen und Zusammenleben verschiedener Kulturen eingehen und Anreize für eine entsprechende Unterrichtsgestaltung liefern. So ist im Deutschbuch *Baiabong* für die fünfte Klasse folgender Auszug aus Jutta Richters *Der Hund mit dem gelben Herzen* abgedruckt:

> „Alle Hunde können sprechen", sagt der Hund. „Bellen", verbessert Prinz Neumann. „Wie du das nennst, ist mir egal", sagt der Hund. „Aber... aber das versteh ich doch nicht,

> das Bellen", stottert Prinz Neumann. „Und dich kann ich verstehen! Wie kommt das?" „Fremdsprachen", antwortet der Hund. „Ich spreche Menschisch, Kätzisch, ein wenig Rättisch und selbstverständlich Hündisch."[30]

Ein weiteres Beispiel wären die Unterrichtshinweise im *Sprachfuchs Lehrerhandbuch* (2013). Der *Sprachfuchs* ist ein vom luxemburgischen Bildungsministerium herausgegebenes Lehrbuch für den Deutschunterricht an Luxemburger Grundschulen ab dem Grundschulzyklus 3.1. Unter dem Absatz „Interkulturalität und Mehrsprachigkeit" (35f.) machen die Autoren des Buches u. a. folgende didaktischen und unterrichtspraktischen Bemerkungen:

> Luxemburg ist multilingual und multikulturell zugleich, denn das Besondere des Landes ist gerade seine spezifische kultur- und sprachensoziologische Situation. Auch die luxemburgische Schule ist eine mehrsprachige Schule, die die Multikulturalität des Landes spiegelt. Dabei gilt der Grundsatz der transversalen Kompetenz: Connaître les autres et accepter les différences" (Plan d'études 2011: 53). [sic] zählt im Kontext der ‚ouverture aux langues' insbesondere die Vermittlung einer ‚sensibilité plurilinguistique et pluriculturelle' (Plan d'études 2011, 59): [...] Adopter une démarche réflexive par rapport aux phénomènes langagiers et culturels présents dans la classe, être sensible aux mots voyageurs (Pizza, Skateboard, Handy, E-mail ...). Découvrir l'origine «étrangère» de certains mots luxembourgeois et réfléchir sur l'influence que les langues exercent les unes sur les autres [...] Réfléchir sur ses représentations et attitudes vis-à-vis des langues [...] Reconnaître et tirer profit de ses propres compétences linguistiques et de celles des autres [...] adopter une attitude positive par rapport au plurilinguisme, reconnaître la pluralité linguistique et son rôle dans la société [...] prendre en compte la valeur de toutes les langues des enfants en classe [...] Im Sprachfuchs werden solche Kompetenzen an verschiedenen Stellen vermittelt.[31]

Dem Lehrpersonal wird nahegelegt, anhand der Aufgaben zum einen die Sprachoffenheit bei den Schülern zu wecken, ihnen Toleranz beizubringen gegenüber anderen und deren Sprachen sowie ein Bewusstsein dafür zu schärfen, dass die Mehrsprachigkeit schon in der luxemburgischen Sprache begründet liegt und zur Identität des Landes dazugehört. Negative Einstellungen gegenüber Sprachen sollen überdacht und die Bedeutung von Mehrsprachigkeit für das Land und seine Menschen vermittelt werden. Zum anderen sollen Aufgabenstellungen die Selbstsicherheit der Schüler bezüglich vorhandener Sprachkompetenzen stärken.

Um den erheblich divergierenden Sprachentwicklungsstufen gerecht zu werden, wurde in den letzten Jahren zunehmend versucht, die Schüler zumindest zeitweise in Leistungsgruppen einzuteilen, um sie ihrem Sprachentwicklungsstand

30 RICHTER, 2007, S. 226.
31 MINISTÈRE DE L'ÉDUCATION NATIONALE, 2013, S. 35f.

entsprechend zu fördern. Unterforderung und Überforderung bleiben aber nach wie vor ein Thema im Deutschunterricht. Während die einen fantasievolle Aufsätze schreiben, baut sich bei den anderen die Kommunikationsbereitschaft schrittweise ab. Die Lernersprache Deutsch stagniert auf einer niedrigen Erwerbsstufe und droht, angesichts des beschleunigten Erwerbs im Regelunterricht, zu fossilieren. Erwerbsphasen folgen einer chronologischen Ordnung und lassen sich leider nicht überspringen. Es ist fraglich, wie betroffene Schüler es schaffen sollen, die Sprache so weit auszubilden, dass diese die Funktion einer Bildungssprache übernehmen kann – eine Aufgabe, die in der Grundschule traditionell der deutschen Sprache zukommt. In ihr sollen Sprachhandlungskompetenzen ausgebaut und Fach- und Allgemeinwissen angeeignet werden.

Rund 1.450 so genannte *primo-arrivants*-Kinder müssen während eines laufenden Schuljahres in die luxemburgische Grundschule integriert werden.[32] Sie beherrschen in der Regel weder Deutsch noch Französisch. Die *cours d'accueils* sind darauf ausgerichtet, diesen Kindern möglichst schnell, d. h. in drei Monaten zu einer Kommunikationssprache zu verhelfen, die es ihnen erlaubt, in ihrer Klasse dem Regelunterricht zu folgen und den Alltag in Luxemburg zu meistern. Interessanterweise erwerben leistungsstarke Schüler im Intensivsprachkurs, dem *cours d'accueils*, oft bessere Deutschkenntnisse als Schülerinnen und Schüler aus dem gleichen Herkunftsland, die den regulären Unterricht absolviert haben. Abhängig von der Intelligenz des Kindes, den Kenntnissen in der Muttersprache und seinem Alter wird im Intensivsprachkurs von Fall zu Fall entschieden, welche Sprache (ob Deutsch und/oder Französisch) noch in der Grundschule erlernt werden soll. Lernt das Kind Französisch ist es oft nach drei Monaten bereits so weit, dass es komplett in die Regelklasse integriert werden kann. Der Erwerb der deutschen Sprache erfordert eine längere Intensivbetreuung, da der reguläre Unterricht hier weitaus schneller voranschreitet. Nach maximal zwei Jahren soll aber auch hier eine Integration erfolgt sein. Astrid Neuman, Leiterin des *cours d'accueils* in Wiltz und mitverantwortlich für den landesweiten Lehrplan der *cours d'accueils* in den Grundschulen, nannte fünf mögliche Gründe, die den Erfolg dieser Kurse erklären:

32 Vgl. MENFP – SERVICE DE LA SCOLARISATION DES ENFANTS ETRANGERS, 2012.

- Jedem Schüler wird erklärt, wie wertvoll seine Muttersprache ist. Das Kind soll die vorhandenen Sprachkompetenzen einsetzen, um neue Sprachen zu lernen. Im Unterricht wird verstärkt mit Transferbeispielen gearbeitet.
- Die Schüler gehen mit einer anderen Einstellung und Motivation an das Sprachlernen heran als ihre Schulkameraden im Regelunterricht. Sie benötigen die neue Kommunikationssprache. Die Zweitsprache Deutsch wird für sie im Alltag relevant.
- Den Eltern wird das Bildungssystem erklärt und es wird ihnen verdeutlicht, wie wichtig es ist, die Sprachsituation des Landes anzunehmen. Zudem wird auf die Bedeutung der jeweiligen Familiensprache hingewiesen.
- Deutsch wird als Zweitsprache gelernt. Der Unterricht ist auf Kommunikation ausgelegt.
- Gelernt wird in kleinen Gruppen. Die Sprachstufen der Schüler werden laufend ermittelt. Es wird keine zweite Sprache gelernt, bevor nicht die erste gefestigt ist.

Auf politischer Seite dominierte bislang die Haltung, unter allen Umständen eine frühzeitige Spaltung der Schülerpopulation in zwei Lager, ‚deutsch-luxemburgisch' auf der einen und ‚französisch' auf der anderen Seite, zu verhindern. Dies könnte, so die Befürchtung, auch eine gesellschaftliche Spaltung nach sich ziehen. Im Bildungssystem ist die Mehrsprachigkeit des Landes institutionell verankert, auf ihm lastet die Aufgabe, diese zu reproduzieren und zu bewahren. Ein gemeinsamer Unterricht schaffe, so die politische Argumentationsweise, die für den Kleinstaat wichtige Multilingualität und sichere eine gemeinsame Identität, ein Zusammengehörigkeitsgefühl in der Gesellschaft.

Viele Lehrer stünden der Option einer Alphabetisierung auf Französisch grundsätzlich offen gegenüber. Entsprechende Projekte in Luxemburg-Stadt und Esch-Alzette sind allerdings vor gut 20 Jahren gescheitert. „In diesen Klassen fand sich damals eine homogene Schülergruppe wieder: sozial schwache und spracharme Schüler mit romanophonem Migrationshintergrund", erklärte Aline Soisson-Schumacher, die damals als Lehrerin an dem Escher Projekt beteiligt war. Sie ergänzt aus heutiger Sicht:

> Ich würde die Verantwortung nicht noch einmal übernehmen. Die Kinder, die damals auf Französisch alphabetisiert wurden, waren sechs Jahre später schlechter im Französischen als gleichaltrige Schülerinnen und Schüler, die den Regelunterricht besucht haben. Eine deutschsprachige Alphabetisierung hat sich in Luxemburg über Jahre hinweg bewährt. Wir verfügen hier über eine unerlässliche didaktische Erfahrung. Darüberhinaus ist die Laut-Buchstabenzuordnung im Deutschen weitaus einfacher und klarer als sie es im Französischen ist.

Die perfekte Lösung für Luxemburg, die richtige Alphabetisierungssprache und den richtigen Umgang mit der Mehrsprachigkeit in der Grundschule, gibt es wahrscheinlich nicht. Eine einheitliche französischsprachige Alphabetisierung würde die luxemburgischen Muttersprachler in eine Situation versetzen, in der sie eindeutig in einer Fremdsprache lesen und schreiben lernen würden. Ruft man sich die Eindrücke der Sekundarschullehrer zum Stand der französischen Sprache noch einmal in Erinnerung, so ist davon auszugehen, dass eine Stärkung der Schulsprache Französisch nicht ohne Weiteres durchzusetzen wäre. Möglicherweise käme es dann auch zu einer Verzögerung im Ausbau einer umfassenden Denk- und Bildungssprache, wo die Lehrkräfte ohnehin Veränderungen bemerken.

Im Juli 2014 kündigte der luxemburgische Bildungsminister Claude Meisch an, die Sprachpraxis in den Kindertagesstätten reformieren zu wollen. Die Reform sieht vor in sämtlichen *Crèches*, die dem Bildungsministerium unterstehen, neben der aktuell gezielten Sprachförderung auf Luxemburgisch auch Französischkenntnisse aufzubauen und die Heranwachsenden zwischen eins und drei Jahren somit von Anfang an auf ein mehrsprachiges Umfeld in und außerhalb der Schule vorzubereiten.[33] Eine Lehrkraft soll Luxemburgisch mit den Kindern sprechen und die andere Französisch, so dass die Kinder auf beide Personen bezogen, zwei sprachliche Register ausbauen.[34] Hinter diesem politischen Akt der Statusplanung steht der Gedanke, Kinder mit romanophonem Sprachhintergrund (Erstsprache = Französisch, Portugiesisch, Italienisch u. a.) frühzeitig an die luxemburgische Sprache heranzuführen und luxemburgischsprachige Kinder wiederum frühzeitig an die französische Sprache. Theoretisch wäre so eine Basis in beiden Sprachen geschaffen, die sich als nützlich erweisen würde für später und eine, die das schwierige Verhältnis verbessern würde, den ‚Konfliktzustand'[35], den Teile der Jugend gegenüber der französischen Sprache und einer mehrsprachigen Gesellschaft verspüren. Ob dieses theoretisch verführerisch klingende Konzept in der Praxis gelingt, bleibt abzuwarten und inwiefern es den Erwerb der deutschen Sprache und den Status der deutschen Sprache im Bildungssystem verändern wird, ebenfalls. Robert Brachmond, der im Ministerium mitverantwortlich ist für die Lehrprogramme und das didaktische Material in der Grundschule meinte bereits im April 2014, vor der Reformankündigung, dass es wohl über kurz

33 BEFFORT, 2014.
34 Vgl. ebd.
35 Ebd.

oder lang darauf hinauslaufen werde, dass die deutsche Sprache in Luxemburg als Zweitsprache erlernt werden würde und das von Anfang bis zum Schluss.

Schlussbetrachtung

Aus der vorangehenden Analyse ergeben sich die folgenden weiterführenden Aspekte:
Mehrsprachigkeit wird im öffentlichen Diskurs in Luxemburg bis heute als Synonym für Dreisprachigkeit gebraucht. Im Pausenhof kursieren aber hörbar auch andere Sprachen. Außerhalb der Schule, auf dem Arbeitsmarkt, gewinnen auch diese Sprachen an Bedeutung. In der Schule sind sie, um es mit Bourdieu zu formulieren, bislang noch nicht marktgängig. In den letzten acht Jahren wurde vermehrt versucht über den Bildungsdiskurs die Sichtweise auf Mehrsprachigkeit dahingehend zu verändern, dass jede Sprache als Mehrwert anzusehen ist. Bis heute sehen viele Portugiesen, die den Sprung ans Gymnasium schaffen, ihr Portugiesisch jedoch rückblickend als für die Schule hinderlich an. Man kann mit dem Linguisten Hans-Jürgen Krumm von einer *Zwei-Klassen-Mehrsprachigkeit* sprechen.[36] Beim Sprachenlernen wird noch nicht auf vorhandene Sprachkenntnisse aufgebaut.

Charles Berg und Christiane Weis kommen in ihrem Bericht über die Situation der Mehrsprachigkeit im Luxemburger Schulsystem zu folgendem Schluss : „[...] on a l'impression que ni le français ni l'allemand et même pas le luxembourgeois peuvent être considérés comme langue maternelle à plein titre. Peut-être le multilinguisme est la langue maternelle de beaucoup de Luxembourgeois."[37] Diese Aussage ist, weil sie den Ausdruck ‚Mutter-Sprache' nutzt, problematisch, denn mit diesem Begriff wird ein Gefühl von Nähe assoziiert, das definitiv nicht allen Sprachen in gleichem Maße zuzuschreiben ist. Betrachtet man die Sprachen, losgelöst von assoziierten Gefühlen, von Zuschreibungen und Wissensrahmen, nur als Kommunikationswerkzeuge, so ist der Aussage insofern zuzustimmen: Die Kommunikations- und Bildungssprache „der Luxemburger"[38] ist die Mehrsprachigkeit. Oft wissen sie in einer Sprache nicht weiter und transferieren die passenden Termini aus einer anderen Sprache. Die perfekte Dreisprachigkeit, eine native-speaker-Kompetenz in drei oder mehr Sprachen, erreichen nur wenige. Die Schule schafft hier nur die Grundlage.

---

36 APA, 2013.

37 BERG/WEIS, 2005, S. 33.

38 Unter diesen Begriff sind hier am Ende alle gefasst, die das luxemburgische Bildungssystem durchlaufen haben, ob mit oder ohne Migrationshintergrund.

Bibliographie

APA: Sprachwissenschaftler: Kaum Wertschätzung für Migrantensprachen. In: Online-Nachrichten des STANDARD. Veröffentlicht am 28.02.2013. Österreich. URL: http://derstandard.at/1361241420720/Sprachwissenschaftler-Kaum-Wertschaetzung-fuer-Migrantensprachen, 04.05.2015.

BEFFORT, BÉRENGÈRE: Zweisprachige Frühförderung in den Kitas. „Die Sprache ist nicht ein Ziel an sich, sondern ein Mittel." Online-Nachrichten des Luxemburger Worts. Veröffentlicht am 9. November 2014. URL: http://www.wort.lu/de/politik/zweisprachige-fruehfoerderung-in-den-kitas-die-sprache-ist-nicht-ein-ziel-an-sich-sondern-ein-mittel-545cc4c3b9b3988708083d7b, 04.05.2015.

BEIRÃO, DELFINA: Les portugais du Luxembourg, Luxembourg 1999.

BERG, CHARLES/WEIS, CHRISTIANE: Sociologie de l'enseignement des langues dans un environnement multilingue. Rapport National en vue de l'élaboration du profil des politiques linguistiques éducatives luxembourgeoises, Luxembourg: Ministère de l'Éducation nationale et de la Formation professionelle et Centre d'études sur la situation des jeunes en Europe (CESIJE), Luxembourg 2005. URL: http://www.gouvernement.lu/771044/RapportLuxembourgsept05.pdf, 04.05.2015.

BILTGEN, CHARLES ET AL.: Mila Arbeitsheft zu den Einheiten 1 und 2. 2. erweiterte und komplett überarbeitete Ausgabe, Luxemburg 2008.

BREDOW VON, RAFAELA/HACKENBROCH, VERONIKA: Die neue Schlechtschreibung, in: Der Spiegel. Nr. 25, 17.06.2013, S. 96–104.

CHD (CHAMBRE DES DÉPUTÉS DU GRAND-DUCHÉ DE LUXEMBOURG): Débat d'orientation sur une école de l'intégration. Session ordinaire 2000–2001. N. 4615. Luxembourg 2000. URL: http://www.asti.lu/media/asti/pdf/ChDEcole2000.pdf, 04.05.2015.

DER SPIEGEL: Die Rechtschreip-katerstrofe. Warum unsere Kinder nicht mehr richtig schreiben lernen. Titelstory, Nr. 25, 17.06.2013.

ENGEL DE ABREU u. a.: Wie lernen Kinder Sprache(n)? Überlegungen zu Spracherwerb und Alphabetisierung in Luxemburg aus Sicht der Kognitionswissenschaften, in: Bildungsbericht Luxemburg 2015. Band 2: Analysen und Befunde, hg. MENJE (MINISTÈRE DE L'ÉDUCATION NATIONALE) u. a., Luxemburg 2015, S. 15–21.

F. B.: Pour un plurilinguisme revu et corrigé, in: Le jeudi, 24.04.1997, S. 12.

GA: Integration in kleinen Schritten, in: D'Lëtzebuerger Land, 07.11.1986, S. 7.

HU, ADELHEID u. a.: Mehrsprachigkeit im luxemburgischen Sekundarschulwesen, in: Bildungsbericht Luxemburg 2015. Band 2: Analysen und Befunde, hg. von MENJE (MINISTÈRE DE L'ÉDUCATION NATIONALE) u. a., Luxemburg 2015, S. 63–75.

JANSEN, WILFRIED: „Umfrage/Sondage: Commerce francophone" im *Lycée technique du Centre*, Luxemburg 2012 (Unveröffentlichte Umfrage).

ONLINE-NACHRICHTEN DES LUXEMBURGER WORTS (OHNE AUTOR): Französisch als erste Sprache in der Schule? Forscher sind skeptisch, 16.02.2014, URL: http://www.wort.lu/de/lokales/franzoesisch-als-erste-sprache-in-der-schule-forscher-sind-skeptisch-52fe4cdce4b06ebe161802a7, 04.05.2015.

MEN (MINISTÈRE DE L'ÉDUCATION NATIONALE ET DE LA FORMATION PROFESSONELLE – SERVICE DES STATISTIQUES ET ANALYSES): Les chiffres clés de l'éducation nationale. Statistiques et indicateurs, Année scolaire 2011–2012, URL: http://www.men.public.lu/catalogue-publications/systeme-educatif/statistiques-analyses/chiffres-cles/2011–2012/fr.pdf, 04.05.2015.

MENFP – SERVICE DE LA SCOLARISATION DES ENFANTS ÉTRANGERS: Accueillir et intégrer. Guide pour enseignants accueillant un enfant nouvellement arrivé au pays, Luxemburg 2012.

MENJE (MINISTÈRE DE L'ÉDUCATION NATIONALE, DE L'ENFANCE ET DE LA JEUNESSE: Statistiques globales et analyse des résulatats scolaires. Enseignement fondmental: Cycles 1 à 4. Education differenciée. Année scolaire 2012/2013, URL: http://www.statistiques.public.lu/fr/publications/thematique/conditions-sociales/enseignement-fondamental/enseigfondamental.pdf, 04.05.2015.

MINISTÈRE DE L'ÉDUCATION NATIONALE: Sprachfuchs 3. Lehrerhandbuch. Zyklus 3. Band 1, Luxemburg 2013.

RICHTER, JUTTA: Der Hund mit dem gelben Herzen, in: Baiabong. Lesebuch für das 5. Schuljahr. Band 2., hg. von ROMAIN DOCKENDORF u. a. (und dem MINISTÉRE DE L'ÉDUCATION NATIONALE), Luxemburg 2007, S. 225–228.

SCHEER, FABIENNE: Experteninterviews zum Thema „Der Deutschunterricht im Sekundarunterricht/Deutsch als Unterrichtssprache", 2012 (Unveröffentlichtes Manuskript).

– Experteninterview mit Astrid Neuman zum Thema „Deutschunterricht in Luxemburg/Deutsch als Unterrichtssprache für Migrantenkinder", 2012 (Unveröffentlichtes Manuskript).

– Experteninterview mit Aline Soisson-Schumacher zum Thema „Deutschunterricht in Luxemburg/Deutsch als Unterrichtssprache für Migrantenkinder", Luxemburg 2012 (Unveröffentlichtes Manuskript).

– Expertengespräch mit einer Gruppe von drei Grundschullehrerinnen zum Thema „Deutsch als Alphabetisierungssprache und Unterrichtssprache in der Grundschule, 2013 (Unveröffentlichtes Manuskript).

– Expertengespräch mit einer Grundschullehrerin zum Thema „Alphabetisierungsmethoden in Luxemburg. Schriftlicher Austausch im Juli 2014, 2014 (Unveröffentlichtes Manuskript).

– Expertengespräch mit Robert Brachmond zum Thema „Alphabetisierungsmethoden in Luxemburg. Schriftlicher und telefonischer Austausch im April 2014, Luxemburg 2014 (Unveröffentlichtes Manuskript).

STATEC (INSTITUT NATIONAL DE STATISTIQUE ET DES ETUDES ÉCONOMIQUES): Le Luxembourg en chiffres, Luxemburg 2013. URL: http://www.statistiques.public.lu/catalogue-publications/luxembourg-en-chiffres/luxembourg-chiffres.pdf , 04.05.2015.

Elena Kreutzer

Eine explorative Untersuchung zum luxemburgischen Kollektivsymbol-System am Beispiel des Migrationsdiskurses im Luxemburger Wort (1990 bis 2010)

By the example of the migration discourse in Luxembourg, the here presented contribution on inter-discourse analysis following Jürgen Link, whose methodical way of proceeding has a strong focus on collective symbols, topically relevant specifics of the system of collective symbols in Luxembourg in Luxembourg's highest-circulation newspaper, the "Luxemburger Wort", are supposed to be worked out for the period of 1990–2010. Doing so, the contribution is oriented at the question of in how far the situation in Luxembourg resembles an intercultural laboratory for national, but also European and global challenges and developments.

I. Hypothetische Überlegungen zum luxemburgischen Kollektivsymbol-System

Die Frage nach einem spezifisch luxemburgischen System von Kollektivsymbolen stellt sich – wie Rolf Parr in einem heuristisch angelegten Vergleich deutscher, amerikanischer und luxemburgischer Kollektivsymbol-Systeme zurecht konstatiert – für Luxemburg vor dem Hintergrund seiner Mehrsprachigkeit und der damit tendenziell bereits im Land selbst gegebenen Interkulturalitätssituation anders als etwa in Deutschland oder Frankreich:

> Zu fragen ist […], ob es einen spezifischen Interdiskurs in Luxemburg gibt oder ob womöglich deutschsprachige Artikel in Luxemburger Zeitungen dem deutschen und französischsprachige dem französischen Interdiskurs folgen oder ein Mix aus französischem, deutschem und vielleicht lëtzebuergeschem Interdiskurs hergestellt bzw. nur für einzelne Themen auf Mischformen zurückgegriffen wird. Oder stellt Luxemburg gegenüber Frankreich, Deutschland oder Belgien im Sinne des in der Interkulturalitätsliteratur vielfach verwendeten Konzepts insofern einen „dritten Raum" dar, als der Luxemburgische Interdiskurs immer schon aus komplexen kulturellen Austausch- und Wechselbeziehungen resultiert?[1]

Neben Rückschlüssen auf die sozio-politischen Symbolbedingungen, unter welchen (Medien-)Texte entstehen,[2] ermögliche die Diskussion um ein möglicher-

1 PARR, 2010, S. 96.
2 Vgl. PARR, 2009, S. 105.

weise spezifisches luxemburgisches Kollektivsymbol-System darüber hinaus gerade für die interkulturelle Grenzregion SaarLorLux eine soziale Kompetenz zur Multi-Diskursivität und damit zum interkulturellen Handeln zu entwickeln, d. h. die Kompetenz zum Verstehen von und zur Artikulation in mehreren kulturellen Interdiskursen.[3] An diese vorangestellten hypothetischen Überlegungen schließt sich die Zielsetzung des Beitrags an: Am Beispiel des Migrationsdiskurses im Luxemburger Wort sollen über die Interdiskursanalyse nach Jürgen Link, die sich in ihrer Vorgehensweise stark auf Kollektivsymbole konzentriert, themenspezifische Spezifika des luxemburgischen Kollektivsymbolsystems herausgearbeitet werden. Dabei orientiert sich der Beitrag an der zentralen Fragestellung, inwiefern in Luxemburg eine interkulturelle Laborsituation für nationale, aber auch europäische und globale Herausforderungen sowie Entwicklungen vorherrscht? Der ausgewählte Beispieldiskurs stellt einen genuinen Gegenstand der Interkulturalitätsforschung dar; Migrationsprozesse stellen schließlich per se inter- bzw. transkulturelle Transfers dar.[4] Zunächst folgen methodische Hinweise zur Konzeption der Studie. Daran schließen sich allgemeine Befunde zur Artikel-, Themen- und Akteursverteilung an, die die korrekte Zuordnung von Pictura- und Subscriptio-Elemente im Rahmen der Interdiskursanalyse ermöglichen. Sie dienen dazu, den hierfür notwendigen nationalen migrationspolitischen Systemkontext herauszustellen. Anhand der Kollektivsymbole „Flut" und „Festung" und mit Hilfe des kulturtheoretischen Identitätskonzepts der „Mischkultur" sollen fallspezifische Charakteristika des luxemburgischen Kollektivsymbolsystems herausgestellt werden.

II. Konzeptionelle und methodische Hinweise

Untersuchungsgegenstand der Fallstudie ist die auflagenstärkste (ca. 70.000 Exemplare seit 2012)[5], trilingual (Deutsch, Französisch, Luxemburgisch[6]) ausgerichtete Tageszeitung Luxemburgs, das seit 1848 erscheinende *Luxemburger Wort*.[7] Die Untersuchung beschränkt sich auf den Betrachtungszeitraum von

3 Vgl. PARR, 2010, S. 96.

4 Vgl. HEIMBÖCKEL, 2011, S. 44.

5 Vgl. HILGERT, 2004, S. 67.

6 Bei den auf Luxemburgisch verfassten Artikeln handelt es sich größtenteils um Veranstaltungshinweise sowie Lokal- und private Anzeigen, die aus forschungspragmatischen Gründen ausgespart wurden. Dementsprechend berücksichtigt das Sample auch nur deutsche und französische Artikel für die Analyse.

7 Die Presselandschaft Luxemburgs besteht aus den beiden auflagenstärksten Tageszeitungen *Luxemburger Wort* und *Tageblatt*, ihren französischsprachigen Pendants *La Voix du Luxembourg* (bis Ende September 2011) und *Le Quotidien* sowie der liberalen

1990 bis 2010.[8] Da Migration in Luxemburg eine gesellschaftlich nach wie vor aktuelle und nicht selten brisante Thematik in der sozialen sowie öffentlichen Realität und der dazugehörigen Berichterstattung in den Medien darstellt, rückt der Vortrag den aktuellen medialen Migrationsdiskurs in Luxemburg, d. h. der letzten 20 Jahre, in den Fokus des Forschungsinteresses.[9] Die Studie konzentriert sich nicht wie die bisherige Forschungsliteratur auf bestimmte Nationalitäten oder Generationen. Vielmehr liegt dem Beitrag eine Migrationstypologisierung auf Basis von Statusgruppen zu Grunde:[10] ‚Ausländer/-innen' (*étrangers*), ‚Flüchtlinge' (*réfugiés*), ‚Asylbewerber/-innen', ‚Asylant/-innen' (*demandeurs*

Tageszeitung *Lëtzebuerger Journal* und der kommunistischen *Zeitung vum Lëtzebuerger Vollek*. Als Wochenpresse gelten die drei Wochenzeitungen *Woxx*, *Le Jeudi* sowie *d'Lëtzebuerger Land.*, die Familien- und Fernsehzeitschriften *Télécran* und *Revue*, die auf Portugiesisch veröffentlichten Publikationen *Contacto* und *Correio* sowie die Satirezeitschrift *Den neie Feierkrop*.

8 Da in den 1990er und 2000er Jahren das luxemburgische Ausländerrecht modifiziert wurde und der Themenkomplex ‚Migration' damit auf der politischen Themenagenda stand, ist auch von einem verstärkten massenmedialen Interesse im Zeitraum 1990 bis 2010 auszugehen (WWILLEMS/MILMEISTER 2008, S. 75). Aus forschungspraktischen Gründen konnten nicht alle relevanten Ausgaben des *Luxemburger Worts* im Sinne einer Vollerhebung berücksichtigt werden. Stattdessen wurde das systematische Auswahlverfahren der ‚künstlichen Woche' gewählt, bei dem von einem bestimmten Startpunkt aus – nach einem festgelegten Intervall – jedes n-te Element berücksichtigt wird. Für die Analyse wurde über den Untersuchungszeitraum hinweg der erste Montag im Januar des ersten, zweiten, usw. Jahres, der Dienstag in der nächsten Woche und dann immer einen Wochentag weiter für jede darauf folgende Woche ausgewählt; Bezüglich der Vorgehensweise bei der Erstellung künstlicher Wochen vgl. RÖSSLER, Inhaltsanalyse, S. 56.

9 Vgl. KREUTZER, 2014.

10 Je nach ausländerrechtlicher Spezifizierung der Aufenthaltsdauer oder des -zwecks, der zumeist eine öffentliche Diskussion der nationalen Migrationspolitik vorausgeht, wird zwischen unterschiedlichen juristischen Statusgruppen unterschieden. Die Bezeichnungen der Statusgruppen hängen somit zum einen mit juristischen Kategorisierungen, zum anderen mit migrationspolitischen, durch öffentliche Diskussionen in Erscheinung tretende Bezeichnungen zusammen.

d'asile) und ,(Im)Migrant/-innen' (*migrants/immigrés*) ,Aussiedler/-innen'[11] und schließlich *Sans Papiers*[12].

Die Diskurstheorie Jürgen Links ist bei der explorativen Untersuchung von Migrationsdiskursen und ihren Teildiskursen wie etwa dem Islamdiskurs bereits erprobt und hat sich dabei auch bewährt.[13]

Link definiert – ausgehend von Foucault – Diskurs wie folgt:

> Diskurse sind im Unterschied zu natürlichen Sprachen historisch-kulturell sehr viel stärker variabel und legen [sprachübergreifend] jeweils spezifische Sagbarkeits- und Wissensräume sowie deren Grenzen fest. Es sind institutionalisierte, geregelte Redeweisen als Räume möglicher Aussagen, die an Handlungen gekoppelt sind.[14]

Nach Link sind Foucaults „Diskurse" als Spezialdiskurse zu definieren, da sie in den eng begrenzten Sagbarkeits- und Wissbarkeitsräumen spezielles Wissen transferieren. Diese Spezialdiskurse gilt es jedoch mittels Mechanismen der Integration in „re-integrierende, inter-diskursive Verfahren"[15] zu transformieren, demnach allgemein verständlich zu gestalten.

Links Konzept des Interdiskurses geht somit im Gegensatz zum Foucaultschen Diskursbegriff von einer systematischen und „freien" Definition des Begriffs Diskurs aus, schließt jedoch auch die machtanalytische Begriffskomponente

---

11 Eine Person deutscher Staats- oder Volkszugehörigkeit gilt nach Abs. 2 Nr. 3 Bundesvertriebenengesetz (BVFG) als Aussiedler/-in, wenn er bzw. sie „nach Abschluss der allgemeinen Vertreibungsmaßnahmen vor dem 1. Juli 1990 oder danach im Wege des Aufnahmeverfahrens vor dem 1. Januar 1993 die ehemals unter fremder Verwaltung stehenden deutschen Ostgebiete, Danzig, Estland, Lettland, Litauen, die ehemalige Sowjetunion, Polen, die Tschechoslowakei, Ungarn, Rumänien, Bulgarien, Jugoslawien, Albanien oder China verlassen hat oder verlässt, es sei denn, dass er [bzw. sie], ohne aus diesen Gebieten vertrieben und bis zum 31. März 1952 dorthin zurückgekehrt zu sein, nach dem 8. Mai 1945 einen Wohnsitz in diesen Gebieten begründet hat" siehe Bundesvertriebenengesetz in der Fassung der Bekanntmachung vom 10. August 2007 (BGBl. I S. 1902), das zuletzt durch Artikel 1 des Gesetzes vom 6. September 2013 (BGBl. I S. 3554) geändert worden ist.

12 Das um 1980 entstandene Phänomen der *Sans-Papiers* geht zurück auf die französische Einwanderungsgesellschaft und auf die koloniale Vergangenheit Frankreichs (Schwenken 2003: 129). In seiner deutschen Entsprechung – illegalisierte Migrant/-innen – taucht der Begriff im luxemburgischen Mediendiskurs nicht auf und ist daher auch nicht als deutsche Statusgruppe ausgewiesen.

13 ATA, 2011; JÄGER, 2010, S. 421–437; KREUTZER, 2014, S. 118–228; LINK 1981, S. 6–21; NIEHR/BÖKE, 2010; S. 359–385.

14 LINK, 2010, S. 410.

15 PARR, 2009, S. 100.

Foucaults ein.[16] Es ist vor allem als Weiterentwicklung für den Spezialfall „Literatur“ zu verstehen, da die Diskursanalyse ursprünglich nicht explizit als Theorie des literarischen Diskurses entwickelt wurde. Gleichwohl erfuhr das Konzept des Interdiskurses eine sukzessive Erweiterung in kultur- und vor allem medienwissenschaftlicher Hinsicht, was eine Adaption des Konzeptes auf den vorliegenden Gegenstand ermöglicht.[17] Die Interdiskurstheorie bzw. -analyse betrachtet literarische Diskurse, aber eben auch Medieninterdiskurse „als Orte der Häufung solcher Diskurselemente und diskursiver Verfahren [...], die der Re-Integration des in den Spezialdiskursen arbeitsteilig organisierten Wissens dienen.“[18]

Zeitungstexte stellen ein Konglomerat an Kollektivsymbolen und anderen Interdiskurselementen dar, weswegen sich Medientexte für die Interdiskursanalyse besonders eignen. Zahlreiche bibliografische Hinweise zum Reizwort „Asylanten“, zu Neorassismus, Migration und Multikultur aus der Bibliografie von Parr/Thiele zu den Konzepten „Interdiskurs“, „Kollektivsymbolik“ und „Normalismus“ zeigen, dass Kollektivsymbole im medialen Migrationsdiskurs verstärkt eingesetzt werden.[19]

Kollektivsymbole gelten als „komplexe, ikonisch motivierte, paradigmatisch expandierte Zeichen“[20], die eine Bildseite (*Pictura*) und eine Seite des eigentlich Gemeinten, des sich dahinter verbergenden Sinns (*Subscriptio*), vereinen. Für die vorliegende Interdiskurs- bzw. Kollektivsymbolanalyse ist eine Bestandsaufnahme zu leisten, indem zunächst die *Pictura*-Elemente ermittelt und anschließend die dazugehörigen *Subscriptio*-Elemente zugewiesen werden. Diese Zuweisung ist allerdings erst möglich, wenn – wie folgend – Entwicklungen zur Artikel-, Themen- und Akteursverteilung dargestellt werden, die den nationalen migrationspolitischen Systemkontext offen legen.

III. Interdiskursanalytische Ergebnisse

Im Luxemburger Wort sind im Untersuchungszeitraum 1990 bis 2010 776 Artikel erschienen. Die Anzahl der Artikel pro Jahr ist beim Luxemburger Wort keinem eindeutigen Trend zuzuordnen. Es können aber Spitzenwerte für die Jahre 1991, 1993, 1994, 2001 und 2008 festgestellt werden.

---

16 Vgl. LINK, 2010, S. 410.
17 Vgl. PARR, 2008, S. 202.
18 NÜNNING, 2008, S. 324.
19 Vgl. PARR/THIELE, 2010, S. 79–92.
20 PARR, 2008, 204.

Abbildung 1: Artikelverteilung im Luxemburger Wort im Untersuchungszeitraum 1990 bis 2010.

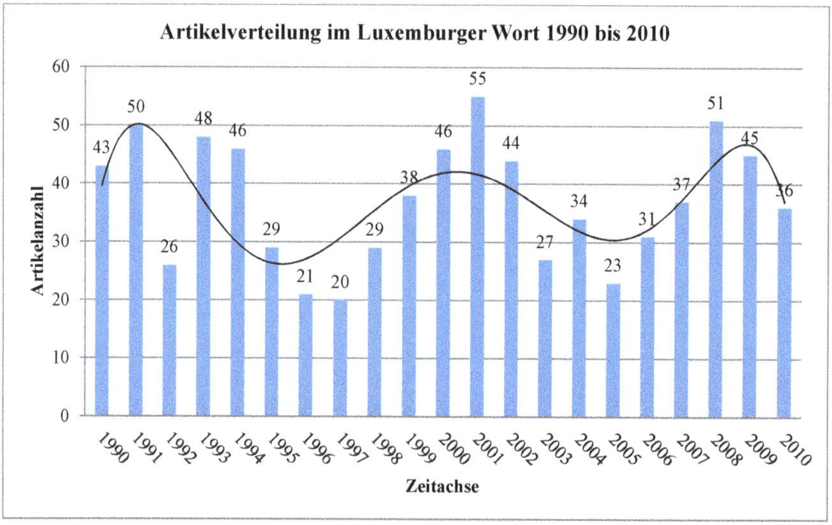

Da der Themenkomplex Migration unterschiedlich gegliedert werden kann, wurde eine thematische Haupt- und Nebenkategorisierung eingeführt.[21] Die Hauptkategorisierung ordnet den Artikel in die nationale, regionale, grenzüberschreitende oder globale Migrationspolitik ein. Unter die Nebenkategorisierung werden zum einen Zuwanderungsfragen (z. B. Familiennachzug, Asylverfahren, Arbeitsmigration, grenzsichernde Maßnahmen), zum anderen jene Bereiche subsumiert, welche die bereits in der EU lebenden Migrant/-innen betreffen, etwa Integration, Diskriminierung, Rassismus, (doppelte) Staatsbürgerschaft oder Partizipation.[22]

Die „medialen Peaks" für die Jahre 1991, 1993, 1994, 2001, 2008 können zum einen mit spezifischen zu diesen Zeitpunkten aktuellen Gesetzgebungen in der europäischen Asyl- und Migrationspolitik, zum anderen mit regionalen migrationsspezifischen Ereignissen in Verbindung gebracht werden.

---

21 Zwar sind Mehrfachkodierungen möglich, je nach Artikel ist aber auch nur eine Einteilung in die unterschiedlichen Migrationspolitiken denkbar, ohne dass weitere Themen angesprochen werden, die eine Nebenkategorisierung erfordern.

22 Vgl. SCHWENKEN, 2003, S. 123.

Tabelle 1: Chronologie der thematischen Ereignisse im Luxemburger Wort

Luxemburger Wort: Synopse regionaler/nationaler und europäischer Ereignisse		
	Nationale/Regionale Ereignisse:	Europäische Ereignisse:
1991	• Humanitäre/karitative Hilfe von Wohlfahrtsverbänden • Situation von Illegalen in Luxemburg • Jubiläum der portugiesischen Zeitschrift Contacto	• Schengen • Asyl- und Einwanderungskonvention • Kritik am Schengener Abkommen
1993	• Service d'immigration • Kritiken von Pro Asyl	• UNO-Berichte zur globalen Flüchtlingssituation • Schengener Durchführungsübereinkommen
1994	• Nationale Flüchtlingssituation	• Europäische Unionsbürgerschaft • Ratifizierung des europäischen Asyl- und Visarechts
2001	• Diskussionen um neues Staatsbürgerschaftsrecht • (Protest-) Aktionen gegen Rassismus	• Migrationspolitische Diskussionen von Europarat und -parlament zwecks Aufbaus eines Sicherheitsraums/ Frontex
2008	• Aktionen von Wohlfahrtsorganisationen • Staatsbürgerschaftsgesetz vom 23. Oktober 2008	• Irreguläre Migration in Europa

Als in den Themen dominierender Akteur tritt verstärkt die luxemburgische Zivilgesellschaft, sei es in Form von Sozialer Arbeit der Wohlfahrtsverbände oder zivilgesellschaftlicher Partizipation etwa in Form Anti-Rassismus-Aktionen auf. Dabei gelten als Handlungsträger der Sozialen Praxis die staatlichen Organisationen „Service National de la Jeunesse" (SNJ) und „Office luxembourgeoise de l'accueil et de l'intégration" (OLAI), die beiden größten Wohlfahrtsorganisationen Caritas und Rotes Kreuz sowie die größten Nichtregierungsorganisationen des Landes "Comité de Liaison des Associations d'Etrangers (CLAE), Association de Soutien aux Travailleurs Immigrés (ASTI) und „Service socio-pastoral intercommunautaire (SESOPI).

33% der Artikel weisen Kollektivsymbole auf, die anschauliche Stereotypen und Klischees darstellen.[23] Als im Sample ermittelte Kollektivsymbole gelten ‚(Zu-)Strom', ‚Schleuser', ‚Belagerung', ‚Boot' und ‚Deich'.

Die deutschen Kollektivsymbole sind in organeigenen Berichten (14%) sowie Agenturmeldungen der *Deutschen Presseagentur* (*dpa*) (11%) und der *Agence France Presse* (9%) vorzufinden. Demnach sind bei der Ergebnisinterpretation nicht nur die luxemburgischen, sondern auch die deutschen sozio-politischen Symbolbedingungen relevant. Auch im französischsprachigen Sample des *Luxemburger Worts* (30%) treten Kollektivsymbole, wiederum überwiegend Flutmetaphoriken auf, wenngleich deutlich weniger als im deutschsprachigen Teilsample.

Auffällig ist, dass sich im *Luxemburger Wort* ermittelte deutsche Bootmetaphern nur in den *dpa*-Berichten und hier auch nur auf Deutschland bezogen festmachen lassen, weswegen eine entsprechende Zuschreibung des *Subscriptio*-Elementes erfolgt. Daraus ergibt sich die in Tabelle 2 aufgeführte allgemeine Zuordnung von *Pictura*- und *Subscriptio*-Elementen zum medialen Migrationsdiskurs im *Luxemburger Wort*:

Tabelle 2: Deutsche Kollektivsymbole in der Zuordnung als Pictura- und Subscriptio-Elemente im Luxemburger Wort

PICTURA („Bild")		**SUBSCRIPTIO („Sinn")**		**ANZAHL (%)**
p1	Flut	s1	Summe der Statusgruppen	4,3
p2	(Zu-)Strom bzw. Welle	s2	Summe der Statusgruppen	4,0
p3	Schleuser/Schlepper	s3	Kriminelle Banden, die illegale Einwanderung ermöglichen	3,8
p4	Belagerung	s4	Erfolgreiche (illegale) (Massen) Einwanderung nach Luxemburg	2,7
p5	Festung/Insel	s5	Europa	2,5
p6	Boot	s6	Deutschland (da das „Pictura-Element" nur in dpa-Berichten und mit explizitem Bezug zu Deutschland festzumachen ist)	2,1
p7	Deich/Damm	s7	Grenze	2,0
p8	Herz/Kern/Motor/ Versuchslabor oder Reagenzglas Europas	s8	Luxemburg als EU-Zentrum	1,7

23 Vgl. KELLER, 2011, S. 33.

PICTURA („Bild")		SUBSCRIPTIO („Sinn")		ANZAHL (%)
p9	Kopftuch bzw. Schleier	s9	Islam/Rückständigkeit/ Fundamentalismus	1,7
p10	Mauerkrone	s10	Europa	1,6

Als französischsprachige Kollektivsymbole konnten ermittelt werden:

Tabelle 3: Französische Kollektivsymbole in der Zuordnung als Pictura- und Subscriptio-Elemente im Luxemburger Wort

PICTURA („Bild")		SUBSCRIPTIO („Sinn")		ANZAHL (%)
p1	flux migratoires[24]	s1	Summe der Statusgruppen	2,5
p2	vague (massif)	s2	Summe der Statusgruppen	2,1
p3	voile	s3	Kriminelle Banden, die illegale Einwanderung ermöglichen	1,4
p4	l'équilibre social de la nation	s4	Migration und demografischer Wandel/ (erwünschtes) Gleichgewicht zwischen französischen und ausländischen Bevölkerungsanteilen	1,2
p5	incontrolée	s2	Überbevölkerung	1,0

Den Annahmen von Rolf Parr zufolge kursieren in Luxemburg zwei Kollektivsymbol-Systeme parallel: Auf der einen Seite ein System mit Kollektivsymbolen wie Festung und Insel, die die nationalstaatliche Entität Luxemburg verbildlichen, auf der anderen Seite Kollektivsymbole wie Herz, Kern, Motor, Versuchslabor oder Reagenzglas Europas, welche auf Luxemburg als EU-Zentrum und damit auf die supranationale Bedeutung des Kleinstaates abheben.[25] Dieser Befund korrespondiert auch mit der bereits weiter oben erläuterten Themenanalyse.

Die Befunde zur (automatischen) Adaption deutscher Kollektivsymbole ins luxemburgische Kollektivsymbolsystem deuten darauf hin, dass die Reichweite

---

24 Zwar hat das frz. *flux* zumindest für die hiesige Analyse zum medialen Migrationsdiskurs eine ähnliche Bedeutung wie das dt. ‚Flut'. Zunächst gilt für *flux* jedoch eine neutralere Konnotation, bspw. als Verkehrsfluss. Erst im zweiten Sinn greift für *flux* dieselbe ideologische Idee wie für den deutschen Begriff ‚*Flut*'. Dieser verkörpert die Idee der unwetterbedingten, aber auch metaphorischen Überschwemmung, der machtvollen Gezeiten, die bedrohlich und unkontrollierbar sind.

25 Vgl. PARR, 2010, S. 96–97.

einzelner Symbol-Systeme keinesfalls mit den Grenzen der Nationalstaaten zusammen fällt. Durch die Weltnachrichtenagenturen, im Besonderen die Deutsche Presseagentur und die Agence France Presse werden kulturell spezifische Symbol-Systeme automatisch weitergegeben, was die spezifische interdiskursive Situation in Luxemburg tatsächlich herausstellt: Für den Themenkomplex Migration zeigt sich, dass auf interdiskursive Mischformen aus französischer, deutscher und luxemburgischer Kollektivsymbolik zurückgegriffen wird. Dieser Befund korrespondiert mit im literarischen Feld Luxemburgs kursierenden kulturtheoretischen Identitätsentwürfen. So haben luxemburgische Schriftsteller wie Frantz Clément (1992–1942) oder Batty Weber (1860–1940) den Begriff der „Mischkultur“[26] propagiert, der als „Aufwertung der eigenen Zwischenstellung“[27] zwischen Frankreich und Deutschland fungiere. Mit Verweis auf Földes „Tertiärkultur“[28] spricht Conter auf der einen Seite von einer Positionierung des Luxemburgischen als eigenständige Kultur zwischen der deutschen und französischen, auf der anderen Seite als eine von der Adaption kultureller Einflüsse der Nachbarländer geprägte auf den Bilingualismus zurückzuführende Kultur, wodurch Luxemburg eine Mittlerrolle zwischen beiden Ländern einnehme.[29] Die kulturtheoretische Vorstellung der „Mischkultur“ diffundierte unlängst in andere Bereiche, etwa in die Politik oder Wirtschaft, wodurch sie auch von Medien – wie im Folgenden an den quantitativ zentralen Beispielen zu den Kollektivsymbolen Flut (4,3 %) und Festung (2,5 %) aufzeigt – aufgegriffen wurde.

„Flut“

Freilich treten Interdiskurselemente in den Artikeln nicht gleichzeitig auf, wie folgendes Beispiel zur Integration ausländischer Fußballspieler in die luxemburgische Nationalmannschaft sowie in regionale Ligen belegt:

„Wenn die Flut der ausländischen Spieler nach Luxemburg nicht gestoppt wird, dann kann es gut sein, dass in einigen Jahren fast kein luxemburgischer Spieler mehr auf einem Schiedsrichterbogen zu finden ist. Nicht weniger als 102 Ausländer wurden am vergangenen Mittwoch am ersten Spieltag bei den verschiedenen Nationaldivisionsvereinen aufgestellt. Von den insgesamt 165 eingesetzten Spielern waren also nur 63 Fußballer im Besitz der luxemburgischen Nationalität. Am ersten Spieltag kamen gerade mal zwei luxemburgische Spieler

26 CLÉMENT, 1945; WEBER, 1909, S. 121–124.
27 GOETZINGER, 1991, S. 185.
28 FÖLDES, 2007, S. 34.
29 Vgl. CONTER, 2010, S. 120.

beim Aufsteiger aus Schifflingen zum Einsatz. Die beiden Akteure Duarte und Del Bon wurden sogar nur eingewechselt, dies bedeutet, dass Schifflingen die Begegnung mit elf Ausländern begonnen hat. Bei Hobscheid und Mertzig kamen drei luxemburgische Spieler zum Einsatz. Beim F91 Düdelingen, Wiltz und Rümelingen standen immerhin vier Eigengewächse auf dem Spielfeld. Die Vereine investieren also immer mehr Geld in ausländische Spieler, anstatt die eigene Jugend zu fördern."[30]

In diesem von einem Lokalredakteur des *Luxemburger Worts* verfassten und damit organeigenen Artikel treten zwei Pictura- und Subscriptio-Elemente auf: Während das erste Pictura-Element „Flut" dem Subscriptio-Element „Summe der ausländischen Sportler" entspricht, steht das zweite Bildelement „Eigengewächs" für die luxemburgischen Fußballspieler.

An diesem Beispiel ist durch das interdiskursive Element „Flut" die Zuordnung zum Metapherntyp „Wasser" ersichtlich, der unter den Zielbereich „Arbeitsmigration" zu subsumieren ist. „[Ü]ber den metaphorischen Gebrauch von Wörtern aus einem bestimmten Herkunftsbereich [wird der Themenkomplex Migration] für den Adressaten kognitiv vorstrukturiert und interpretiert."[31] Elemente aus dem Bereich Seefahrt werden in Relation zur Diskussion um Einwanderung und ausländische Bevölkerungsentwicklung gesetzt, so dass immer ein Bildelement aus dem Bereich Seefahrt mit einem damit eigentlich gemeinten Element aus dem Bereich „Einwanderung" korrespondiert. In der Regel gelten ausländische Sportler als „erwünschte Migranten", wie zahlreiche deutsche Studien zur Darstellung von Migranten in den Medien feststellen.[32] Für Luxemburg ist dies offensichtlich nur dann der Fall, wenn sich die Anzahl der ausländischen Sportler auf dem Spielfeld in Grenzen hält. Dass die beiden Fußballer Duarte und Del Bon ihrem portugiesischen bzw. französischen Namen nach ausländischer Abstammung sind, findet keine Erwähnung.

Zugleich zeigt sich an diesem Beispiel eine Katachrese, also Verkettung, von zwei Kollektivsymbolen aus unterschiedlichen Bildspendebereichen. Zwar beziehen sich beide Interdiskurselemente im weitesten Sinne auf den Bildspendebereich der Natur, jedoch entstammen sie verschiedener Spezialdiskurse: Während das erste Pictura-Element „Flut" dem Spezialdiskurs der Naturkatastrophe zuzuordnen ist, stammt Eigengewächs ursprünglich aus dem Bereich des Weinbaus und

30 Akzente in der Nationaldivision, 20.08.1999.
31 Vgl. NIEHR/BÖKE, 2010, S. 331.
32 Vgl. BONFADELLI, 2007, S. 99.

fungiert inzwischen als Synonym für den (vereins-)eigenen (Sport-)Nachwuchs im Sportjargon.

Auch im französischsprachigen Teilsample des *Luxemburger Worts* treten überwiegend Flutmetaphoriken (54 Flutmetaphern) auf, wenngleich deutlich weniger als im deutschsprachigen Teilsample (146 Flutmetaphern), was allerdings auf die geringe Anzahl an französischen Artikeln in der Grundgesamtheit zurückzuführen ist.

> „Nous ne pouvons plus en effet recevoir un flux massif et incontrôlé sans que cela n'hypothèque gravement et tout ensemble d'abord l'équilibre social de la nation, ensuite les chances d'intégration des étrangers installés, enfin l'avenir même de nouvelles vagues d'arrivants et des pays d'où ils viennent", a déclaré M. Michel Rocard au cours du débat sur l'immigration et l'intégration, mardi après-midi, à l'Assemble nationale[33]

Folgende Pictura- und Subcriptio-Elemente illustriert dieses Textbeispiel:

Tabelle 4: Französische Kollektivsymbole in der Zuordnung als Pictura- und Subscriptio-Elemente an einem Textbeispiel

PICTURA („Bild")		**SUBSCRIPTIO („Sinn")**	
p1	flux massif	s1	Summe der Asylbewerber, Flüchtlinge, Migranten
p2	incontrolée	s2	Überbevölkerung
p3	l'équilibre social de la nation	s3	Migration und demografischer Wandel/ (erwünschtes) Gleichgewicht zwischen französischen und ausländischen Bevölkerungsanteilen
p4	nouvelles vagues d'arrivants	s4	Neuzuwanderer

Wie das deutsch- und französischsprachige Beispiel zur Kollektivsymbolik Flut gezeigt hat, ‚wandern' bestimmte Diskurselemente aus ihrem speziellen Alltagsdiskurs, hier dem der Meteorologie, als ‚Metaphern' heraus und durch eine Vielzahl von Diskursen hindurch (z. B. durch den politischen und medialen), wodurch sie zu fundamentalen ideologischen Konzepten der Zivilgesellschaft werden.[34]

33 Rocard propose, 23.05.1990.

34 Vgl. KELLER, 2001, S. 33.

Beispiel „Festung“

Für den Migrationsdiskurs im *Luxemburger Wort* gilt es, die Festungs-Symbolik unter folgenden, aufgrund der sozio-politischen Lage des Landes naheliegenden, Gebrauchsvarianten zu überprüfen: Auf der einen Seite als Abschottung Luxemburgs gegen weiteren ausländischen Zuzug und damit im weiteren Sinn als Abgrenzung der Nationalstaatlichkeit Luxemburgs gegen die Nachbarn. Auf der anderen Seite dient die Symbolik dazu, die Kleinstaatlichkeit und das damit einhergehende geringe Humankapital zu reklamieren. Über die beispielsweise temporär im Land sich aufhaltenden Grenzgänger tritt in Folge eine nach außen hin vermittelte multikulturelle Öffnung des Landes auf, welche die oftmals beklagte provinzielle, von den anderen Ländern abgeschnittene Stellung Luxemburgs wieder aufhebt. Rolf Parr spricht deswegen bei der Festungs-Metapher von einem „gemischt repräsentativ-metaphorische[n] Symbol“[35]. Neben einer im Sinne der zweiten Gebrauchsvariante nationalen Öffnung Luxemburgs kann mit der Festungs-Symbolik aber auch eine dritte Gebrauchsvariante angeführt werden, die auf einer supranationalen Ebene die Verhinderung einer „Festung-Europa“ symbolisiert. Dieser semantischen Bedeutung kann dann auch alle Artikel und damit unten aufgeführten Beispiele aus dem Migrationsdiskurs mit einer ihnen inhärenten Festungs-Symbolik zugeordnet werden:

> Zur Entdeckung gefälschter Dokumente werden Schulungsseminare die Ausbilder des Grenzkontrollpersonals der EG Länder mit neuesten Methoden vertraut machen. Daraus darf keine ‚Festung Europa‘ werden[36].

Der vom *Wort*-Korrespondenten H. Bohle verfasste Bericht stellt das geplante Dublin-Übereinkommen in seinen Grundzügen dar. Unter Verwendung der Kollektivsymbolik „Festung Europa“ signalisiert der Brüsseler Korrespondent vor allem seine Missbilligung des „Konsularischen Handbuchs“, das für die Konsulate aller EU-Länder Weisungen mit dem Umgang illegaler Überschreitungen der EU-Außengrenzen beinhaltet. Stattdessen fordert er eine Koordinierung der europäischen Migrations- und Asylpolitik mit den Herkunftsländern der Migranten.

Eine Verbindung aus den Kollektivsymbolen „Festung“ und „Mauerkrone“ zeigt sich im Folgenden aus der Katholischen Nachrichtenagentur stammender und im Ressort Innenpolitik erschienenen Artikel:

> Gegen eine Ratifizierung des ‚Schengener Abkommens‘ durch den Bundestag hat sich die Arbeitsgemeinschaft für Flüchtlinge ‚Pro Asyl‘ ausgesprochen. Das europäische

35 PARR, 2010, S. 97–98.

36 Asyl- und Einwanderungskonvention kommt, 27.05.1993.

> Abkommen über Flüchtlinge sei ‚die Mauerkrone der Festung Europa und der erste bedeutende Pakt der Nachkriegszeit, der nicht zum Schutz von, sondern vor Flüchtlingen abgeschlossen wurde', kritisierte Pro-Asyl-Sprecher Herbert Leuninger in Frankfurt[37].

Aufgrund der Orientierung des *Luxemburger Worts* an christlich-katholischen Grundwerten, werden naturgemäß auch Artikel von der Katholischen Nachrichtenagentur (KNA) bezogen. Ob der Redakteur aus dem Ressort Innenpolitik jedoch bewusst Wert darauf gelegt hat, eine „Festungs-Symbolik" mit einer explizit positiven Bedeutung herauszugreifen, bleibt fraglich. Die im Sinne dieser dritten Gebrauchsvariante gebrauchte Festungs-Symbolik mit dem Fokus auf dem Pro-Europa-Diskurs illustriert aber den bis heute im Rahmen der Mischkultur beinhalteten Gedanken vom (europäischen) Vermittlungsgeschick der Luxemburger.[38]

IV. Schlussfolgerungen

Die explorative Untersuchung zu den Spezifika des luxemburgischen Kollektivsymbolsystems belegt die Bedeutung Luxemburgs als interkulturelles Labor. Mit Rolf Parr kann abschließend festgehalten werden, „dass zwei nicht immer friktionslos miteinander verbindbare Kollektivsymbol-Systeme parallel kursieren, nämlich ein erstes, die nationalstaatliche Entität Luxemburgs verbildlichendes (mit Symbolen wie ‚Festung' und ‚Insel') und ein zweites, das Luxemburg als EU-Zentrum zum Gegenstand hat (mit Symbolen wie ‚Herz', ‚Kern', ‚Motor', ‚Versuchslabor' oder ‚Reagenzglas' Europas)."[39] Diese Gleichzeitigkeit scheinbar diametral entgegengesetzter deutscher und französischer Symbolsysteme betonen, dass Luxemburg bzw. die luxemburgischen Printmedien insofern eine interkulturelle Laborsituation für nationale, europäische wie globale Herausforderungen und Entwicklungen darstellen als hier über die Bedeutung deutscher und französischer Nachrichtenagenturen bei der Artikelgenese etwa automatisch fremdkulturelle Interdiskurselemente in den nationalen Interdiskurs eingepflegt werden im Sinne einer „cross-fertilization of cultures"[40]. So konnte etwa für das Kollektivsymbol ‚Boot' ermittelt werden, dass dieses nur in Artikeln der Deutschen Presse-Agentur, aber nicht in organeigenen Berichten Verwendung fand. Dem kulturtheoretischen Identitätskonzept der „Mischkultur" folgend manifestiert sich hier tatsächlich eine Adaption historisch-kultureller Einflüsse der Nachbarländer Frankreich und Deutschland im Migrationsdiskurs des *Luxemburger*

---

37 Pro Asyl, 22.06.1993.

38 Vgl. CONTER, 2010, S. 122–123.

39 PARR, 2010, S. 96–97.

40 ELBERFIELD, 2008, S. 10.

Worts. Dass die Analyse des luxemburgischen Kollektivsymbolsystems vor der Hintergrund ihrer festgestellten kulturenübergreifenden Diffusionsmechanismen ein zentraler Forschungsgegenstand der Interkulturalitätsforschung ist, dürfte – so eine weitere Schlussfolgerung – zudem evident geworden sein, bedarf aber zu Komplettierungszwecken weiterer Fallstudien, die die übrige Presselandschaft Luxemburgs einbeziehen.

Das Erkenntnispotential der Erforschung von Kollektivsymbolsystemen im Rahmen der Interkulturalitätsforschung zeigt sich indes in dem Bestreben von Medienakteuren, eine über kulturelle Grenzen hinweg betriebene erfolgreiche Kommunikation umzusetzen.[41]

Literaturangaben

Primärquellen

EG. Asyl- und Einwanderungskonvention kommt, in: Luxemburger Wort, 27.05.1993, S. 2.

Pro Asyl: Schengener Abkommen nicht ratifizieren!, in: Luxemburger Wort, 22.06.1993, S. 4.

Rocard propose à l'opposition de s'associer à une charte minimale, in: Luxemburger Wort, 23.05.1990, S. 2.

Akzente in der Nationaldivision. Nur zwei luxemburgische Spieler bei Schifflingen aufgeboten, in: Luxemburger Wort, 20.08.1999, S. 21.

Sekundärquellen

ATA, MEHMET: Der Mohammed-Karikaturenstreit in den deutschen und türkischen Medien. Eine vergleichende Diskursanalyse, Wiesbaden 2011.

BONFADELLI, HEINZ: Die Darstellung ethnischer Minderheiten in den Massenmedien, in: Medien und Migration. Europa als multikultureller Raum?, hg. von DEMS./HEINZ MOSER, Wiesbaden 2007, S. 95–116.

CAPPAI, GABRIELE: Der interkulturelle Vergleich. Herausforderungen und Strategien einer sozialwissenschaftlichen Methode, in: Kulturen vergleichen. Sozial- und kulturwissenschaftliche Grundlagen und Kontroversen, hg. von Ilja Srubar u. a., Wiesbaden 2005, S. 48–78.

CLÉMENT, FRANTZ: Zickzack. Ein Lesebuch, Luxemburg 1945.

CONTER, CLAUDE: Aspekte der Interkulturalität des literarischen Feldes in Luxemburg, in: Zeitschrift für interkulturelle Germanistik 1, 2 (2010), S. 119–133.

41 Vgl. CAPPAI, 2005, S. 49.

ELBERFIELD, ROLF: Forschungsperspektive „Interkulturalität“. Transformation der Wissensordungen in Europa, in: Zeitschrift für Kulturphilosophie 1 (2008), S. 7–36.

FÖLDES, CSABA: Interkulturelle Kommunikation. Positionen zu Forschungsfragen, Methoden und Perspektiven, Veszprém/Wien 2007.

GOETZINGER, GERMAINE: Die Referenz auf das Fremde. Ein ambivalentes Begründungsmoment im Entstehungsprozeß der luxemburgischen Nationalliteratur, in: Begegnung mit dem „Fremden“. Grenzen – Traditionen – Vergleiche. Akten des VIII. Internationalen Germanisten-Kongresses Tokyo 1990, hg. von SCHICHIJI YOSHINORI, München 1991, S. 179–188.

HEIMBÖCKEL, DIETER: Die Metropolregion als (neuer) interkultureller Raum?, in: Metropolen als Ort der Begegnung und Isolation. Interkulturelle Perspektiven auf den urbanen Raum als Sujet in Literatur und Film, hg. von ERNEST HESS-LÜTTICH u.a., Frankfurt am Main 2011, S. 33–51.

HILGERT, ROMAIN: Zeitungen in Luxemburg 1704 bis 2004, Luxemburg 2004.

JÄGER, MARGARETE: Die Kritik am Patriachat im Einwanderungsdiskurs. Analyse einer Diskursverschränkung, in: Handbuch Sozialwissenschaftliche Diskursanalyse, Bd. 2: Forschungspraxis, hg. von REINER KELLER, u. a., Wiesbaden 2010, S. 421–437.

KELLER, REINER: Diskursforschung. Eine Einführung für Sozialwissenschaften, 4. Aufl., Wiesbaden 2011.

KREUTZER, ELENA: ‚Souveränität‘ und ‚Disziplin‘ in Medien. Zum Nutzen von Foucaults Gouvernementalitätstheorie am Beispiel einer Interdiskursanalyse zum Migrationsdiskurs in Luxemburg, in: Räume und Identitäten in Grenzregionen. Politiken – Medien – Subjekte, hg. von CHRISTIAN WILLE u. a., Bielefeld 2014, S. 118–128.

LINK, JÜRGEN: Kollektivsymbolik und Mediendiskurse, in: *kultuRRevolution. zeitschrift für kulturtheorie* 1 (1982), S. 6–21.

– Diskursanalyse unter besonderer Berücksichtigung von Interdiskurs und Kollektivsymbolik, in: Handbuch Sozialwissenschaftliche Diskursanalyse, Bd. 1: Theorien und Methoden, hg. von REINER KELLER, u.a. Wiesbaden 2006, 2. Aufl., S. 407–430.

NIEHR, THOMAS/BÖKE, KARIN: Diskursanalyse unter linguistischer Perspektive – am Beispiel des Migrationsdiskurses, in: Handbuch Sozialwissenschaftliche Diskursanalyse, Bd. 2: Forschungspraxis, hg. von Reiner Keller, u. a., Wiesbaden 2010, S. 324–351. Nünning, Ansgar (Hg.): Metzler Lexikon Literatur- und Kulturtheorie. Ansätze – Personen – Grundbegriffe, 5. Aufl., Stuttgart/Weimar 2013.

PARR, ROLF: Interdiskurstheorie/Interdiskursanalyse, in: Foucault-Handbuch. Leben – Werk – Wirkung, hg. von CLEMENS KAMMLER u.a., Stuttgart/Weimar 2008, S. 202–20.

– Diskursanalyse, in: Methodengeschichte der Germanistik, hg. von Schneider, Jost, Berlin 2009, S. 89–107.

– Kompetenz: Multi-Interdiskursivität, in: Zwischen Provokation und Usurpation. Interkulturalität als (un)vollendetes Projekt der Literatur- und Sprachwissenschaften, hg. von Dieter Heimböckel, u. a., München 2010, S. 87–100.

– /Thiele, Matthias: Link(s). Eine Bibliografie zu den Konzepten ‚Interdiskurs', ‚Kollektivsymbolik' und ‚Normalismus' sowie einigen weiteren Fluchtlinien. 2. Aufl., Heidelberg 2010.

RÖSSLER, PATRICK: Inhaltsanalyse, Konstanz 2005.

SCHWENKEN, HELENA: „Papiere für alle". Selbstorganisation und Protestmobilisierung in der EU im Bereich der illegalen Migration, in: Bürgerschaft, Öffentlichkeit und Demokratie in Europa, hg. von ANSGAR KLEIN u. a., Opladen 2003, S. 117–140.

WEBER, BATTY: Ueber Mischkultur in Luxemburg, in: Beilage der Münchener Neuesten Nachrichten v. 20.01.1909, Nr. 15, S. 121–124.

WILLEMS, HELMUT/MILMEISTER, PAUL: Migration und Integration, in: Das politische System Luxemburgs. Eine Einführung, hg. von Wolfgang Lorig/Mario Hirsch , Wiesbaden 2008, S. 62–92.

III.
Über die Grenzen Luxemburgs hinaus: Reisen als interkulturelles Phänomen

Amelie Bendheim

Von Luxemburg und Wolkenstein: Identitätskonstruktionen im Umkreis der Luxemburger Dynastie

Under the Luxembourg royal family, in the Late Middle Age the Grand Duchy was the heart of Europe, not only geographically and power-politically but also culturally. By the example of minstrel Oswald von Wolkenstein and his patron Sigismund of Luxembourg such social and cultural processes of ideas of identity and being alien – all too often considered marginal – are sketched in the environment of the Luxembourg dynasty.

Der folgende Beitrag setzt sich zum Ziel, am Beispiel zweier ausgewählter Persönlichkeiten die Frage nach mittelalterlichen Identitätskonstruktionen im Umkreis der Luxemburger Dynastie zu stellen. Es scheint daher zunächst angebracht, den Identitätsbegriff in spezifischer Verwendung zu schärfen. Identität, so indiziert bereits die Betitelung, soll als ein nach außen gerichtetes, repräsentatives Handlungskonzept verstanden werden, durch das das menschliche Individuum sein ‚Ich' formt und das sich entsprechend als ‚hervorgebrachte Identität'[1] auf der Grundlage von narrativen[2] und historischen Lebenszeugnissen, wie auch von Lebensgeschichte, untersuchen lässt. Das nachweisliche Bestreben einer sichtbaren bzw. hörbaren Selbstinszenierung lässt den fahrenden Sänger Oswald von Wolkenstein und König Sigismund von Luxemburg daher – trotz (oder gerade aufgrund) ihrer divergierenden sozial-gesellschaftlichen Stellung – zu gleichermaßen privilegierten Untersuchungsobjekten werden.

Die Bestimmung von Identität als einem individuellen Prozess, der wiederum „nur dialogisch, d. h. im ständigen intersubjektiven Austausch mit unserer Umwelt möglich [ist]"[3], erfolgt grundsätzlich in einem größeren, gesellschaftlichen Zusammenhang. Insofern ermöglicht die exemplarische Analyse der hier zu untersuchenden Identitätskonstruktionen, die Relation zwischen Individuum und gesellschaftlichem Kollektiv zu erfassen, um zu ermitteln, wie sich das

1 Zur Selbstnarration (*self-narration*) als einem fortwährenden Prozess der Identitätsbildung vgl. das prägende Werk *Living autobiographically* von Paul Eakin (EAKIN, 2008).

2 Astrid Erll u. a. betonen, dass die „ästhetische Dimension von [...] Identität [...] im Medium der Literatur ihre äußerste Verdichtung [findet]" (ERLL u. a., 2003, S. 4).

3 NEUMANN, 2005, S. 62.

mittelalterliche Identitätsverständnis[4] im Verhältnis zu eher national-bürgerlichen sowie postnationalen Konzepten verhält.

I.

Einer ersten – gewiss nicht ganz fachspezifischen – Annäherung an das literaturwissenschaftlich fundierte Projekt über eine geographische Verortung des *von* Luxemburg und des *von* Wolkenstein, lassen sich bereits basale Erkenntnisse entnehmen.

Sigismund ist als Sohn Karls IV. ein Nachkomme des luxemburgischen Adelsgeschlechts, das um 1400 zu den führenden Dynastien in Europa zählt. Die Ehe mit der ungarischen Königstochter ermöglichte den Luxemburgern eine Ausweitung des Reichs nach Osten und schrieb Sigismund zugleich einen Herrschaftssitz zu, der von Beginn an außerhalb des heimatlichen Imperiums lag. Ungarn blieb bis zuletzt Sigismunds Stammsitz, auch wenn er nach dem Tod seines älteren Bruders Wenzel im Jahr 1411 Doppelkönig (im Reich und in Ungarn) wurde. Ein Blick auf seine Reiserouten hingegen belegt, dass es ihn weder in dem einen noch in dem anderen Machtbereich lange hielt. Ohne näher auf einzelne Reisen eingehen zu wollen, verdeutlichen sie in ihrer Frequenz, die sich über die gesamte Herrschaftsperiode Sigismunds erstreckte, dass es sich dabei nicht um die rein temporäre Veränderung eines Lebenszustandes handelt, die Menschen heute wie damals zum Aufbruch treibt und getrieben hat: „Lebenskrisen wurden auch im Mittelalter durch Reisen überwunden, Neugier trieb auch damals zu Pferd, […] Heiligung durch Wallfahrt suchten unedel und edel in gleicher Weise."[5] Für Sigismund aber wurde die Reise zu einer Lebensform, die mit einem weitreichenderen Verständnis verbunden war, mit einem Ideal, das die längere Abwesenheit von der Heimat zu einem erstrebenswerten Zustand machte und das seine Herrschaft wie auch sein Leben wesentlich kennzeichnen sollte.[6] Dabei erweist sich die Form des Reisekönigtums, die Hans Peyer in seiner allgemeinen Ausprägung „als ein

4 Keinesfalls sollte dabei der Eindruck entstehen, es wäre daran gelegen, das für das Mittelalter (wie die Neuzeit gleichermaßen) nicht vorhandene *eine* Identitätsverständnis aufzudecken; dennoch scheint eine gewisse Operationalisierung eines für den Zeitraum und hier im Besonderen für den Kreis der männlich-adeligen Oberschicht gültigen Identitätsverständnisses möglich.

5 PARAVICINI, 1993, S. 92.

6 Wie es das Schicksal so will, nahm dieses Leben dann auch auf einer Reise, auf dem Weg von Prag nach Ungarn im Jahr 1437, sein Ende.

Charakteristikum des europäischen Mittelalters“[7] erfasst, als von Sigismund in einer Weise gelebt und vertreten, die bereits einen modernen Zug von Herrschaft abbildet.[8]

Oswald von Wolkenstein wurde vermutlich 1377 auf Burg Schöneck in Tirol geboren[9] und entstammte einer Familie des niederen Adels. Bei der Beschreibung des elterlichen Stammsitzes als geradezu bürgerliches Naturidyll nimmt Dieter Kühn in seiner berühmten Biographie „Ich Wolkenstein“ eine neuzeitliche Perspektive ein:

> Dieses Schöneck ist an einem Wiesenhang gebaut, auf kleiner Felskuppe, die Büsche, Bäume fast völlig verdecken; sanft geschwungene Höhenzüge ringsum. In das Pustertal blickend, ostwärts, sehe ich, was sich seit Oswalds Kindheit kaum verändert hat: nur ein paar Häuser in der Mulde, Bauernhöfe, eine Mühle [...] und: Fichtenhänge, Fichtenhänge, weit geschwungen.[10]

Die Darstellung kontrastiert jedoch frappierend mit der Gesinnung des mittelalterlichen Dichters, den nichts in dieser Heimat zu halten vermochte. Bereits in jungen Jahren verspürte er den Drang zum Aufbruch in die fremde Welt, dem er in seinem autobiographischen Lied *Es fügt sich* Ausdruck verleiht: „*Es fügt sich, do ich was von zehen jaren alt,/ ich wolt besehen, wie die werlt wer gestalt.*“[11]

Für die zugrunde liegende Fragestellung relevant ist nicht aber der Aufbruch an sich, – dass adelige Familien ihre Kinder zur Ausbildung an einen entfernten Hof schickten oder einem fahrenden Ritter anvertrauten, war durchaus üblich – sondern vielmehr die anschließende, einseitige Thematisierung der Nöte und Strapazen, die er mit sich bringt: Indem Oswald den Fokus auf „*ellend*“ und

7 PEYER, 1964, S. 1.

8 So auch Hans Peyer, der notiert, dass „das Herumreisen und Sich-Zeigen im Lande [...] auch über die Ausbildung fester Residenzen im Zeitalter des Absolutismus hinaus bis in die heutige Zeit ein zwar nicht mehr brauchtümlich fester, aber doch meist unumgänglicher Zug jedes Herrschertums geblieben [ist]“ (Ebd., S. 20).

9 Geburtsjahr (1376–1378) und -ort (Säben, Trostburg, Wolkenstein, Schöneck) sind aufgrund fehlender historischer Dokumente nicht genau auszumachen. Die Entscheidung für die hier genannten Fakten teile ich mit Anton Schwob (SCHWOB, 1977, S. 19), der einen wesentlichen Beitrag zur biographischen Forschung Oswalds geleistet hat.

10 KÜHN, 2000, S. 17.

11 Texte zitiert nach der wissenschaftlichen Standardausgabe von Karl Kurt Klein (KLEIN, 1987), in der Folge: Kl. Die s-Schreibung wurde dabei zur besseren Lesbarkeit dem nhd. Standard entsprechend normalisiert. Übertragungen der Verfasserin aus dem Mhd. ins Nhd. werden mit (A.B.) markiert; hier: Kl.18; [als ich zehn Jahre alt war, geschah es, dass ich betrachten wollte, wie die Welt aussähe (A.B.)].

„*armüt*“[12] richtet, auf die langen Fußmärsche und seine schweren Dienste als „*renner*“ (‚Laufbusche‘), „*koch*“ und „*marstaller*“[13] (‚Stallmeister/Pferdeknecht‘) gelingt es ihm, sich als zum „‚harten Kern‘ der Ritterschaft“[14] gehörig zu stilisieren. Der erste Weg in die Fremde ist ein leidvoller, ein mühsamer und entbehrungsreicher, „*vil mancher kittel was mein bestes klaide*“[15], heißt es im Lied, doch indem er jenem, der ihn wagt, zum ‚Rittersein‘ verhilft, wird er für Oswald zu einem notwendigen Übel und unbedingt erstrebenswerten Ziel. Nach ersten Reisen (als Knappe, dann als Ritter) in weite Teile Europas, Afrikas und des Vorderen Orients, der Teilnahme am Italienfeldzug unter König Ruprecht von der Pfalz und Diensten für den Bischof von Brixen trat der Dichter ab 1415 in ein Dienstverhältnis zu Sigismund und begleitet auch ihn auf zahlreichen Reisen.

Der kartographische Blick, der die Bewegung der beiden Persönlichkeiten in zunächst abstrakter Weise nachzuzeichnen vermag, belegt somit bereits eindrücklich, dass Identität kaum mit der territorialen Verankerung an einen festen, heimatlichen Ort verbunden war. Wollte man dem Adelsprädikat des Luxemburgers wie des Wolkensteiners eine semantische Lesart aufoktroyieren, so impliziert sie weniger den Verweis auf einen Ursprung, als vielmehr ein Trittbrett *von* dem aus sich ihr Lebensweg *weg*bewegte.

II.

Dass Identität im Mittelalter nicht über die Bezugnahme auf ein Konzept nationaler Staatlichkeit erzeugt wurde, ist hinlänglich bekannt und soll an dieser Stelle lediglich blitzlichtartig in Erinnerung gerufen werden: ‚Nation‘, eine Entlehnung aus dem Lateinischen *nâtio* (*-ionis*), bezeichnete in der Antike und noch im Mittelalter allein den Herkunftsort oder die Abstammung einer Person.[16] Der Begriff wurde entsprechend nicht über die Solidarisierung mit einer politischen Gemeinschaft definiert, die Einheit unter Berufung auf einen klar eingefassten Bereich herstellt, der sich sowohl nach innen (durch ein einheitliches,

12 Kl.18,3.

13 Kl.18,13.

14 KÜHN, 2000, S. 30.

15 Kl.18, 16 [so mancher Kittel war mein bestes Kleidungsstück (A.B.)].

16 So auch Ute Planert, die betont, dass „das *natio*-Prinzip der Binnendifferenzierung innerhalb einer weiterhin christlich-universalistischen Grundordnung [diente]“ (PLANERT, 2004, S. 12). Dem schließen sich die Bemerkungen Danielle Buschingers zur Einteilung der mittelalterlichen Studenten unterschiedlicher Herkunft in so genannte „Universitätsnationen“ an (BUSCHINGER, 2005).

stabilisierendes Rechtssystem), als auch nach außen (etwa durch Stärkung der Grenzen zu anderen Nationen) abschließt.[17] Der heutigen Nationalstaatlichkeit stehen das späte Mittelalter und die Frühe Neuzeit entgegen, in der "most states [...] were composite states, including more than one country under the sovereignty of one ruler"[18].

Entgegen dem konstitutiven Aspekt der Abgrenzung gegenüber dem bzw. den ‚Anderen' des modernen Nationalstaats vertrat das Mittelalter stärker die Vorstellung der Zugehörigkeit und Teilhabe an einer umfassenden Idee, dem Projekt einer weltumspannenden und ohne räumliche Grenzen gedachten *gesamt*-europäischen ritterlich-adeligen Identität.[19] Der Kreuzzugsgedanke bildet als ein prominentes Beispiel dieses Ideal ab, speiste und legitimierte sich die Motivation des Kämpfers doch gerade daraus, für ein christliches Gesamtgebilde in den Krieg zu ziehen.[20] Die Aussage Howard Kaminskys, "a different kind of non-national phenomenon can be seen in the European world of chivalry"[21], lässt sich entsprechend dahingehend präzisieren, als wir in der Zeit Sigismunds wie Oswalds stärker von einer ‚Kollektividentität' ausgehen können, in der sich die Identität des einzelnen Subjekts primär aus dem Bezug zur Gruppe ableitet.[22] Als relevant kann folglich nicht die Herausbildung einer autonomen, einzigartigen Individualität des Typs ‚Ich bin *nicht* XY' erscheinen, vordergründig wird vielmehr das Schema des ‚mit-anderen-Gleichseins', das folglich auf einem Strukturmuster des ‚Ich bin wie' oder ‚Ich gehöre zu XY', aufbaut, dessen Ideale und Werte vertreten und in besonderer Weise nach außen repräsentiert werden.

Die hier in Erinnerung gerufenen Erkenntnisse liefern den geistigen Hintergrund, vor dem das interagierende Zusammenspiel König Sigismunds und des

---

17 Erste Formen von ‚Prä-nationalismus' kommen in Reichen wie England oder Frankreich zwar bereits allmählich auf, können für das deutsche Reich jedoch noch nicht beansprucht werden (vgl. SCHWEDLER, 2012, S. 427).

18 So konstatiert Helmut Koenigsberger in seiner Antrittsvorlesung am Londoner King's College (KOENIGSBERGER, 1986, S. 12).

19 Planert spricht daher auch von einem "Funktionswandel" des Konzepts 'Nation', der von einer "Binnen- zur 'Exklusionsdifferenzierung'" führt (siehe Anm. 16).

20 Zurecht verweist Erich Köhler bereits darauf, dass es neben bzw. mit der Verteidigung des rechten Glaubens gegen die Heiden auch darum ging, ein Kultur- und Standesbewusstsein zu verbreiten (KÖHLER, 1970, S. 97).

21 KAMINSKY, 2005, S. 14.

22 Sie zeigt sich auch in der Legitimation von Herrschaft durch die Rückbindung und -berufung auf einen gemeinsamen Ursprung, die auf der Vorstellung der *translatio imperii* gründet (vgl. dazu: THOMAS, 1999, Sp. 944–946).

Dichters Oswald zu beurteilen ist.[23] Auf ihm gründet mithin auch die These, dass die genannten Persönlichkeiten in ihrer Zeit durch ihr Wirken und Walten zu herausragenden Trägern einer Vorstellung von Identität werden, die sie dazu zwingt, räumliche Grenzen zu überschreiten. Mittelalterliche Identitätskonstruktionen erweisen sich damit als nicht auf eine staatliche Gemeinschaft, umso mehr aber auf Repräsentation und Sichtbarkeit angewiesen.

III.

In einer statusbezogenen Gesellschaft stellt die Präsenz des Königs die wichtigste Steuerungsinstanz dar:[24] In seiner Hand lag es das Gesamtsystem der politischen Organisation und Verwaltung zu wahren, zu bestätigen oder wiederherzustellen. Diese Ordnungsmuster wurden im 15. Jhd. noch stark über Gesten und rituelle Handlungen zum Ausdruck gebracht, wie die Reaktion Sigismunds angesichts einer Ehrverletzung beispielhaft demonstriert. So heißt es in der *Chronica Hungarorum*, der König habe 32 Adelige festnehmen lassen, die Unruhe stiftend durch die Lande gezogen waren. Weil diese, als sie Sigismund vorgeführt wurden, zu dessen Begrüßung weder den Kopf geneigt noch die Knie gebeugt haben, ließ er sie alle köpfen.[25]

Im vehementen Verfechten rituell-symbolischer Kommunikationspraktiken, über die der König die Zusicherung der Untergebenheit einforderte und sich in seinem politischen Rang bestätigen ließ, zeichnet sich bereits sein Bestreben ab, Persönlichkeit im eigenen Umfeld auszustellen. Was Sigismund jedoch zu einer gleichsam interessanten, wie außergewöhnlichen Figur werden, ihn auch „auf der politischen Bühne Europas [...] eine nicht unbedeutende Rolle“[26] spielen lässt,

---

23 Als wegweisend muss hier der Aufsatz Anton Schwobs, *Der Dichter und der König*, genannt werden, an dessen Überlegungen und erste Ausführungen hier angeknüpft werden soll (SCHWOB, 1994).

24 Mit ‚Präsenz‘ ist hier, darauf macht auch Jörg Hoensch aufmerksam, die notwendige Bindung der Herrschaft an den König gemeint, ohne dass eine Hauptstadt oder ein fester Regierungsapparat existiert (HOENSCH, 2000, S. 235). Sabine Wefers, den König als wichtigste „Legitimation- und Integrationsfigur“ (WEFERS, 1989, S. 224) bezeichnend, vermerkt entsprechend: „Insofern war das Reich [...] nicht ohne König denkbar, seine Abwesenheit konnte es jedoch relativ lange hinnehmen“ (Ebd., S. 225).

25 Die Passage der Chronica (Kap. 202, 212) von Joannes Thuróczy lautet im lat. Original: „[...] et ipse nobilis illius conspectui presentarentur, nullus ex ipsis in salutationem illius os suum aperuit, nec capitis aut genuum curvatione illi aliquam exhibuerunt honestatem [...]“ (zit. nach SCHWEDLER, 2012, S. 411).

26 SCHWEDLER, 2012, S. 413.

ist die Weiterführung dieser Charakterzüge mit dem Ziel, Gesinnung und herrschaftliches Selbst nach außen zu tragen: Der Handlungsspielraum Sigismunds, das Terrain seiner politischen Tätigkeit, war großräumig, seine ausgedehnten diplomatischen Reisen (in Westeuropa, nach Spanien, Frankreich und England) sind für damalige Könige als äußerst ungewöhnlich zu bewerten.[27] Dabei machte es ihm seine Sprachbegabung möglich, mit zahlreichen Herrschern anderer Länder persönlich zu kommunizieren – er konnte west- und osteuropäische Sprachen und Latein[28] – zudem war er auch körperlich in guter Verfassung, um die Strapazen der Reisen auf sich zu nehmen.[29] Insgesamt fanden knapp 20 Treffen mit Potentaten im Osten und fünf im Westen statt,[30] so dass Gerald Schwedler zurecht bemerkt: „Wie kaum ein anderer Regent seiner Zeit reiste er zur Verfolgung seiner Interessen durch Europa."[31] Sigismund nutzte sein persönliches Auftreten als politisches Instrument und wurde damit zu einem spätmittelalterlichen europäischen König, der durchaus bereits moderne Außenpolitik betrieb, indem er seine Herrschaft über die Grenzen des eigenen Machtbereiches hinaus zu etablieren suchte. Er widmete sich „der Lösung der gewaltigen, das ganze christliche Abendland einbeziehenden Aufgaben"[32], schreibt Jörg Hoensch, und rekurriert dabei auf Zielsetzungen wie die Beendigung des großen Schismas, die Kirchenunion mit den Griechisch-Orthodoxen oder die Befreiung des Heiligen Landes. Auch und gerade der Kampf gegen die Türken, deren Expansion zu einer jahrhundertelangen Bedrohung für Europa anwachsen sollte, war für Sigismund einer, den er als ein „gemeinsames Anliegen der christlich-abendländischen Ritterschaft"[33] betrachtete. Seine Reisetätigkeit, wie auch die eindrucksvolle Zahl der Korrespondenzen,[34] waren stets von dem Bestreben geleitet sich nicht gegen

27 So auch Gerald Schwedler (ebd.).

28 Vgl. KINTZINGER, 2003, S. 464.

29 Entsprechend konstatiert etwa Martin Kinzinger: „Sigmund [war] aufgrund seiner robusten Gesundheit in der Lage, auf Reisewegen über teilweise erhebliche Entfernungen durch Europa zu ziehen" (Ebd., S. 476).

30 Vgl. hierzu genauer den „Itinerar" von Jörg Hoensch (HOENSCH, 1995).

31 SCHWEDLER (2012, S. 414), der in der „Gestaltung von auswärtiger Politik unter dem Aspekt des Zeremoniellen und Rituellen" zugleich etwas spezifisch „Sigismundisches" (ebd.) erkennt, das ihn von seinen Zeitgenossen abhebt, bisher in der Forschung allerdings wenig beachtet wurde. Die früher einsetzende ‚Staatsbildung' in Königreichen wie England oder Frankreich (siehe Anm. 17) mag dabei ein Grund – nicht aber der einzige – für die Reduktion der Bewegung der dortigen Könige gewesen sein.

32 HOENSCH, 2000, S. 237.

33 KINTZINGER, 2003, S. 468.

34 Vgl. ebd.

die restliche Welt abzuschließen, sondern nach außen zu wirken, die Welt zu beherrschen – was schließlich im Erringen der Kaiserkrone (1433), der höchsten weltlichen Würde der Christenheit, seinen Höhepunkt fand. Sigismund war daran gelegen ‚Ordnung in der Welt' zu machen, nicht Ordnung im klar umgrenzten Reich.

Auch wenn es ihm dabei letztlich nicht gelingen konnte seine Pläne in ihrer Gesamtheit zu realisieren[35] und sein Tod 1437 zum Ende der luxemburgischen Ära führte, bleibt Sigismund „der pflichtbewusste Arbeitseifer, die geistige Beweglichkeit [und] der weite Horizont seiner Vorhaben"[36] als positiver Verdienst anhaften – Charakterzüge, die ihn als herausragenden Repräsentanten der Idee *extra*-territorialer Identitätsherstellung im Mittelalter hervortreten lassen.

IV.

Als Zweitgeborener suchte Oswald früh nach Aufstiegschancen, die er in der Bindung an den luxemburgischen König zu verwirklichen meinte. Sein Vorhaben gelang, am 16. Feb. 1415 wurde er „als Diener und Hofgesinde" Sigismunds aufgenommen, wie dieser in einem königlichen Schreiben verlauten ließ.[37] Oswald ging es in dieser Beziehung wesentlich um Teilhabe an der adeligen Kultur und eine Position als Reichsritter, nicht in erster Linie um finanzielle Vorteile: So blieb der Kontakt zum König trotz ausbleibender Bezahlung bestehen und lieferte Oswald lediglich Anlass zu einem ironischen Kommentar hinsichtlich der wohl ‚enormen' Vergeltungssumme: „*Des ward mir geldes auf ain tisch/ Wol fünfthalb grosser secke*",[38] die sich mit drei Mann überhaupt nur hätten wegschleppen lassen.

35 Jörg Hoensch führt das außenpolitische Scheitern nicht zuletzt auf die „Vielfältigkeit und Kompliziertheit der von ihm zu erledigenden Problemfelder sowie der ausbleibenden Unterstützung durch die Reichsstände" zurück (HOENSCH, 2000, S. 306). Ebenso auch János Bak, der notiert, dass sich der luxemburgische König mit den Osmanen, der größten außereuropäischen Mittelmeermacht, und mit den Hussiten, dem größten Massenaufstand des Mittelalters, konfrontiert sah, zu dem es, um „mehr zu erreichen, [...] überlebensgroßer Fähigkeiten bedurft [hätte]" (BAK, 1994, S. 351).

36 HOENSCH, 2000, S. 301. Ähnlich honoriert auch János Bak: „Jedenfalls war Sigismund, Jahrhunderte vor Napoleon, der erste, der eine so weit ausgreifende Wirtschaftspolitik zumindest zu entwerfen wagte" (BAK, 1994, S. 351).

37 Das Schreiben ist noch heute im Wolkensteinarchiv des Germanischen Nationalmuseums in Nürnberg erhalten, der Textteil trotz starker Brandschäden gut lesbar. Hier zit. nach SCHWOB, 1994, 203.

38 Kl.19, 195–96; Anton Schwob liest die Verse ebenfalls in ironischer Konnotation auf das Ausbleiben des ersten Jahressoldes (SCHWOB, 2012, S. 206); Werner Marold lässt

Das Näheverhältnis zum Hochadel bestimmte das Leben des Dichters in hohem Maße, wie seine literarische Produktion anschaulich dokumentiert: Enthusiastisch betitelte sich Oswald in der Prachthandschrift seiner Lieder als „*Ritter des allerdurchleuchtigsten Römischen künigs Sigmund*",[39] während ihm Zeiten der Abwesenheit Anlass zu betrübter Klage waren:

der römisch küng hett mein so gar vergessen,
bei dem ich ouch vor zeitten sass
und half das krut auss seiner schüssel essen.
da wider was ich von dem vierst
abgvallen ungemessen.[40]

Sigismund wurde zum Steuermann des Fortuna-Rades das Oswalds Schicksal, im Guten wie im Schlechten, determinierte.

Indem Oswald den luxemburgischen König auf seinen Reisen begleitet, verneint auch er eine Identitätskonstruktion, die sich auf eine statische Heimat beruft. Dass demgegenüber für den Dichter nur ein Prinzip Gültigkeit besitzen konnte, das Identität an Fremde und Weite koppelt, bezeugen zahlreiche Lieder, die sich dieser Thematik verschreiben: Heranzuziehen ist bspw. *Durch Barbarei, Arabia*, eines seiner bekanntesten Reiselieder. Es beginnt mit einer Aufzählung verschiedenster Länder:

Durch Barbarei, Arabia
durch Hermani in Persia
durch Tartari in Suria
durch Romani in Türggia,
[...].[41]

In all diesen Ländern ist Oswald, wie Burghart Wachinger im Kommentar vermerkt, „überwiegend [...], aber wohl nicht ausschließlich [...] gewesen"[42]. Was

eine Deutung offen und bemerkt nur: „doch füllten 300 Gulden nicht *fünfthalb grosser secke* [...]. Hat der König ihm nun noch eine besondere ‚Kriegszulage' bewilligt, oder steckt darin doch etwas anderes?" (MAROLD, 1995, S. 60).

39 Universitätsbibliothek Innsbruck, Handschriftenabteilung, Innsbrucker Liederhandschrift B, fol.1. Einzusehen online über den Server der Universitäts- und Landesbibliothek Tirol: http://www.literature.at/viewer.alo?viewmode=overview&objid=1049609&page, 14.07.2014.

40 Kl.26, 86–90 [Der römische König hatte mich dort ganz vergessen, neben dem ich früher auch gesessen und mit ihm das Kraut aus einer Schüssel genommen hatte. Dagegen war ich (nun) vom First maßlos tief herabgestürzt (A.B.)].

41 Kl.44, 1–5.

42 BRUNNER/WACHINGER, 2007, S. 368. Ein ähnlicher Länderkatalog findet sich auch in Lied Kl.18.

hier, ungeachtet aller historischer Realität, imaginiert wird, ist ein geographisch breites Panorama, das Südosteuropa, das westliche Asien, Nordosteuropa, Spanien sowie Südfrankreich umspannt und in die Beschreibung jener Umgebung mündet, in der Oswald wohl gerade saß und schrieb: der Heimat Tirol.[43] Erst in Kontrast zu diesem genannten Endpunkt, gewinnt der Reisekatalog an Bedeutung: Hier nämlich wuchs nicht seine vormals im Umkreis von *fürsten* und *künigin* erlangte Ehre, sondern nur sein Unglück:

> Wie vil mir eren ie beschach
> [...]
> und was ich freuden ie gesach,
> das büess ich als under ainem dach.
> mein ungemach,
> der hatt ain langes ende.[44]

Das Territorium schien ihm abgeschieden, trostlos und in höchstem Maße eintönig, wie Oswald mittels additiver Reihung unmissverständlich zu verstehen gibt: „*vil hoher berg und tieffe tal,/stain, stauden, stöck, snee stangen,/der sich ich teglich ane zal*".[45] Raum und Zeit sind gewissermaßen in der fortwährenden Wiederholung gefangen und definieren zugleich einen deutlich limitierten Bereich, dem – „*mit dickem wald umbfangen*"[46] – die Einöde auf geistiger Ebene parallel gesetzt wird. Nicht ohne Ironie konstatiert Oswald:

> Mein kurzweil, die ist mangerlai,
> neur esel gesang und pfawen geschrai,
> des wunscht ich nicht mer umb ain ai.
> vast rawscht der bach neur hurlahai
> mein houbt enzwai,
> das es beginnt zu krancken.[47]

---

43 Das Lied entstand wohl 1426/27 als Oswald in Gefangenschaft auf der Burg Hauenstein am Schlern saß (vgl. MAROLD, 1995, S. 152).

44 Kl.44, 31–36 [Was mir an Ehrung zuteil wurde [...] und was ich je an Schönem sah, das büß ich ab in diesem Bau. Mein Unheil hier – es zieht sich lange hin!] Übersetzung hier in Anlehnung an KÜHN, 2000, S. 342, dem es in vielen Liedern gut gelingt den ironischen Ton Oswalds in die nhd. Übertragung aufzunehmen.

45 Kl.44, 24–26 [viele hohe Berge und tiefe Täler, Steine, Stauden, (Wurzel-)Stöcke, Schneestangen, die sehe ich hier unzählig, Tag für Tag (A.B.)].

46 Kl.44, 23.

47 Kl.44, 61–66 [Meine Unterhaltung ist recht vielfältig: nur Eselgesang, Pfauenkreischen – davon hab ich die Nase voll! Der Bach tost mir mit Hurlahei den Kopf entzwei, dass er ganz krank zu werden beginnt (A.B.)].

Das bäuerliche Umfeld mitsamt der Familie wird der adeligen Gesellschaft negativ entgegengestellt. Die Kinder sind nur Lärm in seinen Ohren,[48] so dass er nicht zögert sie „fladenflach" zu schlagen.[49] Statt den hohen und ehrbaren Fürsten[50] begegnete er nur *„kelber, gaiss, böck, rinder/und knospot leut, swarz, hässeleich,/vast rüssig gen dem winder*"[51]. Durch den akzentuierten Gegensatz zwischen Adel und Landbevölkerung wird ein bürgerliches Ideal von Heimat[52] als ein Denkkonzept ausgeschlossen, über das sich ritterliche Identität generieren ließe.

Oswald, dem Ideal des Fahrenden entsprechend, zog es in die Fremde und so imaginierte er sich immer wieder aufs Neue als Ritter, dessen innere Tugenden, wie auch äußere Attribute er rühmend emporhielt. *„Durch abenteuer tal und perg/so wolt ich raisen, das ich nicht verläge*",[53] heißt es in einem seiner Lieder, in deutliche Anspielung auf das *verligen*-Motiv aus Hartmanns von Aue *Erec*, das ihn nichts mehr fürchten ließ, als die heimatliche Untätigkeit. Mit ritterlichen Insignien ausgestattet, zu denen etwa die Sporen gehörten, *„möcht ich mich wol streichen*",[54] gibt er zu bekennen. Werner Paravicini setzt sich in seinem Aufsatz „Fahrende Ritter" mit der Umsetzung dieses fiktiven Ideals[55] in gelebte Wirklichkeit auseinander, an Oswald scheint es in besonderer Weise anschaulich zu

---

48 „[...] *der klainen kindlin schal/mein oren dick bedrangen/hand durchgangen*" (Kl.44, 28–30) [mir haben die Schreie der kleinen Kinder die Ohren oft betäubt, (gar) durchbohrt (A.B.)].

49 *„erzaufft [...] zu ainem zelten*" (Kl.44, 56f.), also wörtlich zu einem ‚Fladenbrot, einem flachen Backwerk' zerrupft.

50 *„den frummen und den weisen,/darzü vil hohen fürsten rain*" (Kl.44, 85f.) [den Anständigen und den Weisen, dazu vielen großen, edlen Fürsten (A.B.)].

51 Kl.44, 46f. [Kälbern, Geißen, Böcken, Rindern und plumpen Leuten, schwarz und hässlich, im Winter ganz verrotzt (A.B.)].

52 Kontrastierend ließe sich hier an ein sentimentales, romantisch-idealisierendes Heimatverständnis denken, wie es etwa in der Zeit des Biedermeier (19. Jhd.) aufkam und epochendefinierend wurde (vgl. dazu: LIPP, 1999, S. 82).

53 Kl.26, 1f. [Um Abenteuer zu erleben wollte ich ausziehen über Tal und Berg, damit ich mich nicht verläge (A.B.)].

54 Kl.16, 36 [wäre ich schön herausgeputzt (A.B.)].

55 Zur Zusammensetzung dieses Ideals schreibt Werner Paravicini präzisierend: „Jugend und Alter, Freiheit und Knechtschaft, Gefahr und Langweile, Mut und Feigheit, Bewährung und Versagen, Aufstieg und Stillstand, Ruhm und Vergessen, ‚Abenteuer' und Arbeit, Gut und Böse werden in diesem Bild wie in einer Formel kontrastierend zusammengezwungen" (PARAVICINI, 2000, S. 206).

werden: „Es ist so, als wollte die Fiktion Wirklichkeit werden und das Spiel sich in Ernst verwandeln".[56]

Es wäre falsch zu behaupten, dass Oswald die Fremde grundsätzlich der Heimat vorzog und verherrlichend pries,[57] insofern sie aber (überhaupt erst) die Möglichkeit bietet ritterlich-adeliger Gesellschaft beizuwohnen, muss sie stets als erstrebenswertes Ziel betrachtet werden. Was Oswald unter höfischem Glanz verstand, hebt er in verschiedenen Liedern über das sprachlich-stilistische Mittel der kontrastiven Gegenüberstellung hervor: Lied Kl.26 lässt „*Peter Haitzer*[58] *und sein weib,/ Planck und ain schreiber*"[59] dem „*phalzgraf von dem Rein*"[60] entgegentreten, wobei sich die erstgenannte Gruppe einzig über ihr unanständiges Gebaren charakterisiert[61], aus der sich Letztgenannter dadurch als besonders hervortut, dass er „*was tëglich trunken*"[62]. Gesellschaftliche Nähe, die in Bezug auf den Adel erstrebt wurde und im Bild der gemeinsamen Nahrungsaufnahme ihren positiven Ausdruck fand,[63] erlebt der Dichter nun unter Bezug auf eben dieses Ritual als unzumutbaren Zustand: „*Die machten grausen meinen leib,/wenn wir das brot zesamen wurden duncken.*[64] Der Vergleich kulminiert in der ironischen Phrase: „*wie gleich der falck den kelbern was!*"[65], die den scharfen Kontrast noch einmal

56 Ebd., S. 208, und den Übergang weiter erläuternd: „Diese Leute hatten offensichtlich alle die Sehnsucht, irgendwann einmal die ideale Lebensform, von der sie gehört hatten, die Teil ihrer selbst geworden war, auch zu verwirklichen" (ebd., S. 241). Der fahrende Ritter, hebt Paravicini als ein Charakteristikum hervor, „hat die vertraute Welt der Heimat, die geordnete Welt verlassen, ist in der Fremde, im Wald, im Gebirge und vielleicht sogar in einem Zauberreich" (ebd., S. 205).

57 Negative Assoziationen werden etwa in Lied Kl.33 deutlich, das die ungarischen Herbergen im Winter beschreibt.

58 Nicht eindeutig zu klären ist, inwiefern der Eigenname hier zugleich auf die Berufsbezeichnung des Stubenheizers referiert (vgl. WACHINGER, 2007, S. 372).

59 Kl.26, 71f.

60 Kl.26, 83.

61 „*simm, ainer kotzt, der ander hielt/den bomhart niden mit der langen mässe*" [brrr, einer kotzte, der andere spielte den Bass dazu mit langen Noten] (Kl.26, 75f.). Vgl. in ähnlichem Tonfall das Lied Kl. 45, in dem Oswald einen Besuch in einem Überlinger Gasthaus besingt (hier: bes. Str.III).

62 Kl.26, 72 [täglich betrunken war (A.B.)].

63 Vgl. Anm. 40.

64 KL.26, 73f. [die ekelten mich fürchterlich, wenn wir das Brot zusammen in die Schüssel tunkten (A.B.)].

65 Kl.26, 85 [wie ähnlich doch der Falke den Kälbern war (A.B.), Burghart Wachinger übersetzt hier etwas freier, dabei aber die Ironie explizit herausstellend: „Lässt sich der Falke denn mit Kälbern vergleichen?" (WACHINGER, 2007, S. 211).

herausstellt, den der Dichter auch in Lied Kl.25 inszeniert. In Form eines dialogischen Streitgesprächs bringt dieses einen *hofman*[66] mit einem reichen *burger* ins Gespräch. In der hitzigen Debatte, die vor den gerechten Augen einer alten Dirne ausgetragen wird, geht es um die Frage, „*welcher bas möcht geben/den freulin hohen müt*“[67]. Dabei ergreift der Dichter deutlich Sympathie für den Ritter, der, so Werner Marold, „manche Züge trägt, die sehr wohl auf Oswald zutreffen“[68]. Als Ritter erweist sich, wer sich durch persönliche Fähigkeiten auszeichnet, zu denen singen und musizieren genauso gehören wie reiten, tanzen und sich als tapfer und heldenhaft im Turnier zu zeigen. Das Herz der edlen Dame, so versichert der *hofman*, „*mag nicht emberen,/ wann si mich frölich sicht/verwegenlichen sprengen/ über ainen graben tieff*“,[69] wohingegen der Bürger einzig mit seinem gefüllten Geldbeutel zu prahlen weiß: „*ich hab ain peutel frechen,/darin stoss ich mein hand,/ gold, silber, edel gestaine/zeuch ich daraus genüg*“.[70] Ritterliche Identität wird hier über Haltung und Verhalten sowie einen angemessenen Umgang mit den höfischen Lebensformen geformt. Sie speist sich aus einem immateriellen Wertepool, auf den auch Werner Hechberger sich bezieht, wenn er das Rittertum als „ideelle Gemeinschaft“ definiert, die „den Einschildritter aus der Ministerialität ebenso wie die hohen Adeligen und den König ein[schloss].“[71]

Wie sich Oswald diese ritterlich-immateriellen Werte zu eigen machte, gar auf sich projizierte, vermag auch seine berühmte Selbstdarstellung zu dokumentieren. Das Porträt in der Innsbrucker Liederhandschrift (B) zeigt ihn mit dem Kannen- und Greifenorden, zu dessen Ornat eine goldene Kette mit angehängtem Greif und eine weiße Schärpe mit dem Symbol einer mit Lilien gefüllten Kanne gehören.[72] Zudem war Oswald seit 1431 Teil der ungarischen Drachenrittergesellschaft

66 Hier: einen höfischen Ritter.

67 Kl.25, 5 [wer die jungen Damen besser erfreuen könnte (A.B.)].

68 MAROLD, 1995, S. 90. Die Kupplerin spricht dem Bürger den Sieg im Rededuell zu, denn „*kain besser lieb nicht walte/wann silber oder gold*“ (Kl.24, 91f.) [Es gibt keine bessere Liebe, als die zu Silber oder Gold (A.B.)], der Schlussvers aber – der die Bewertungskompetenz der alten Frau abstuft, indem er sie mit einer schnatternden Ente vergleicht – macht deutlich, dass Oswalds Sympathie dem Kontrahenten gebührt.

69 Kl.25, 51–54 [(ihr Herz) besteht darauf, mich frohgemut, draufgängerisch über einen tiefen Graben springen zu sehen (A.B.)].

70 Kl.25, 83–86 [Ich besitze einen dicken Beutel, in den stoße ich meine Hand. Gold, Silber und Edelsteine, ziehe ich daraus genug hervor (A.B.)].

71 HECHBERGER, 2010, S. 36; der auch betont, dass realgeschichtlich zweifelsohne nicht übersehen werden darf, „dass die soziale Heterogenität dieser Gemeinschaft groß war"(ebd.).

72 Vgl. auch Kl.26,7f.

(*societas dragonis*)[73], dessen Aufnahme ihm Sigismund vermutlich auch aus Dank für seine Sangeskünste zusprach.[74] Sie stellte ein effizientes Mittel dar, um hohe Adelige und auswärtige Herrscher zu binden und verfolgte zugleich das übergeordnete Ziel, sich für den Schutz der Christenheit und zur Bekämpfung der Heiden und Häretiker einzusetzen. Wie die kapitelmäßigen Hochadelsorden fungierten auch die kleinen Orden als politische Instrumente und Zeichen eines solidarischen Gemeinschaftsbundes, der durch die Verpflichtung auf die Ideale der Ritterschaft einen ortsungebundenen Bezugsraum konstruierte.[75] Auch hier folgt Oswald entsprechend einem Modell der Identitätskonstruktion, das über eine gesamteuropäisch ausgerichtete Wertewelt aufrechterhalten wird und aus der der Dichter seine eigene Existenz ableitete. Derartige Auszeichnungen ermöglichten ihm seine ritterliche Gesinnung nach außen hin sichtbar zu machen,[76] was ihn offensichtlich mit Stolz erfüllte. Lied Kl.19 beschreibt, wie ihm zwei Königinnen zur Ehrung „*zwen guldin ring*" in Bart und Ohren stecken, während der König ihm ein „*gewant, von golde rot*" um die Schultern legt, in dem er sich offensichtlich sehr gefiel, denn er kommentiert die Szene mit den Worten: „*dorinnn kund ich wol swanzen/und haidnisch singen, tanzen*".[77]

---

73 Auch Gesellschaft des Wurms oder des Lindwurms; Vgl. zu den Ritterorden auch: KRUSE u. a., 1991, S. 230.

74 Die Auszeichnung wurde Oswald bei der Begleitung Sigismunds auf seiner Reise nach Westeuropa verliehen, wobei das Kreuz eine Mitgliedschaft im engeren Kreis bezeugt (vgl. dazu KRUSE u. a., 1991, 233).

75 Der starke Zusammenhalt der Mitglieder der Gemeinschaft drückt sich auch in den Versprechen aus, auf die sie sich mit dem Eintritt verpflichten: neben der Geheimhaltung vertraulicher Dinge (*conciliaque secreta in secreto tener*), der Verpflichtung zu Treue, wahrer und reiner Brüderlichkeit untereinander (*veram et puram fraternitam*), versprechen die Mitglieder u. a. auch „am Begräbnis eines verstorbenen Mitglieds persönlich teilzunehmen oder ersatzweise dreißig Messen für den Verstorbenen lesen zu lassen, für jedes verstorbene Mitglied einen Tag lang Trauer zu tragen und das Trauergewand danach den Armen zu geben" (KRUSE u. a., 1991, S. 245).

76 Auch der bereits 1408 von Oswald in Auftrag gegebene Gedenkstein im Brixener Dom ist Ausdruck dieser Selbststilisierung, durch die sich Oswald als Kreuzritter imaginiert: Die Selbstdarstellung zeigt „eine[n] fesche[n] Kreuzfahrer[…] mit gezwirbeltem Schnurrbart, gewelltem Kinnbart, onduliertem Haar, mit Harnisch, Kampfrock, Rittergurt und Langschwert, in der rechten Hand ein Kreuzfahrerwimpel, in der linken ein Helm mit gewundenen Hörnern […]" (KÜHN, 2000, S. 71).

77 Im Kommentar bei Werner Marold heißt es zu dieser Passage: Wenn auch Sigismund beim Anblick Oswalds […] das Lachen unterdrücken musste […], so hat er doch, wohl als er den Stolz des Dichters auf diese Ehrung sah, offenbar gern geholfen, die

V.

In der Forschung, die sich insbesondere auf das politische Wirken Sigismunds im Reich fokussiert hat, wird der Kontakt zwischen Dichter und König zumeist als klar hierarchisch bewertet und Oswald entsprechend als nebensächliche ‚Spielfigur' auf dem Schachbrett des Königs betrachtet. Wilhelm Baum vertritt diesen Standpunkt, wenn er den Dichter als „untergeordnete[n] ‚Rat und Diener' des Königs"[78] betitelt, als „Randfigur"[79], der in wichtigen Schreiben keinerlei Erwähnung fand. Er bestärkt seine Betrachtung unter Bezugnahme auf ein Kryptoporträt der Altartafel in der Dortmunder Reinoldikirche: Oswald kniet hier vor Sigismund, der als Pilatus dargestellt ist.[80] Die Unterwerfung, die Baum als „schöne[n] Beweis für die Rolle, die der Dichter am Hofe des Königs spielte"[81] deutet – nämlich so gut wie gar keine – muss jedoch ambivalenter bewertet werden. Eine solche Geste, die nicht *per se* als Ausdruck von Schwäche und Unterlegenheit verstanden werden kann, markiert zwar keine Ebenbürtigkeit, doch aber jene unmittelbare Nähe zum Herrscher, die für den Ritter erstrebenswert war und ihn als für seinen Stand bereits vergleichsweise ‚groß' erscheinen ließ.[82] Das Näheverhältnis zu erfassen, so sollte deutlich geworden sein, erfordert die Ebene des materiell-dokumentarischen zu überschreiten. Dass etwa das ‚geistige Band' zwischen den beiden über die Jahre nie abriss, auch wenn es streckenweise nicht genau nachzuverfolgen ist, begründet sich wesentlich aus den gemeinsamen ritterlich-adligen Zielvorstellungen, die sie teilten und gleichermaßen vehement nach außen vertraten.[83] Oswalds poetische Reflexionen machen es uns möglich den Ansatz dieses Bandes zu fassen zu bekommen: In Lied Kl.98 bspw. besingt

---

Verkleidung zum *haidnischen freien* zu vervollständigen. Seinen Spaß wird er schon daran gehabt haben" (Marold, 1995, S. 58).

78 BAUM, 1987, S. 205.

79 Ebd., S. 211.

80 So die Deutung des Altarbildes von Wolfgang Rinke (RINKE, 1985, S. 15 u. 22).

81 BAUM, 1987, S. 213.

82 Diese Deutungsrichtung legt auch das Kryptoporträt „Kreuzigung im Gedränge" des Thomas von Klausenburg nahe, das Oswald (als Longius) und Sigismund (als röm. Hauptmann) als gemeinsame Kämpfer der christl. Kirche darstellt (vgl. dazu NEUHAUS/NEUHAUS, 1990, 186f.). Zu denken wäre zudem an Darstellungen vor der Christusfigur kniender Stifter, deren Position Ausdruck einer unbedingten Heilsrelation ist.

83 Es würde lohnen, hier auch den Aspekt der Mehrsprachigkeit, als Ausdruck eines Denkens über Landes- und Reichsgrenzen hinaus, näher zu untersuchen, der sich sowohl in Sigismunds Sprachkompetenz als auch in den polyglotten Liedern Oswalds

er die weihnachtlichen Tage in Konstanz 1431, hebt dabei auch verherrlichend die Abende in der Trinkstube hervor. Als Zeuge dokumentierte er den festlichen Einzug Sigismunds in Perpignan[84] und vertrat dessen politische Position, wenn er in Lied Kl.27 spöttisch Anklage gegen Jan Hus, die *grobe[...] ganns*,[85] erhebt. Oswald rechnet sich hier zum Kreis jener, deren Gesinnung er in den höchsten Tönen preist.

Wie eng dieses Band war, wird auch daran deutlich, dass Oswald nicht zum Kreis der fahrenden Berufssänger gehörte, die aufgrund ihrer kleinbürgerlichen Herkunft zwingend auf Gönner und Mäzene und deren dichterischen Lobpreis angewiesen waren, um sich künstlerisch Ausdruck zu verschaffen. Oswald sang und textete für Sigismund und sein Gefolge nicht in einer politisch-dokumentierenden Weise – „keine gereimte Chronik des Konzils, oder der Vorgänge in Perpignan [...] kein einziges Huldigungslied auf König Sigmund"[86]. Oswalds Lieder sind vielmehr immer auch wertende Schilderungen und Reflexionen subjektiv-persönlicher Eindrücke, was sie zu einem derart wertvollen Beleg für Prozesse der mittelalterlichen Identitätsbildung macht.

VI.

Identität, so lässt sich an Sigismund und Oswald zeigen, wird erzeugt über Werte und Ideale, über eine bestimmte Lebensweise, Fähigkeiten und Fertigkeiten und über Zugehörigkeiten (zu einem Stand, einem Hof, einem ritterlichen Orden). Diese Marker sind Teil der sozialen Anerkennung und Ausdruck der Teilhabe an einem ritterlich-adeligen Denkkonstrukt; denn mittelalterliche Identität ist in hohem Maße kollektiv, nicht individuell, wird nicht über sprachliche Abgrenzung, räumliche Begrenzung oder staatliche Einheiten definiert. Zugleich verlangt mittelalterliche Identität in einer „Welt vorherrschender Dinglichkeit"[87], in einer Epoche, die ihr Denken noch stärker nach nicht-abstrakten Strukturen organisiert, nach Repräsentation und sichtbarer bzw. abbildbarer Vergegenwärtigung zur Aufrechterhaltung und Verteidigung ihrer zentralen Werte.

---

abbildet. Vgl. hierzu als ersten Ansatz: „Oswald von Wolkenstein's multilingual songs in european context" (MURRAY, 2013).

84 Kl.19, 25–37.

85 Die Gans tritt hier den *edel geviecht der cristenhait* (Kl.27, 32) [den edlen Tieren der Christenheit (A.B.)] entgegen. Eine Anspielung auf die Hussiten, die sich aus dem Tschechischen (‚Hus' = Gans) ergibt (vgl. HOFMEISTER, 2011, S. 98, Anm.147).

86 KÜHN, 1977, S. 162.

87 CZERWINSKI, 1993, S. 22.

Mögen doch viele so gedacht haben wie ein Oswald, erzeugt der Dichter, indem er die ritterlich-adeligen Ideale in Verse aufs Pergament transponiert, erst *Memoria*, im Sinne einer beständigen Erinnerung, in der vermittelten Form des schriftlichen und damit dauerhaft fixierten Textes. Auch mag es eine Reihe an mittelalterlichen Königen gegeben haben, die Sigismunds Perspektive vertraten, doch kaum einer hat so konsequent an den internationalen Beziehungen nach außen gearbeitet und damit in einer Art ‚Personalmemoria' zur Ausstellung des adeligen Körpers und damit zum Erhalt der mit ihm verbundenen Werte beigetragen:[88] Das luxemburgische Adelshaus bildete seine Identität nicht am Platz, sondern wollte in die Welt hinaus wirken.

Beide, Oswald wie Sigismund, können daher mit den ihnen jeweils zur Verfügung stehenden Mitteln als herausragende Zeitgenossen ihrer Epoche und Vertreter des Gedankens einer gesamteuropäischen ritterlich-adeligen Identitätskonstruktion gelten. Beide agieren – das ist nicht zu leugnen – zunächst aus persönlichen Interessen (Oswald will Aufstieg und Teilhabe, Sigismund will Macht[89]), doch gerade in der Vehemenz, mit der sie ihre Ziele zu verwirklichen suchten, zeigt sich, was Identität ausmacht: Identität führt und muss im Mittelalter über das rein Persönliche hinausführen und dabei auch nationale Grenzen überschreiten.[90]

Der Vergleich des mittelalterlichen mit einem neuzeitlichen, realhistorischen Identitätsverständnis legt offen, dass das Mittelalter bereits eine ungemein moderne Denkweise vertrat: Denn, gewiss überspitzt und in verändertem Kontext, so kann doch mit Recht formuliert werden, dass die vielbeschworene und geforderte post-nationale Identität, die das Bild einer transnationalen Gemeinschaft entwirft,

---

88 Dabei mag Sigismund, der dem Typ eines „körperlich attraktiven, ritterlichen Herrschers [entsprach], der den Turniersport und den Glanz höfischer Feste liebte" (KINTZINGER, 2003, S. 464) auch die nötige Aura gehabt haben, um mit seinem Auftreten Präsenz zu erzeugen.

89 Zurecht weist auch Martin Kinzinger darauf hin, dass diese Einschätzung jedoch allzu oft den alleinigen Fokus bildet: „Bis heute dominiert seine Einschätzung als unberechenbarer Machtpolitiker und Abenteurer, skrupelloser Taktiker und Interessenpolitiker" (Ebd., S. 462).

90 Die Verarbeitung und Ausgestalung des Konzept im Bereich der fiktionalen Literatur, ließe sich insbesondere anhand der Gattung des mhd. bzw. fnhd. Aventiure-/Reiseromans weiter untersuchen. An dieser Stelle sei lediglich angedeutet, dass hier, im Gegensatz zum klassischen Artusroman, eine Grenzüberschreitung nicht aufgrund einer Verfehlung erfolgt, sondern die Fremde in bewusster und positiver Erwartung aufgesucht wird (dies gilt bspw. für Konrads Fleck „Flore und Blanscheflur" dessen Protagonist die Minne mit der Geliebten erstrebt, genauso wie für Fortunatus, der im gleichnamigen Werk der materiellen Not und Angst entflieht).

als Anknüpfung an die Idee prä-nationaler, mittelalterlicher Identität zu begreifen ist bzw. dieser doch recht nahe kommt.

Heute diskutieren wir Identität zumeist unter den Bedingungen und Anforderungen, die sich im Zuge der politischen Entwicklung, insbesondere der Globalisierung, stellen[91]. Stets sollte dabei aber die Erinnerung aufrechterhalten werden, dass die zeitgeschichtliche Vision eines geeinten, gemeinsamen Europas, für die ein Projekt wie die Europäische Union eintritt, auf einen Gedanken zurückgeht, der zu den Ursprüngen unserer Kultur führt, im Mittelalter gewissermaßen vorgedacht und bereits in Ansätzen implementiert wurde.[92]

Die knappe Studie zur Person des luxemburgischen Königs Sigismund, seines Hofdichters Oswald sowie die Analyse ihres beidseitigen Wirkens, vermittelte und schärfte in exemplarischer Weise ein Bewusstsein für die adelig-ritterliche, europäische Gemeinschaft, die bereits im Mittelalter erstrebt wurde. Sie lässt uns die heutige Vorstellung von Europa viel mehr als Kontinuum eines vorskizzierten Entwurfs, denn als Abgrenzung zu einem damaligen Europa begreifen. Gerade vor diesem Hintergrund verlangt die tagespolitisch-gesellschaftliche Debatte, den Blick – im Sinne eines ‚zurück in die Zukunft' – auf die mittelalterliche Geschichte zu werfen, von der sie stärker durchdrungen ist, als sich dies oftmals auf der Oberfläche abzuzeichnen vermag.

---

91 Erinnert sei etwa an Jürgen Habermas, der sie in seiner Arbeit „Postnationale Konstellation und die Zukunft der Demokratie" im Hinblick auf das demokratische Bewusstsein der Bürger erörtert (HABERMAS, 1998).

92 Michel Pauly, an diese fundamentale Feststellung anknüpfend, betont daher zu Recht: „Dieses Interesse für europäische Geschichte des Mittelalters ist auf makropolitischer Ebene von Bedeutung in Zeiten, wo sich so mancher Westeuropäer den neuen zentral- und osteuropäischen Bundesländern gegenüber noch reserviert verhält. Es ist auf mikropolitischer Ebene wichtig, wenn man feststellt, dass selbst die Entscheidungsträger der Universität Luxemburg von den Historikern verlangen, ihre Forschung und Lehre auf europäische Zeitgeschichte zu beschränken." (PAULY, 2006, S. 6) Die spezifischen Betrachtungen knüpfen an die bereits von Jacques Le Goff formulierte (Titel-)These der „Geburt Europas im Mittelalter" an (LE GOFF, 2004).
Grundlegend auch die Überlegungen Michael Mittenauers, der ebenfalls dafür plädiert, dass schon das Mittelalter den Gedanken der europäischen Gemeinschaft vertritt (MITTENAUER, 2003, bes. S. 8).

Bibliographie

Textausgabe

KLEIN, KARL KURT: Die Lieder Oswalds von Wolkenstein (Altdeutsche Textbibliothek Nr. 55), 3., neubearbeitete Aufl., Tübingen 1987.

Sekundärliteratur

BAK, JÁNOS M.: Sigismund von Luxemburg. 450 Jahre nach seinem Tod, in: Sigismund von Luxemburg. Kaiser und König in Mitteleuropa (Studien zu den Luxemburgern und ihrer Zeit 5), hg. von JOSEF MACEK u. a., Warendorf 1994, S. 347–352.

BAUM, WILHELM: Kaiser Sigismund von Luxemburg und Oswald von Wolkenstein, in: Jahrbuch der Oswald von Wolkenstein-Gesellschaft 4 (1987), S. 201–228.

BRUNNER, HORST/WACHINGER, BURGHART: Oswald von Wolkenstein. Lieder (RUB 18490), Stuttgart 2007.

BUSCHINGER, DANIELLE: Einige Bemerkungen zum Begriffsfeld ‚Nation' im Mittelalter. Von der natio zur Nation, in: IABILIS – Jahrbuch für europäische Prozesse (2005), URL: http://www.iablis.de/iablis_t/2005/buschinger05.html, 11.07.2014.

CZERWINKI, PETER: Gegenwärtigkeit. Simultane Räume und zyklische Zeiten, Formen von Regeneration und Genealogie im Mittelalter. Exempel einer Geschichte der Wahrnehmung, Bd.2, Frankfurt 1993.

EAKIN, PAUL JOHN: Living autobiographically. How we create identity in narrative, Ithaca 2008.

ERLL, ASTRID u. a.: Literatur – Erinnerung – Identität. Theoriekonzeptionen und Fallstudien (Studies in English literary and cultural history 11), Trier 2003.

HABERMAS, JÜRGEN: Die postnationale Konstellation. Politische Essays (Edition Suhrkamp 2095), Frankfurt 1998.

HECHBERGER, WERNER: Ministerialität und Rittertum im Mittelalter (Enzyklopädie deutscher Geschichte 72), 2. Aufl., München 2010.

HOENSCH, JÖRG K.: Itinerar König und Kaiser Sigismunds von Luxemburg. 1368–1437 (Studien zu den Luxemburgern und ihrer Zeit 6), Warendorf 1995.

– König/Kaiser Sigismund (1410/11–1437), in: Die Luxemburger. Eine spätmittelalterliche Dynastie gesamteuropäischer Bedeutung 1308–1437, hg. von DEMS., Stuttgart 2000, S. 234–286.

HOFMEISTER, WERNFRIED: Oswald von Wolkenstein: Das poetische Werk. Gesamtübersetzung in neuhochdeutsche Prosa mit Übersetzungskommentaren und Textbibliographien, Berlin 2011.

KAMINSKY, HOWARD: Europe in the time of Sigismund, in: Sigismund von Luxemburg – ein Kaiser in Europa. Tagungsband des internationalen historischen und kunsthistorischen Kongresses in Luxemburg, 8.-10. Juni 2005, hg. von MICHEL PAULY/FRANÇOIS REINERT, Mainz 2006, S. 7–15.

KINTZINGER, MARTIN: Sigmund (1410/1411–1437). Mit Jobst von Mären (1410–11), in: Die deutschen Herrscher des Mittelalters. Historische Portraits von Heinrich I. bis Maximilian I., hg. von BERND SCHNEIDMÜLLER/STEFAN WEINFURTER, Darmstadt 2004, S. 462–485.

KOENIGSBERGER, HELMUT: *Dominium Regale* or *Dominium Politicum et Regale*. Monarchies and Parliaments in Early Modern Europe, in: Politicians and Virtuosi. Essays in early modern history (History series 49), hg. von DEMS., London 1986, S. 1–26.

KÖHLER, ERICH: Ideal und Wirklichkeit in der höfischen Epik. Studien zur Form der frühen Artus- und Graldichtung (Beihefte zur Zeitschrift für romanische Philologie 97), 2., erg. Aufl., Tübingen 1970.

KÜHN, DIETER: Ich Wolkenstein. Eine Biographie, 4. Aufl., Frankfurt 2000.

KRUSE, HOLGER u. a.: Ritterorden und Adelsgesellschaften im spätmittelalterlichen Deutschland. Ein systematisches Verzeichnis (Kieler Werkstücke: Reihe D, Beiträge zur europäischen Geschichte des späten Mittelalters 1), Frankfurt 1991.

LE GOFF, JACQUES: Die Geburt Europas im Mittelalter. München 2004.

LIPP, WOLFGANG: Heimat – Nation – Europa. Wohin trägt uns der Stier?, Würzburg 1999.

MAROLD, WERNER: Kommentar zu den Liedern Oswalds von Wolkenstein (Innsbrucker Beiträge zur Kulturwissenschaft: Germanistische Reihe 52), Innsbruck 1995.

MITTENAUER, MICHAEL: Warum Europa? Mittelalterliche Grundlagen eines Sonderwegs, München 2003.

MURRAY, DAVID: Oswald von Wolkenstein's multilingual songs in european context. Theory and practice, in: German Life and Letters 66/1 (2003), S. 350–367.

NEUHAUS, MONIKA/NEUHAUS, WALTER: Oswald von Wolkenstein in Ungarn. Zu einem Kryptoporträt des Tiroler Dichters auf dem Alter des Thomas von Klausenburg, in: Veröffentlichungen des Tiroler Landesmuseums Ferdinandeum 70 (1990), 183–196.

NEUMANN, BIRGIT: Erinnerung – Identität – Narration. Gattungstypologie und Funktionen kanadischer „Fictions of Memory", Berlin 2005.

PARAVICINI, WERNER: Fahrende Ritter. Literarisches Bild und gelebte Wirklichkeit im Spätmittelalter (Eichstätter Kolloquium 8), in: Mittelalterliche Menschenbilder, hg. von MARTINA NEUMEYER, Regensburg 2000, S. 185–205.

PAULY, MICHEL: Sigismund und Europa, in: Sigismund von Luxemburg – ein Kaiser in Europa. Tagungsband des internationalen historischen und kunsthistorischen Kongresses in Luxemburg, 8.-10. Juni 2005, hg. von MICHEL PAULY/FRANCOIS REINERT, Mainz 2006, S. 3–6.

PEYER, HANS CONRAD: Das Reisekönigtum des Mittelalters, in: Vierteljahrschrift für Sozial- und Wirtschaftsgeschichte 51 (1964), S. 1–21.

PLANERT, UTE: Nation und Nationalismus in der deutschen Geschichte, in: Aus Politik und Zeitgeschichte 39 (2004), S. 11–18.

RINKE, WOLFGANG: Das Tafelgemälde ‚Anklage, Verhör und Verurteilung Jesu' in St. Reinoldi zu Dortmund. Zugleich ein Beitrag zur Ikonographie Oswald von Wolkensteins, in: Jahrbuch der Oswald von Wolkenstein-Gesellschaft 4 (1986/87), S. 175–199.

SCHWEDLER, GERALD: Rituelle Diplomatie. Die persönlichen Beziehungen Sigismunds von Luxemburg zu benachbarten Königen und den Herrschern des Balkans, in: Kaiser Sigismund (1368–1437). Zur Herrschaftspraxis eines europäischen Monarchen. (Forschungen zur Kaiser- und Papstgeschichte des Mittelalters 31, Beihefte zu J. F. Böhmer, Regesta Imperii 31), hg. von KAREL HRUZA/ALEXANDRA KAAS, Wien 2012, S. 411–427.

SCHWOB, ANTON: Der Dichter und der König. Zum Verhältnis zwischen Oswald von Wolkenstein und Sigismund von Luxemburg, in: Sigismund von Luxemburg. Kaiser und König in Mitteleuropa (Studien zu den Luxemburgern und ihrer Zeit 5), hg. von JOSEF MACEK u. a., Warendorf 1994, S. 201–220.

THOMAS, H.: Translatio imperii, in: Lexikon des Mittelalters, Bd. 10, Stuttgart [1977]-1999, Bd. 8, Sp. 944–946.

WEFERS, SABINE: Das politische System Kaiser Sigismunds (Veröffentlichungen des Instituts für Europäische Geschichte Mainz 138), Stuttgart 1989.

Heinz Sieburg

Welterfahrung, Gotteserfahrung, Selbsterfahrung: Zum Motiv des Reisens in der deutschen Literatur des Mittelalters

Not only in view of current times, travelling is a crucial precondition for the creation of realms of experience. Being a constitutive structural principle of literature, but also as a real phenomenon, already in the Middle Ages travelling provides ways of extending one's horizon. Most of all in literature the motif of travelling is made productive in the most different ways.

Reisen ist nicht erst mit Blick auf die Gegenwart eine wesentliche Voraussetzung zur Herstellung von Erfahrungsräumen. Als konstitutives Strukturprinzip der Literatur, aber auch als vielschichtiges reales Phänomen eröffnet das Reisen bereits im Mittelalter Wege der Horizonterweiterung. Während aber modernes Reisen oft Urlaubszwecken dient, ferne Länder innerhalb weniger Flugstunden komfortabel erreichbar sind und eine rückbindende Kommunikation mit der ‚Heimat' zur Selbstverständlichkeit geworden ist, ist für den Menschen des Mittelalters Reisen zu Urlaubs- und Erholungszwecken noch kaum im Bereich des auch nur Vorstellbaren[1]. Reisen im Mittelalter konfrontiert dagegen vielfach mit unterschiedlichsten Gefahren und Bedrohungen. Insbesondere die Literatur gewinnt hierdurch ein Motiv, das in unterschiedlichster Weise produktiv gemacht wird.

Obwohl der überwiegende Anteil der zumeist ländlichen Bevölkerung sich kaum über die engeren Grenzen der eigenen Arbeitswelt hinaus bewegt haben dürfte, bestanden im Mittelalter bereits zahlreiche Anlässe für Reisen. Reichert[2] verweist in diesem Zusammenhang auf unterschiedliche gesellschaftliche Gruppen von Reisenden und entsprechend unterschiedliche Reise-Motivationen. Das betrifft an der Spitze die Herrscher, die noch nicht über eine feste Residenz verfügten, sondern Herrschaft im Wechsel an unterschiedlichen Orten ausübten, wofür eine stetiges Reisen unabdingbar war und der Begriff der ‚Reiseherrschaft' steht. Hinzu kommen Ritter, die sich als *milites Dei* verstanden, und die das Reisen – durchaus im Einklang mit dem literarischen Vorbild der

1 REICHERT, 2001, S. 13, gibt hier als Gegenbeispiel die „Bade- und Vergnügungsreisen, die ein Abt von Salem" unternommen haben soll, allerdings „zum Mißfallen seiner Zeitgenossen".

2 Ebd. S. 12–15.

Aventiurefahrt – als Bedingungsrahmen eigener Bewährung und christlicher Pflichterfüllung verstanden. Orte hierfür waren vor allem die Gebiete der ‚Heidenschaft', die im mittelalterlich christlichen Verständnis weitgehend deckungsgleich mit dem islamischen Herrschaftsbereich waren. Als ‚Bewährungsorte' galten damit Spanien, Kleinasien und Nordafrika (neben z. B. Litauen). In der mittelalterlichen Literatur finden sich zahlreiche Beispiele, die dieses thematisieren. So etwa das *Rolandslied des Pfaffen Konrad*, für das als historischer Bezugspunkt der Versuch Karls des Großen anzusetzen ist, das fränkische Reichsgebiet auf das damals muslimische Spanien auszudehnen. Auch das (lyrische) Kreuzlied lässt sich hier verorten. Zentrales Motiv ist hier die spannungsvolle Verknüpfung von religiöser Pflicht (Kreuzzug) und Minnedienst gegenüber der *vrouwe*, die als Antagonismus zwischen *lîp* (Leib) und *herze* gestaltet ist: „*Mîn herze und mîn lîp die wellent scheiden, die mit ein ander wâren nu menige zît. der* lîp wil *gerne vehten an die heiden, iedoch dem herzen ein wîp sô nâhen lît vor al der werlte.*"[3] Nicht auf die Ebene des Adels beschränkt waren Pilgerfahrten, die im Mittelalter ebenfalls ein bereits verbreitetes Phänomen darstellten.

Dem Klerus (wie auch den sonstigen Gelehrten) stand dabei grundsätzlich das Lateinische als *lingua franca* zur Verfügung. Wo es aber um die im Frühmittelalter einsetzenden Missionsbewegungen und Klostergründungen ging, waren Übersetzungen in die jeweiligen Volkssprachen aus Gründen der Verständnissicherung und Glaubensvermittlung unerlässlich. Diese konnten sich auf einzelne, punktuelle Übersetzungen, sog. Glossen, beziehen wie auch auf die gesamthafte Übertragung zentraler religiöser ‚Gebrauchstexte' (z. B. Vaterunser, Taufgelöbnis). Früheste Belege einer althochdeutschen Glossierungstätigkeit finden sich im 697/98 von Willibrord gegründeten Luxemburger Kloster Echternach. Bereits aus der ersten Hälfte des 8. Jahrhunderts stammen hier die, mutmaßlich von irischen bzw. englischen Mönchen ins Maihinger Evangeliar eingetragenen 23 volkssprachlich-althochdeutschen (Griffel-)Glossen, die neben gut einem Dutzend – der Herkunft der Mönche entsprechend – insularen altenglischen Glossen dieses Typs stehen.[4] Neben seiner Bedeutung als ältestes Sprachdokument des Althochdeutschen ist das Maihinger Evangeliar – durchaus neben anderen Codizes aus Luxemburg, vor allem dem Echternacher Evangeliar – auch als ein wichtiges Zeugnis frühmittelalterlicher Reisetätigkeit zu betrachten.

---

3 Friedrich von Hausen, zitiert nach der Ausgabe BRACKERT, 2008, S. 40. Übersetzung: ‚Mein Herz und mein Leib, die wollen sich trennen, die schon so lange beieinander gewesen sind. Den Leib drängt es, gegen die Heiden zu kämpfen, indessen hängt das Herz vor aller Welt ganz fest an einer Frau.' (BRACKERT, 2008, S. 41)

4 Vgl. hierzu etwa GLASER/MOULIN-FANKHÄNEL, 1999.

Daneben sind (hohe) Geistliche und Gelehrte als mittelalterliche Reisende zu identifizieren, sei es im Zusammenhang mit Konzilien, Prediger-, Missions- oder auch Inspektionsreisen, sei es durch Verpflichtungen an unterschiedlichen Universitäten oder auch in diplomatischen Diensten. Unter Umständen konnten diplomatische Tätigkeiten und dichterisches Schaffen auch in einer Person zusammentreffen, wie das Beispiel Oswald von Wolkenstein beweist. Überhaupt müssen auch die mittelalterlichen Dichter, sofern sie als ‚fahrende Sänger' zu betrachten sind, als von berufswegen mobil angesehen werden. Ein bekanntes Beispiel hierfür ist Walther von der Vogelweide.

Berufsreisende waren daneben vor allem auch Fernkaufleute. Handelsinteressen und Unternehmergeist bedingten hier notwendigerweise die regelmäßige Überwindung großer Distanzen. Gerade hier werden auch die sprachpraktischen Beschwernisse des Reisens deutlich, da mit der Überschreitung von Territorialgrenzen oft auch die von Sprachgrenzen einherging. Stand dem Klerus und den Gelehrten das Lateinische als *lingua franca* zur Verfügung, so ist das für die meisten anderen und eben auch für die Handelsreisenden mehrheitlich nicht der Fall. Und so zeigen sich bereits aus althochdeutscher Zeit Zeugnisse, die offensichtlich als Hilfsmittel zur Überwindung von Sprachgrenzen gedient haben. Ein bekanntes Beispiel hierfür ist das *Pariser Gesprächsbüchlein*, ein zweisprachiges Glossar (althochdeutsch-vulgärlateinisch) aus dem 10. Jahrhundert.[5] Für den Handelsverbund der Hanse übernahm das Lübische, also die niederdeutsche Sprache auf der Grundlage der Lübecker Stadtsprache, die Funktion der ‚internationalen Verkehrssprache'. Ansonsten bestand vielfach die Notwendigkeit, auf Dolmetscher zurückgreifen zu müssen.[6] In literarischen Texten wird diese Problematik meist übergangen; Sprachbarrieren-Probleme werden kaum einmal thematisiert: „Die mittelalterlichen Epiker, vor allem die Romanerzähler [...] vergaßen, daß die Kommunikation zwischen den verschiedenen Völkern der Erde nicht von alleine vor sich geht, daß sie sogar das erste und schwierigste Problem ist, das sich stellt, wenn man in ein fremdes Land kommt."[7] Ein gerade vor diesem Hintergrund interessantes Gegen-Beispiel zeigt sich im *guoten Gêrhart* Rudolfs von Ems (um 1220), einem Roman, in dessen Zentrum ein Kaufmann, Gerhart, steht. Als dieser auf seinen Reisen an einen orientalischen Hof gelangt, heißt es (V. 1.343–1.365):

---

5 Zu den deutsch-französischen Literatur- und Sprachbeziehungen im Mittelalter vgl. SIEBURG, 2013. Zur Mehrsprachigkeit im Mittelalter vgl. SIEBURG, 2014.

6 Vgl. zu diesem durchaus vielschichtigen Komplex insbes. SCHNEIDER, 2012.

7 Vgl. ROCHER, 1991, S. 25.

Der edel werde wîgant
begund grüezen mich zehant
in heidensch, als er mich gesach.
dô er gruozes mir verjach,
ich neig im, sam man gruoze sol.
doch dûhte in des, er sach vil wol,
sam die wîsen dicke tuont,
daz ich die sprâche niht verstuont.
dô sprach der fürste kurtoys:
„sagent an, verstât ir franzoys?“
„jâ, herre, mir ist wol erkant
beidiu sprâch und ouch daz lant.“
„sô sint gesalûieret mir.“
ich sprach: „gramarzî bêâ sir“
von herzen vrœlîche.
dô sprach der fürste rîche:
„lieber herre gast, nû saget,
waz hât iuch in ditz lant verjaget?
sint ir ein Franzoys oder wer?
von welchem lande koment ir her?“
dô seit ich im ze mære
daz ich ein koufman wære
von tiutschen landen verre.[8]

Obwohl Französisch in dieser Zeit sicherlich nicht als Handelssprache arabischer Höfe angesehen werden kann, zeigt sich hier doch dessen Prestige in der Zeit des Hochmittelalters.

Reisen war, viel mehr als heute, Konfrontation mit dem Unbekannten und Begegnung mit dem – oft als bedrohlich wahrgenommenen – Fremden. Gerade auch dadurch wurde das Reisen ein herausgehobenes Instrument der Welt-, Gottes- und damit letztlich auch der Selbsterfahrung. Der Vielschichtigkeit dieses

8 Zitiert nach der Ausgabe ASHER, 1989. Übersetzung (nach GLÜCK, 2002, S. 71): „Der Krieger von hohem Adel begrüßte mich ohne Umschweife auf Arabisch, als er mich bemerkte. Als er mir seinen Gruß entboten hatte, verneigte ich mich, wie sich das beim Grüßen gehört. Allerdings hatte er gemerkt, dass ich seine Sprache nicht verstand, denn er blickte durch, wie das bei gescheiten Leuten oft der Fall ist. Dann sagte der Fürst höflich: ‚Sagt an, versteht Ihr Französisch?"‘ ‚Ja, Herr, ich kenne beides gut, die Sprache und das Land.‘ Ich sprach, von Herzen froh: ‚Grand merci beaucoup, Monsieur.‘ Da erwiderte der mächtige Fürst: ‚Lieber Herr Gast, nun sagt, was hat Euch in dieses Land verschlagen? Seid Ihr Franzose oder was sonst? Aus welchem Land kommt Ihr?‘ Da ließ ich ihn wissen, dass ich ein Kaufmann aus dem fernen Deutschland war."

Phänomens soll im Folgenden, fokussiert auf die Situation der mittelhochdeutschen Dichtung (und Dichter) exemplarisch nachgegangen werden.[9]

Dabei gilt folgende Voraussetzung: Nicht jede Bewegung im Raum ist als Reise zu bestimmen. Reisen ist vielmehr zu definieren als ein Unterwegs-Sein, das eine gewisse Entfernung und damit eine gewisse Mindestdauer voraussetzt. Hinzu kommt, dass Reisen generell auf ein Ziel hin orientiert oder zumindest von einem bestimmten Interesse geleitet sein muss.

Artusepik

Zu den zentralen Gattungen der mittelhochdeutscher Dichtung zählt die Artusepik, die ihrerseits, so könnte man das Motiv des Reisens hier erweitern, Resultat eines Adaptationsprozesses ist, der gleichzeitig als literarische Bewegung im Raum dargestellt werden kann. So basieren die Artusepen Hartmanns von Aue auf Adaptationen französischer Vorlagen (Chrétien de Troyes), die ihrerseits auf Vorläufer im anglonormannischen und keltisch-britannischen Raum zurückgreifen.

Der Artusepik kommt im Hochmittelalter neben der Funktion der Unterhaltung zentral auch die der Belehrung zu. Im Zentrum steht ein Ritter, der zugleich Angehöriger der Tafelrunde Artus' ist. Als adliger Idealtypus unterliegt der Ritter unterschiedlichen moralisch-sittlichen Anforderungen, die eine Balance zwischen Privatem und Öffentlichem, Egoismus und Altruismus, Persönlichem und Politischem voraussetzen. Vorgeführt wird ‚exempelhaft', wie die ritterlichen Protagonisten durch Vereinseitigung ihrer Lebenspraxis ‚aus dem Gleichgewicht' kommen und dadurch notwendigerweise in eine Krisensituation, die nicht nur die persönliche Integrität zerstört, und zum Verlust von *wîp unde land* führt, sondern damit verbunden auch das gesamte höfisch-ritterliche Wertesystem infrage stellt.

Die Wiederherstellung des ritterlichen Sittlichkeitskosmos ist gebunden an das Reisen. Reisen ist hier allerdings kurioserweise nicht als eine auf ein lokales Ziel hin orientierte Bewegung interpretiert, sondern, mehr oder weniger, als ein sich dem Zufall überlassendes, absichtsloses Herumziehen im Raum. Zweck

9 Eine Konzentration auf Luxemburg ist hier aufgrund der spärlichen Überlieferungslage nicht möglich. Der einzig größere literarische Luxemburger Text ist die *Yolanda von Vianden* Bruder Hermanns aus dem späten 13. Jahrhundert. Die darin beschriebene Reisetätigkeit umfasst einen eher kleinräumigen Umkreis, wobei als ‚Sehnsuchtsort' der Protagonistin das Kloster Marienthal (bei Mersch) fungiert. Die literarische Gestaltung des Textes lässt aber sehr wohl den Schluss zu, dass der Autor mit der Literatur seiner Zeit vertraut war und sich an mittelhochdeutschen Dichtern wie Hartmann von Aue orientierte.

dieser Aventiurefahrten ist die Suche nach Bewährung im Kampf, die eine innere Läuterung und darüber die sittlich gereifte Rückfindung zum ritterlichen Ideal bewirken soll. Das Reisen ist hier also ganz der inneren Sinnstruktur der Romane untergeordnet, einen Eigenwert im Sinne einer Wissensvermittlung ist nicht erkennbar und liegt allenfalls auf einer allegorischen Ebene, – was nicht weniger auch für andere Gattungsausprägungen des mittelhochdeutschen Versromans gilt. So figuriert der (unbebaute) Wald per se als Ort der Wildnis und der Gefahr, während andererseits fiktive Örtlichkeiten wie die Minnegrotte im *Tristan* oder die Gralsburg im *Parzival* als utopische Gegenwelten inszeniert werden.

Im engeren Sinne ist Reisen im Artusroman also ein sich Ausliefern gegenüber den Zufälligkeiten des Weges und den dadurch hervorgebrachten Anforderungen des Schicksals, die Gefahr, dadurch aber auch die Chance auf Bewährung und Wiedergutmachung bedeuten. Der Zentralbegriff der *aventiure*, der diese Situation umfasst, ist zwar wortverwandt mit dem heutigen *Abenteuer*, die angemessene Übersetzung des mittelhochdeutschen Wortes ist aber ‚Wagnis' oder ‚Herausforderung'.

Dass *âventiure* als eine spezifisch höfische Kategorie angesehen werden muss und damit nach außen erklärungsbedürftig ist, erweist die berühmte, wenngleich in ihrer Knappheit simplifizierende und wohl auch ironisch zu verstehende *âventiure*-Definition Hartmanns von Aue im Artusroman *Iwein* (um 1200). Als Kalogrenant, einer der Artusritter, auf seiner Fahrt einem wilden Waldmenschen begegnet, kommt es zu einem aufschlussreichen Dialog: Auf die Frage des Waldmenschen, „âventiure, waz ist daz?" (V. 527), entgegnet Kalogrenant (V. 528–537):

„daz wil ich dir bescheiden baz.
Nû sich wie ich gewâfent bin:
ich heizze ein rîter und hân den sin,
daz ich suochende rîte
einen man, der mit mir strîte,
und der gewâfent sî als ich.
daz prîset in unde sleht er mich.
gesige aber ich im an,
sô hât man mich vür einen man,
unde wirde werder danne ich sî."[10]

---

10 Zitiert nach der Ausgabe KROHN/SCHNYDER. Daraus auch die Übersetzung: „Das will ich dir genauer erklären. Sieh, wie ich bewaffnet bin. Ich bin ein Ritter und habe die Absicht, umherzureiten auf der Suche nach einem Mann, der mit mir kämpft und ebenso bewaffnet ist wie ich. Wenn er mich besiegt, trägt es ihm Ruhm ein. Wenn

Bewährungsfahrt in den Tod bzw. zum jenseitigen Leben auf, komplettiert dieses aber um eine genaue Schilderung der jenseitigen Zustände. Voraussetzung hierfür ist die Rückkehr des Protagonisten und die Schilderung seiner Jenseits-Erfahrung.

„Für sterbliche Zuhörer ist das Jenseits eine Sphäre, die in einer für sie zur Zeit räumlich unerreichbaren Gegenwart liegt".[15] Gerade deswegen sind Berichte aus dem Jenseits offensichtlich zu allen Zeiten ein großes Faszinosum.[16] Emil Peters' frühe Definition der Visions-Legende ist zugleich eine inhaltliche Beschreibung derartiger Jenseits-Berichte:

> Unter einer Visionslegende versteht man die Schilderung einer Wanderung, welche eine auf einige Zeit aus dem Körper entrückte Seele durch das Jenseits, durch Hölle und Himmel, unternimmt, meist unter Führung eines Engels, wobei sie sowohl die Qualen der Verdammten teils schaut, teils selbst erduldet als auch die Herrlichkeit des Himmels und die Freuden der Seligen genießt. Alsdann kehrt die Seele in ihren Körper zurück, der scheinbar Gestorbene erwacht wieder zum Leben, erzählt die Erlebnisse seiner Seele und beweist durch sein ganzes späteres, Gott geweihtes Leben, daß alles, was er erzählte, nicht Lug und Trug, sondern eitel Wahrheit gewesen ist.[17]

Die mittelalterlichen Visionslegenden reihen sich ein in eine Tradition, die weit vor die christliche Vorstellungswelt zurückreicht. Schon im *Äneas*-Roman Vergils findet sich im VI. Buch die Schilderung der Unterwelt und noch weiter zurückgehend, nämlich im ersten literarisch überlieferten Text der gesamten Weltliteratur, dem sumerischen *Gilgamesch*-Epos, das vermutlich bis ins 3. vorchristliche Jahrtausend zurückreicht, wird ebenfalls Vergleichbares überliefert. Einen literarischen Höhepunkt findet diese Literatur zweifellos in der *göttlichen Komödie* Dantes.[18]

Die Erschütterung und die Breitenwirkung, die der *Tnugdalus* im Mittelalter ausgelöst bzw. erzielt hat, beruhen sicherlich auch auf der realistisch anmutenden Schilderung der Rahmensituation (plötzlicher Tod des Tnugdalus während eines Essens bei einem Freund, unverhofftes Wiedererwachen auf der Totenbahre), der jenseitigen Verhältnisse (Ordnungen in Bezirke der Seligen und der Verdammten) sowie dem Potential des Autors der ursprünglich (mittel-)lateinischen Fassung. Dieser *frater Marcus* hat den Bericht nach eigener Angabe auf die Anregung einer Regensburger Äbtissin verfasst und will alles direkt aus dem Munde des vom Tode

15 JOHNSON, 1999, S. 415.

16 Beleg hierfür ist wohl auch der Erfolg von Büchern zum Phänomen der Nahtoderfahrung. So etwa MOODY, 2011.

17 PETERS, 1895, S. 3.

18 Vgl. PIPER, 1986, S. 6.

erwachten Tnugdalus erfahren haben. Kein Zweifel kann daran bestehen, dass die Legende im Kontext des Mittelalters als authentisch verstanden wurde.

Der von Marcus hinterlassene Text besticht durch seine teils berückende Unmittelbarkeit und Drastik. Hervorzuheben ist jedenfalls die schöpferische Fantasie des Autors, „dessen Sinn für das Mysteriöse und Übernatürliche auf geistlichem Gebiet dem seiner keltischen Stammesgenossen auf dem Gefilde der Artusdichtung in keiner Weise nachsteht.“[19]

Jenseitsvisionen – im Sinne von Jenseitsreisen – sind ein sowohl epochen- wie auch kulturübergreifendes Phänomen. Die deutschsprachige Literatur des Mittelalters hat daran ihren Anteil. Zu nennen wäre etwa der *Servatius* Heinrichs von Veldeke, in welchem u. a. das Motiv eines Ritters aus Brabant entfaltet wird, der auf Fürbitten des heiligen Servatius hin bußfertig und reuevoll ins Leben zurückkehrt und über seine Höllenfahrt berichtet. Hinzu kommt der Stoffkreis um *Brandans Meerfahrt*. Hier unternimmt ein Mönch mit einigen Getreuen, nachdem er die in einem Buch mitgeteilten Wunder Gottes bestritten hatte, selber eine, an die Fahrt des Odysseus erinnernde, Seereise, in deren Verlauf er der unterschiedlichsten Mirakel Gottes ansichtig wird und schließlich sogar in das Paradies gelangt, bevor er von dort aus dem Heimweg findet.[20]

Reiseliteratur

„Wenn ‚Reise‘ als ein Unterwegs-Sein in fiktiven wie hist. geogr. Räumen definiert wird, läßt sich ein Großteil ma. Epik (v. a. Aventiure- und Orient-Romane) als Reiselit. beschreiben“, heißt es auch im Lexikon des Mittelalters.[21] Schon die bisherigen Ausführungen bestätigen das. Allerdings ist zu unterscheiden zwischen Gattungsformen, für die „Ortsveränderung Strukturelement ist“[22] und der eigentlichen Reiseliteratur, die – tatsächlich oder vorgeblich – der Informationsvermittlung über Reisewege und -ziele dient und für die „das Hervortreten eines ausgeprägteren Individualitätssinnes im späten Mittelalter und sein Ausdruck in solchen Schriften“[23] charakteristisch ist. Hierzu zählen zum einen Reiseberichte/Pilgerbücher über Fahrten ins Heilige Land, die den Hauptanteil der meist in

19 JOHNSON, 1999, S. 416.
20 Vgl. ZAENKER, 1987.
21 LEXIKON DES MITTELALTERS, 2002, S. 391.
22 Ebd.
23 SIMON, 1991, S. 175.

Prosa verfassten Berichte ausmachen.[24] Ihnen gegenübergestellt sind Reiseberichte in exotische Länder, die eine „Erweiterung der Raum- und Welterfahrung" bieten und so „langfristig zu einem wichtigen Element im Prozeß der Veränderung des Weltbildes"[25] führen. Natürlich steht für Letzteres zentral der Bericht Marco Polos über seine Chinaexpedition im Jahr 1271, der Jahre später (1298) in einem Genueser Gefängnis aufgeschrieben worden sein soll. Der Bericht wird im 14. und 15. Jahrhundert mehrmals auch ins Deutsche übersetzt, ohne allerdings große Breitenwirkung zu entfalten. Der weitaus populärere mittelalterliche Reisebericht geht zurück auf den Engländer Jean de Mandeville und dessen angebliche Reisen ab dem Jahr 1322. Mandeville verbindet bzw. vermischt mutmaßlich authentische Erlebnisse mit partienweise fantastischer Fiktion. Mandevilles Reiseroute deckt sich zunächst mit der der Pilgereisen. Zu einer Weltreise wird die Unternehmung aber durch die Fortsetzung nach Indien und China. U. a. berichtet Mandeville auch von einem Besuch beim berühmten und zugleich ominösen Priesterkönig Johannes, der nach mittelalterlicher Überzeugung Herrscher über mehrere christliche Reiche im fernen Südosten gewesen sein soll. Mandevilles Bericht ist im Mittelalter von enormer Popularität. So sind von den zwei deutschsprachigen Übersetzungen (Ende 14. Jh.) allein rund 80 Handschriften überliefert. Auch Inkunabeldrucke finden sich zahlreich.

Der zweite Teil des Berichtes ist offensichtlich rein fiktiver Natur: „Philologische Unerbittlichkeit hat festgestellt, daß der zweite Teil des Berichts ausschließlich auf einer Vielzahl literarischer Quellen beruht."[26] Damit ist zwar die behauptete Authentizität des Berichteten als ‚Illusionskunst' entlarvt, dennoch kann ihr Wert im Kontext des Mittelalters nicht übersehen werden: „Wenn diese Pseudoinformationen zurückgeführt werden auf vertraute literarische Muster, so findet hier keine Relativierung, sondern lediglich eine Bereicherung des traditionellen Weltbildes um eine Dimension des Exotischen statt".[27] Offenbar kam dies dem Bedürfnis des Publikums nach Alteritätserfahrung und einer verbreiteten Lust am Exotischen entgegen, wobei allerdings fraglich bleibt, inwieweit diese Texte überhaupt als fiktional erkannt wurden. In den populären Naturdarstellungen des Mittelalters, etwa dem *Physiologus*, wird beispielsweise das Einhorn genauso selbstverständlich aufgelistet und als real beschrieben wie der Vogel Phönix. Und warum sollte man Kopffüßler, Hundsköpfige und nur mausgroße Menschen, von

24 Ein prominentes Beispiel ist das Pilgertagebuch des Ritters Arnold von Harff. Vgl. BRALL-TUCHEL/REICHERT, 2009.

25 LEXIKON DES MITTELALTERS, 2002, S. 391.

26 BUMKE, 2004, S. 138.

27 Ebd., 2004, S. 138.

denen in den Reiseberichten erzählt wird, als weniger authentisch ansehen, zumal eine Überprüfung der Aussagen nicht möglich und die Existenz solcher Wesen als Beweis für die Schöpfungskraft Gottes offenbar als plausibel angesehen wurde.

Ein Beispiel hierfür bietet etwa der *Kölner (Niederrheinische) Orientbericht*. Hier heißt es mit Bezug auf die Bewohner des südlichen Erdrandes:

> Vort by deme lande is eyn ander wert, ind die lude, die da wonent, en haint geyn heufft. Mer yre ougen ind yre mont, die steint in an der burst. Vort sind in India ander wert; die lude, die da wonent, die lude haint groisse oren, ind sint dunne, ind sint so grois, dat sy alle ir lyf wael da mit bedeckden. Vort is eyn ander lant in India, da wonent lude, die haint heufde as honde; ind in dem lande wart gedoet sent Thomas der apostell. Vort in eynem andern werde wonent lude, die en haint nyet me dan eynen voys, ind die es dunne as eynre gans, ind is so breydt, dat sy sich da mit bedeckent intghain de sonne ind vur den rayn ind vur wilde dier.[28]

Die voranstehenden Ausführungen zeigen, das Reisen im Mittelalter sowohl als konstitutives Strukturmerkmal der Literatur als auch in der Dimension des Realen einen bedeutende Rolle spielt. Deutlich wird aber auch, wie sehr sich beide Ebenen vermischen und dass das Berichtete oft der Fantasie des Erzählers entsprungen ist, ein Phänomen, dass auch uns Heutigen immerhin nicht völlig unvertraut sein dürfte.

Literaturangaben

Quellen

BRACKERT, HELMUT (Hg.): Minnesang. Mittelhochdeutsche Texte und Übertragungen, Frankfurt a. M. 2008.

HARTMANN VON AUE: Iwein. Mittelhochdeutsch/Neuhochdeutsch, hg. u. übersetzt von RÜDIGER KROHN, Kommentiert von Mireille Schnyder, Stuttgart 2012.

---

28 RÖHRICHT/MEISNER, 1887, S. 12. Übersetzung (d. Verf.): ‚Und weiter neben dem Land ist eine Halbinsel und die Leute, die da wohnen, haben keinen Kopf. Aber ihre Augen und ihr Mund befinden sich an der Brust. Und weiter sind in Indien andere Gebiete, die Leute, die dort wohnen, haben große Ohren, die so dünn und groß sind, dass sie ihren ganzen Körper damit bedecken können. Weiter in einem anderen Land in Indien, da wohnen Leute, die haben Köpfe wie Hunde, und in diesem Land wurde der heilige Apostel Thomas getötet. Weiter in einem anderen Gebiet, da wohnen Leute, die nicht mehr als einen Fuß haben, und der ist dünn wie bei einer Gans und ist so breit, dass sie sich damit bedecken gegen die Sonne und vor dem Regen und vor wilden Tieren.‘

DAS NIBELUNGENLIED. Mittelhochdeutsch/Neuhochdeutsch. Nach der Handschrift B herausgegeben von Ursula Schulze. Ins Neuhochdeutsche übersetzt und kommentiert von Siegfried Grosse, Stuttgart 2011.

PETERS, EMIL: Die Vision des Tnugdalus. Ein Beitrag zur Kulturgeschichte des Mittelalters, Berlin 1895.

RÖHRICHT, REINHOLD/MEISNER, HEINRICH: Ein niederrheinischer Bericht über den Orient, in: Zeitschrift für deutsche Philologie 19 (1887), S. 1–86.

RUDOLF VON EMS: Der guote Gêrhart, hg. v. JOHN A. ASHER, 3., durchgesehene Auflage, Tübingen 1989.

WAGNER, ALBRECHT (Hg.): Visio Tnugdali. Lateinisch und Altdeutsch, Erlangen 1882.

ZAENKER, KARL A.: Sankt Brandans Meerfahrt. Ein lateinischer Text und seine drei deutschen Übertragungen aus dem 15. Jahrhundert, Stuttgart 1987.

Forschungsliteratur

BRALL-TUCHEL, HELMUT/REICHERT, FOLKER: Rom – Jerusalem – Santiago. Das Pilgertagebuch des Ritters Arnold von Harff (1496–1498), Köln/Weimar/Wien 2009.

BUMKE, JOACHIM: Deutsche Literatur im Mittelalter. Digitale Bibliothek 88, Berlin 2004.

GLASER, ELVIRA/MOULIN-FANKHÄNEL: Die althochdeutsche Überlieferung in Echternacher Handschriften. In: Die Abtei Echternach 698–1998, hg. von MICHELE CAMILLO FERRARI/ JEAN SCHROEDER und HENRI TRAUFFLER, Luxembourg 1999, S. 103–122.

GLÜCK, HELMUT: Deutsch als Fremdsprache in Europa vom Mittelalter bis zur Barockzeit, Berlin/New York 2002.

JOHNSON, PETER L.: Geschichte der deutschen Literatur von den Anfängen bis zum Beginn der Neuzeit. II/1: Die höfische Literatur der Blütezeit (1160/70–1220/30), Tübingen 1999.

HUSCHENBETT, DIETRICH/MARGETTS, JOHN (Hg.): Reisen und Welterfahrung in der deutschen Literatur des Mittelalters, Würzburg 1991.

LEXIKON DES MITTELALTERS, Bd. 1, Themen und Gattungen, Stuttgart/Weimar 2002.

MOODY, RAYMOND A.: Leben nach dem Tod, 13. Aufl., Reinbek 2011.

– Das Licht von Drüben, 7. Aufl., Reinbek 2011.

PIPER, PAUL: Die geistliche Dichtung des Mittelalters. Zweiter Teil. Die Legenden und die Deutschordensdichtung, Berlin/Stuttgart 1888 [Nachdruck Zürich 1986], S. 6.

REICHERT, FOLKER: Erfahrung der Welt. Reisen und Kulturbegegnung im späten Mittelalter, Stuttgart/Berlin/Köln 2001.

ROCHER, DANIEL: Das Problem der sprachlichen Verständigung bei Auslandsreisen in der deutschen Literatur des Mittelalters, in: Reisen und Welterfahrung in der deutschen Literatur des Mittelalters, hg. von DIETRICH HUSCHENBETT/ JOHN MARGETTS, Würzburg 1991, S. 24–34.

SCHNEIDER, REINHARD: Vom Dolmetschen im Mittelalter. Sprachliche Vermittlung in weltlichen und kirchlichen Zusammenhängen, Wien/Köln/Weimar 2012.

SIEBURG, HEINZ: Frühe Korrespondenzen: Mittelalterliche Literatur- und Sprachbeziehungen im deutsch-französischen Kulturraum, in: Zeitschrift für interkulturelle Germanistik 4, 2 (2013), S. 41–59.

– Zwischen Annäherung und Entfremdung. Sprachenvielfalt und Mehrsprachigkeit im Mittelalter, in: Philologie und Mehrsprachigkeit, hg. von TILL DEMBECK und GEORG MEIN, Heidelberg 2014, S. 231–252.

SIMON, ANNE: ‚Gotteserfahrung' und ‚Welterfahrung': Das Erlebnis des Reisens in den Pilgerberichten des fünfzehnten Jahrhunderts, in: Reisen und Welterfahrung in der deutschen Literatur des Mittelalters, hg. von DIETRICH HUSCHENBETT/ JOHN MARGETTS, Würzburg 1991, S. 173–184.

Hamid Tafazoli

Von der Nutzbarkeit fremder Reisen: Überlegungen über Aspekte kulturalisierenden Schreibens

> In der Universalität der abendländischen Ratio gibt es den Trennungsstrich, den der Orient darstellt. […] Der Orient ist für das Abendland all das, was es selbst nicht ist.[1]

This paper will explore variations of cultural encounters with regard to the relationship between the Persian Empire and German duchies in 17th and 18th centuries. Travelogue as a literary genre demonstrates specific technics of narration which confirm the perceptual horizon of supposed cultural differences as otherness. I will elaborate narratives of religion and gender used by travelers to give an impression of a homogeneous culture named 'Persian', and I will argue that otherness does not reflect the Persian culture directly but the cultural horizon of travelers, which exemplarily shows that culture is going to be distorted in the moment of its objectivizing.

I. Interkulturelle Lesart historischer Texte

Dass man die Literatur des globalen Zeitalters im weitesten Sinne interkulturell liest, gehört mittlerweile zur literaturwissenschaftlichen Praxis.[2] Wie kann man aber mit einer interkulturellen Lesart an Texte herantreten, von denen man behauptet, sie bedienten sich entsprechend dem Denkmuster ihrer Entstehungszeit dichotomischer Beobachtungsstrategien, und welche Erkenntnisse lassen sich aus einer solchen Lesart gewinnen? Anlass zu meiner Fragestellung gibt die kritische Lektüre der Persien-Berichte aus dem 17. und 18. Jahrhundert, die in der Darstellung kultureller Begegnung die Räume *Deutschland* und *Persien* zwar konstruieren, gleichzeitig aber dem Rezipienten eine statisch-homogene Kultur beider Räume glaubhaft machen wollen.[3] Von einem kulturalisierenden Schreiben, so meine These, ist die Rede, wenn Beschreiben und Erklären von Beobachtungen

---

1 FOUCAULT, 1969, S. 10.

2 Siehe ausführlich zu den theoretischen Aspekten in Hofmann, 2006; MECKLENBURG, 2008.

3 Wie kulturelle Repräsentation als Fremdheitsbild und Stereotyp auf der Grundlage dieses Textmaterials entsteht und wie sich solche Bilder zu denen des Eigenen

dem Aufbau eines dualistischen Modells dienen, das auf der Grundlage homogenisierender Kriterien Eigen- und Fremd-Konstruktionen ermöglicht. Beobachten, Beschreiben und Erklären bilden die drei Säulen meiner Ausführungen.

Beobachten beruht auf Unterscheiden. Das Subjekt betrachtet immer etwas im Unterschied zu etwas anderem. Werden Beobachtungen medial manifestiert und ihrerseits selbst beobachtet, so handelt es sich dabei nach Niklas Luhmann um eine Beobachtung zweiter Ordnung, deren Analyse die der ersten Beobachtung zugrunde gelegten Unterscheidungen durchleuchtet.[4] An Beobachtungen zweiter Ordnung lassen sich ontologische Setzungen der ersten Beobachtung auflösen. Da sowohl Beobachtungen erster als auch zweiter Ordnung subjektiver Natur sind, kann von ihnen kein alles umfassender Überblick erwartet werden; vielmehr unterliegen sie Beschränkungen. Als charakteristisch für Beobachtungen zweiter Ordnung kann die potentielle Möglichkeit polykontextueller und polysemischer Sinnzusammenhänge betrachtet werden, die selbst eine Vielzahl von Unterscheidungen enthalten. Dieses Charakteristikum legt den Referenzrahmen postkolonialer Studien fest und hinterfragt in Form eines *anderen* Diskurses die Auffassung über die Kultur als ontologisches System. Mit dem Blick auf das Dekonstruktionspotential dieser Beobachtungstechnik lassen sich postkoloniale und interkulturelle Ansätze theoretisch zusammenführen. Das hermeneutisch argumentierte und systemtheoretisch diskutierte Verstehen und Beobachten gewinnt seine theoretische Reichweite insbesondere aus der Dichotomie von Eigenem und Fremdem. Wie Alexander Honold bereits gezeigt hat, sagt diese Dichotomie aus der Perspektive der Beobachtung zweiter Ordnung jedoch weniger über das Fremde aus als vielmehr über das Eigene.[5] Insofern ist die Zurechnung dessen, was aus eigener Beobachtung resultiert, zu einer als fremd etikettierten Kultur durchaus problematisch, denn so wird zum einen der Begriff *Kultur* seiner Variabilität und Offenheit beraubt und zum anderen das Fremde auf das bloße Verstehen reduziert. Hier kann die Kritik der interkulturellen Lesart ansetzen.

Die germanistische Interkulturalitätsforschung geht von einem dynamischen Kulturbegriff aus, verzichtet auf Homogenisierung kultureller Repräsentation und lehnt den singulären Kulturbegriff ab. Da sie vom Verständnis von Kultur als ontologischer Gegebenheit Abstand nimmt, sagt sie nichts darüber aus, „was Kultur ist", sondern konfrontiert mit dem, „was jeweils als Kultur gilt und was sie in dieser

verhalten, ist textanalytisch in zwei anderen Beiträgen mit dem Bezug auf Islam- und Frauen-Bilder diskutiert worden (TAFAZOLI, 2009; TAFAZOLI, 2014).

4 LUHMANN, 1995, S. 92f.

5 HONOLD, 2006, S. 36f.

Geltung von anderen Kulturen in ihren jeweiligen Geltungen unterscheidet".[6] Mit Geertz werden sowohl die Unabgeschlossenheit der Kultur im Sinne eines Prozesses als auch die Verflochtenheit von Kulturen miteinander zugrunde gelegt, was auf Kultur als Netz von Bedeutungen schließen lässt.[7] Dieses Netz, führt man Geertzens Überlegungen weiter, lässt sich als Metapher für die Verflochtenheit von Kulturen verstehen und verbildlicht das gegenseitige Durchdringen und die Abhängigkeit von Kulturen. Gleichzeitig liefert es den Beweis dafür, dass Kulturen zwar vergleichbar zu sein scheinen, deren Vergleich jedoch wegen gegenseitiger Durchdringungen als schwere – sogar unmögliche – Angelegenheit zu betrachten ist. Die Kehrseite einer solchen Deutung lässt den Verdacht aufkommen, als ließe sich die Kultur einer Gemeinschaft mittels Bedeutungsnetze fest definieren. Essentialismus, Homogenisierung, gegenseitige Abgrenzung von Kulturen durch die Ausblendung von Differenzen und Alteritäten wären dann die Folge.[8]

Würde man mit dem dynamischen Kulturbegriff operieren, können Kultur und ihre Variablen nicht als statisch und unveränderbar, sondern müssen als im Wandel begriffene Relationen angesehen werden, die im semantischen und symbolischen Netz Bedeutungsverschiebungen ausgesetzt sind und diese auch verursachen. In dieser Dynamik begreift die Interkulturalitätsforschung Kultur als vielfältige plurale Prozesse – als „*plurale tantum*"[9]. Darauf bezugnehmend, formuliert sie ihre Prämisse in der Auflösung von Grenzen, Anerkennung des Relativitätsprinzips und in Transformationsprozessen, die sich auf die De- und Rekonstruktionen von Kultur, Gesellschaft und Identität auswirken.[10] Sie ist als Disziplin im Sinne Foucaults zu betrachten, d. h. sie ist jedem gegenüber ein offenes System, und ihr Sinn und Wert sind nicht von ihrem Erfinder abhängig. Ihr wird kein wiederzuerkennenden Sinn voraussetzt, sondern von ihr wird das abverlangt, was für „die Konstruktion neuer Aussagen erforderlich ist"; ihre Eigenschaft ist die Fähigkeit, „endlos neue Ansätze zu formieren".[11] Interkulturell aktiv zu sein bedeutet also, sich innerhalb einer Ordnung zu bewegen, die eine „Position zwischen unabgeschlossener Vergangenheit und offener Zukunft"[12] beansprucht.

6 HEIMBÖCKEL, 2013, S. 21.
7 GEERTZ, 1983, S. 9–12.
8 HOFMANN, 2006, S. 10f.
9 HAMACHER, 2011, S. 127.
10 ERNST/HEIMBÖCKEL, 2012, S. 7; HEIMBÖCKEL/MEIN, 2010.
11 FOUCAULT, 1993, S. 22.
12 HEIMBÖCKEL, 2013a, S. 370f.

Wie eine mögliche interkulturelle Lesart historischer Texte bei der analytischen Interpretation ausgehend von eingangs formulierten Fragen und basierend auf der bereits diskutierten theoretischen Grundlage betrieben werden kann, wird im Folgenden durch die Analyse literarischer Strategien bei der Beschreibung kultureller Beobachtungen am Beispiel einer ‚deutschen' Betrachtung ‚persischer' Kultur unternommen. Bei der Analyse von Kriterien einer homogenisierenden Kultur-Determination bleibt die Perspektive auf zwei zentrale Aspekte, nämlich Religion und Geschlecht beschränkt.

II. Literarische Reflexionen kulturellen Beobachtens

Montesquieus Roman *Lettres persanes* (1721) gilt mit Recht als gelungener Versuch einer Literarisierung kulturellen Beobachtens:

> Die Einwohner von Paris sind neugierig bis zur Extravaganz. Bei meiner Ankunft hat man mich angesehen, als wäre ich ein Abgesandter des Himmels; Greise, Männer, Frauen, Kinder, alle wollten mich sehen. Wenn ich ausging, eilte alle Welt ans Fenster; war ich in den Tuilerien, so bildete sich alsbald ein Kreis von Leuten um mich; selbst die Frauen umgaben mich wie ein Regenbogen, der in tausend Farben schillert. Wenn ich im Theater war, so bemerkte ich als erstes, wie sich hundert Gläser auf mein Gesicht richteten. Kurzum, kein Mensch wurde jemals so sehr betrachtet wie ich! Ich mußte manchmal lächeln, wenn ich hörte, wie Leute, die fast nie aus ihrem Zimmer gekommen waren, zueinander sagten: „Man muß zugeben, daß er sehr persisch aussieht."[13]

Des starren Blickes der Pariser überdrüssig, hatte sich der nach Paris reisende Briefschreiber Rica eine neue Bekleidung herstellen lassen. Kurz darauf schrieb er klagend:

> Ich hatte allen Grund, mich über meinen Schneider zu beschweren, denn durch ihn hatte ich in einem Augenblick die Aufmerksamkeit und die Achtung bei der Öffentlichkeit verloren. Ich geriet plötzlich in ein schreckliches Nichts. Ich verweilte manchmal eine Stunde in einer Gesellschaft, ohne daß man mich beachtet und mir die Gelegenheit geboten hätte, den Mund aufzutun. Wenn aber zufällig jemand der Gesellschaft mitteilte, ich sei Perser, dann hörte ich alsbald um mich ein Stimmengewirr: „Ah, der Herr kommt aus Persien? Das ist ja ganz ungewöhnlich! Wie kann man denn Perser sein?"[14]

Die Charakterisierung *persisch* wird insofern ironisiert, als sie durch Franzosen vorgenommen wird, die ‚fast nie aus ihrem Zimmer herausgekommen' sind. Sie verliert ihren Referenzcharakter, sobald Rica seine Kleidung ablegt; in diesem Moment verliert er zugleich die gesellschaftliche Aufmerksamkeit. Montesquieu

13 MONTESQUIEU, 1991, S. 30.
14 Ebd.

liefert hier das Beispiel für eine Prägnanz kultureller Heterostereotype im Komplex des Kulturvergleichs.[15] Dieser Vergleich wird in *Lettres persanes* um eine Dimension erweitert: Durch einen vom Erzähler eingeleiteten Perspektivenwechsel wird das Französische durch das Persische perspektiviert. Zugleich wird hervorgehoben, wie das Fremde dazu dient, dass das Eigene sich selbst *anders* betrachtet.[16]

Montesquieu – später auch Goethe – leitet in der Relativierung kultureller Perspektivierung im literarischen Persien-Diskurs die entscheidende Wende ein, die die Ordnung einer bis dahin geltenden europäischen Tradition stört: Seit der europäischen Geschichtsschreibung gestalteten Griechenland und Persien zwei Pole der Weltauffassung. In Euripides' Drama *Die Bakchen* (406 v. Chr.) reist Dionysos nach Theben, zieht vor dem Palast des Pentheus mit dem Chor der Bakchen ein, zählt seine Reisestationen auf und erzählt von seiner Reise durch Persien und durch das Land der Meder. Zum Schluss heißt es:

> Und nun die erste Griechenstadt betrete ich hier,
> Nachdem ich dort auch meine Weihen eingeführt
> Und Tänze, um deutlich meine Gottheit kundzutun.[17]

Zur Schaubühne wird Persien mit seinen Königen Dareios I. und Xerxes in Aischylos' Tragödie *Die Perser* (472 vor Chr.). Beiden gemein ist die Grenzziehung zwischen zwei Mächten; charakteristisch für sie ist, dass nur Griechenland *spricht*, während Persien stumm und geschlagen ist. Aischylos' *Perser* klingt mit dem Lobgesang an den weisen und einsichtigen Dareios und dem Auftritt des Xerxes in zerrissenen Kleidern mit einem leeren Köcher in der Hand aus. Der Chor wirft Xerxes vor, er habe das Persische Reich und die Blühte seines Volkes in das Totenreich Hades hinabgeschickt. Xerxes gibt sich geschlagen; mit bitteren Wehklagen zwischen ihm und dem Chor endet das Stück. Das Perser-Reich ist machtlos und vergangen; Griechenland aber demonstriert feierlich seine Macht. Mit dieser Konstruktion beginnt die literarische Darstellung Persiens in der griechischen Kultur der Antike, die dann in die westeuropäische Tradition der Kulturbeschreibung Eingang gefunden und ihre Spuren bis weit in die frühe Neuzeit hinterlassen hat.

Im 17. Jahrhundert schrieb der Gelehrte Adam Olearius im Vorwort seiner *Beschreibung Der Muscowitischen vnd Persischen Reyse*:

> Nur Leute von schlechter geringer Natur und Gemüthe haben lust [sic] hinter dem Ofen zu sitzen/und in ihrem Vaterlande gleich als angebundene zu bleiben/aber die seynd

---

15 Manuale Günter untersucht solche Stereotype am Beispiel des Bild des ‚Türken' (GÜNTER, 2002).

16 TAFAZOLI, 2007, S. 423–437.

17 EURIPIDES, 1999, II. Kapitel.

> Edeler und voller Geist/welche dem Himmel folgen/und zur bewegung lust [sic] haben. [...] Ich halte/daß es eine von den größten Glückseligkeiten sey/die in dieser Welt einem Menschen [...] wiederfahren kan; Wenn es sich mit ihm begibt/daß er mit guter Gelegenheit ferne Reysen thun/die Welt durchwandern/frembde Länder und Leute sehen/ und ihre Beschaffenheit erkündigen und betrachten kann.[18]

Bereits vor der Reise wird das Fremde voraus- und mit Persien in einen Bezug gesetzt. Die Lust an Bewegung und die Glückseligkeit der Reise deutet auf die Begeisterung der Fremdentdeckung hin. Aber wird das Fremde tatsächlich entdeckt, oder wird es vielmehr zur Perspektivierung des Eigenen genutzt? Deutlich später als Olearius formuliert Walter Benjamin das Phänomen des Distanzaufbaus zum Eigenen durch das Reisen: „Schneller als Moskau", schrieb er in den *Städtebildern* (1927), „lernt man Berlin von Moskau aus sehen".[19] Durch den Distanzaufbau wird eine epistemische Kategorie erzeugt, denn erkennendes Sehen braucht angemessenen Abstand. Eine solche Distanz lässt zugleich Vorstellungsräume entstehen, wie das Beispiel der *Lettres persanes* durch die persische Konstruktion einer ideellen Vorstellung von Frankreich zeigt. Durch das Imaginieren des Französischen mit Hilfe der persischen Beobachter wird die epistemische Distanz aufgebaut; gleichzeitig wird diese Distanz – zumindest auf der sprachlichen Oberfläche – durch das Übersetzen der Briefe ins Französische und durch die unmittelbare Reflexion über die französische Kultur abgebaut. Zwischen Distanzaufbau und Distanzabbau entsteht die Konstruktion eines Vorstellungsraums,[20] der *persisch* genannt wird. Theoretisch wird dieses Imaginieren der Perspektive in Saids *Orientalism* als „a style of thought based upon an ontological and epistemological distinction made between ‚the Orient' and (most of the time) ‚the Occident'" erörtert.[21] Dieser Vorstellungsraum ist einerseits „man-made"[22], erweist sich andererseits als „a created body of theory and practice in which, for many generations, there has been a considerable material investment".[23] Auf der Grundlage eines „considerable material investment" wird auch der persische Raum auf einer sekundären Ebene konstruiert, wobei die Kriterien Distanz, Wissen und Poesie auf der Achse der Macht die Ordnung dieses Raumes herstellen. Macht ist hier keine Kategorie des Militärischen oder Ökonomischen, sondern eine diskursive Ordnung, die ihrerseits Bedeutungen erzeugt und zuweist, die

---

18 OLEARIUS, 1656, S. 1.
19 BENJAMIN 1972–1999, IV,1 (1972), S. 316.
20 WIERLACHER, 2003, S. 222–227.
21 SAID, 1978, S. 2.
22 Ebd., S. 5.
23 Ebd., S. 6.

dem Westen den *fremden* Orient erfassen hilft. Mit Hilfe dieser nach Said eurozentrischen Differenzkonstruktion wird ein ‚Wissen' generiert, auf das sich jedwede Art der Auseinandersetzung mit fremdkulturellen Erscheinungen folglich bezieht. Konzentriert man sich auf den Begriff ‚Wissen' in der abendländischen Tradition, so ist es mit ihm im Anschluss an Francis Bacons *Novum Organum* (1620) der Versuch einer Vermessung und Analyse einer Zivilisation von ihren Anfängen über ihren Höhepunkt bis hin zu ihrem Niedergang gemeint. Dieses ‚Wissen' umfasst Aufstiegsmomente einer Zivilisation über sich hinaus in eine fremde Kultur bis hin zu den Momenten ihres Vergangen-Seins.

Das ‚Wissen' über das Fremde führt grundsätzlich zu dessen Vereinnahmung. Montesquieus Zitat über Menschen, die ‚fast nie aus ihrem Zimmer gekommen' sind und dennoch einen Menschen als Perser identifizieren können, zeigt, dass gerade das Nichtwissen über das Fremde dieses als *fremd* gelten lässt. Insofern scheint mir in einem interkulturell ausgerichteten Diskurs nicht allein das ‚Wissen' über eine Kultur entscheidend zu sein, sondern auch die Analyse der Momente des Nichtwissens. Weder hat ‚Wissen' außerhalb einer „Gesamtmenge von Propositionen, die lediglich im Kontext ihres Sich-Äußerns für wahr gehalten werden können/müssen" eine Bedeutung, noch geht es, weil es in jenem Kontext wahr sein kann, mit Wahrheit einen „Pakt für die Ewigkeit" ein; die „Geschichte der Wissenschaft" beinhaltet auch eine „Geschichte fortgesetzten Nichtwissens".[24] Solange sich das Fremde seiner Vereinnahmung entzieht, kann es auch fremd bleiben. Seit der frühen Neuzeit wird das Nichtwissen im Sinne der aristotelischen Tradition als Manko betrachtet. Aristoteles ist der Überzeugung, dass alle Menschen von Natur aus nach Wissen streben. Die Aufklärung nimmt eine ähnliche Position ein, wenn sie Nichtwissen als Affront betrachtet. Wissen und Macht werden in der *Dialektik der Aufklärung* aufeinander bezogen: Wissen wird Mystik – jener Quelle der Angst und Machtlosigkeit – entgegengestellt.[25] Das Wissen-Macht-Prinzip erlaubt, was außerhalb der Ordnung des Menschen steht, entweder zu vereinnahmen oder als irrelevant zu verwerfen.[26] Die Vereinnahmung des Fremden stellt jedoch dessen Bezeichnung als *fremd* in Frage, denn das Wissen über das Fremde vereinnahmt es und macht es zum Eigenen.[27] Neben Wissen und Macht steht im Kontext dieses Beitrags ein weiteres Kriterium im Zentrum, nämlich die Poesie. Sie meint die Erfassung und die Transformation eines faktisch Realen in ein imaginativ Fiktives, das den Raum des Nichtwissens füllen kann. Gaston

---

24 HEIMBÖCKEL, 2012, S. 35.
25 HORKHEIMER/ADORNO, 1969, S. 27.
26 HEIMBÖCKEL, 2012, S. 35.
27 HONOLD, 2006, S. 36–38.

Bachelard bezeichnet die Transformation des Realen in das Fiktive als Projektion des in der Regel phantasievollen und bildhaften Wertes.[28]

Entlang dieser Kriterien verläuft der europäische Persien-Diskurs, der sich teils durch Wissen, teils durch Nichtwissen kennzeichnet. Wie beides Hand in Hand geht, lässt sich insbesondere durch das Begriffspaar *Beschreiben* und *Erklären* erforschen.[29] In der Diskussion über dieses Begriffspaar spiegelt sich die hermeneutische Theorie über das Ziel einer sinngemäßen Auslegung unverständlicher Textstellen wider. Johann Martin Chladenius unterstreicht in seiner Schrift *Einleitung zur richtigen Auslegung vernünftiger Reden und Schriften* (1742), es gehe beim Erklären darum, das Wissen zum Verständnis eines Textes zu vermitteln.[30] Verstehen und Auslegen als Darlegung des Verstandenen führen in der hermeneutischen Beziehung zwischen Erklärung und Interpretation zu der Unterscheidung von Bedeutungs-Ermittlung und Bedeutungs-Mitteilung, wobei das Ziel der Hermeneutik nach Schleiermacher in der Bedeutungs-Ermittlung besteht.[31] Das Beschreiben verlangt geradezu nach Erklären, d. h. nach Bedeutung und nach Umgang mit Bedeutungsmechanismen. Wie solche Bedeutungsmechanismen entstehen, ist die Frage, der ich im Folgenden am Beispiel von Religion und Frauenbildern nachgehen möchte. Religion und Geschlecht dürfen somit als determinierende Momente kulturalisierenden Schreibens aufgefasst werden.

III. Religion und Geschlecht: Kriterien homogener Kultur-Determination

Der Islam macht seit seiner Ausbereitung einen wesentlichen Bestandteil europäischer Orient-Bilder aus: literarisch wird seine Darstellung anfangs durch Dante, Henri Pirdeaux und Voltaire begleitet.[32] Schon hier dominieren theologische Weltanschauungen und polemische Feindbilder in der auf Homogenisierung bedachten Gestaltung des Raumes *Orient*. Obwohl mit dem Aufbau von

28 BACHELARD, 1964.

29 Ich diskutiere beide Begriffe auf der thematischen Grundlage, die durch Carsten Niebuhr (1733–1817) und Johann Gottfried Herder (1744–1803) gebildet wurde. Siehe ausführlich hierzu in TAFAZOLI, 2010, S. 83–112.

30 DANNEBERG, 1996, S. 194.

31 SCHLEIERMACHER, 1974, S. 31.

32 Siehe zum Islam-Bild in der Geschichte des christlichen Europas Daniel, 1960; Montgomery Watt, 2001; siehe in den neueren kulturwissenschaftlich orientierten Arbeiten: ATTIA, 2007; ARDALAN, 2003, S. 199–242; CALIKBASI, 2004, S. 103–126, BUNZL u. a., 2010, HODKINSON u. a., 2009.

Handelswegen Reisen zwischen heterologen Kulturen ermöglicht werden, bleibt die Dichotomie der Kulturbeschreibung, die im Umgang mit dem Anderen erlaubt, Differenzen zwar wahrzunehmen, sie aber so darzustellen, dass der vormoderne Zustand des Anderen garantiert bleibt, fortwährend bestehen.[33] Einer der Bereiche, der mit der Vor-Moderne assoziiert wird, ist Religion.

Eine religiös geprägte Sicht auf die Reise prägt Momente vor und während der Reise, so etwa bei dem ersten deutschen Persien-Reisenden Georg Tectander (1581–1614), der sich vom Anfang August bis Ende des Jahres 1603 in Persien aufgehalten und so die Möglichkeit hatte, sich ein Bild über Land und Leute zu machen, das er später für seinen Reisebricht ausarbeitete. In seinem Reisebericht stellt er sich zu Beginn als christlichen Reisenden vor, der ein heidnisches Land bereist; seine Reise sei ein Unternehmen, das der „gantzen Christenheit" dienen soll.[34] Zu einem gläubigen Christen bekennt sich auch Heinrich von Poser (1599–1661), der Isfahan im Juni 1621 besuchte. Vor seiner Abreise am 20. Januar 1621 aus Konstantinopel betete er zu Gott:

> Du […]/gütigster Gott/laß mich in dieser Reise nichts als dich suchen/und unter den Heiden/alles anklebende Heidnische Wesen unter meine Füsse treten. Dein Willen sey meine Leitschnur/mein Willen dein täglich[e]s Opfer. Ich werde überall frembde seyn. Du aber bleib mit mir/daß ich in dir/überall/als in meinem Vaterlande ruhig seyn könne.[35]

Mehr als zu Muslimen sucht Poser den Kontakt zu den Christen in Isfahan. Sogar der gelehrte Adam Olearius (1599–1671) sieht sich auf seiner Reise nach Russland und Persien (1635–1639) im Besitz der ‚richtigen' Weltanschauung:

> Man kan von frembden Völkern allezeit/wenn man nur wil/etwas gutes lernen; Seynd ihre Sitten und Gebräuche tugendhafft und löblich/folget man ihnen billich/seynd sie Lasterhafftig/oder stehen ihnen nicht wol an/sol man einen abschew dafür haben/daß Widerspiel thun/und sein Vaterland in solchen fall glückseliger als Jene schäßen.[36]

Tugendhaftigkeit (christlich) und nationales Bewusstsein (deutsch) sind seine Bestimmungskriterien, durch die er das „[D]enkwürdig[e]" auffasst.[37] ‚Denkwürdig' scheinen ihm die Besuche bei den Armeniern. Die Beschreibung ihrer Zeremonien erfolgt durch einen kontrastiven Urteil über den Islam, das bei der Erzählung über das Fest, bei dem das heilige Kreuz ins Wasser eingetaucht werden

---

33 ELLINGER, 2006, S. 278–292; TAFAZOLI, 2007, S. 143–207.

34 TECTANDER, 1610, Vorrede. Die „Vorrede" von Tectanders Reisebericht ist nicht paginiert.

35 POSER, 1675. Diese Ausgabe ist unpaginiert, siehe hier Kap. II, Abs. 1.

36 OLEARIUS, 1656, S. 2.

37 Ebd., S. 5.

soll, beispielhaft zum Ausdruck gebracht wird: Beim Marsch der Armenier zu einem Fluss seien sie auf Befehl des dortigen Statthalters von Soldaten begleitet worden, „damit [sie] nicht etwa von dem losen Gesinde der Muslimannen oder Mahumedisten […] überlästiget vnd [sic] beschimpfet wurden".[38] Damit positioniert Olearius die gesellschaftliche Praxis des Islam als eine dem Christentum feindlich gesinnte. Feindlich erscheinen Muslime nicht allein den Christen, sondern auch sich selbst gegenüber, wie etwa in Worten Tectanders: Über „Persianer Religion und Gottesdienst" habe er nichts erfahren können, außer dass Perser als Schiiten sich „die rechten Türcken" nennen,[39] unterschiedliche Auffassung von Religion haben und den Türken als Sunniten feindlich gegenüber stehen.[40] Die Art und Weise der Perspektivierung bei Olearius, Poser und Tectander homogenisiert die Völker unter dem Aspekt der Religion und verortet diese zugleich in einer mit vormodernen Kriterien behafteten ‚Kultur'. Die vorgebliche Homogenität derselben kommt vor allem dort zum Vorschein, wo Religion und Nation ineinander fließen. Engelbert Kaempfer (1651–1716) schreibt, dass die Einführung des Islam als Staatsreligion durch das Verbot der „bei den Türken verbreitete[n] mohammedanische[n] Glaubensform, die Sunna" geschah.[41] In Kaempfers Reisebericht folgt der Ethnisierung der Religion deren Politisierung, die sich vor allem dort vollzieht, wo religiöse Feiertage nicht als gesellschaftliche Praxis beschrieben, sondern unter *Wichtige Eigenschaften des persischen Hofes* als staatliche Angelegenheit zusammengefasst werden. Der Bezug zur Gesellschaft wird mit einem kurzen Satz eingeleitet: „Der Perserhof bekennt sich wie das einfache Volk zum Islam in der Form der Schi'a".[42] Die Koppelung von Religion und Staat geschieht durch die Legitimation des Königs als Nachfolger des islamischen Propheten.[43] Religion, Staat und Staatsoberhaupt fallen in Kaempfers Erzählung zusammen und dienen dabei der Homogenisierung sowohl religiöser als auch kultureller Vielfalt.

Olearius verweist auf das Gespräch eines türkischen Wesirs mit Augerius Gislenus Busbequius (1522–1592): Die Türken hassen die Perser und halten sie für „viel vngläubiger als die Christen".[44] Sie seien wie die Türken der „verführischen

38 Ebd., S. 428.
39 TECTANDER, 1610, S. 98.
40 Ebd., S. 98–100.
41 KAEMPFER, 1977, S. 176.
42 Ebd., S. 176. Die historische Grundlage findet sich auch bei Olearius (Olearius, 1656, S. 404, 632, 677).
43 Ebd., S. 21–24, 26f., 76, 126.
44 OLEARIUS, S. 675.

Lehre des Mahumeds“[45] verfallen und haben ein dunkles Geschichtsbuch, das sie „Alcoran“[46] nennen. Als „Muselman“ folgen sie dem Gebot: „Kein ander als ein einiger Gott/vnd Mahumed Gottes Apostel“.[47] Monotheismus und Anerkennung Mohammeds als Propheten werden jenseits der türkisch-persischen Feindschaft zu Gemeinsamkeiten beider Völker gezählt. Konkreter werden Differenzen in der Frage nach Mohammeds Nachfolger, an der Olearius die schiitische Glaubensrichtung in Abgrenzung zu der sunnitischen beschreibt,[48] sowie in den unterschiedlichen Auslegungen des Korans, der Reihenfolge von Imamen und Heiligen, im Bau der Moscheen und in Zeremonien als „essentialstücken [sic] des Glaubens“.[49] Hierzu zählt insbesondere die Beschneidungszeremonie, in der wohl das völlig Unbekannte liegt. Wenn Tectander vom persischen „Sontag“[50] – tatsächlich Freitag – erzählt, erwähnt er, donnerstags finde bei den Türken und Persern die Beschneidung statt; das Zeichen dafür sei das Brennen von Lampen in ihren Gemächern. Zu Muslim werden Kinder, sobald sie beschnitten seien, bemerkt Olearius.[51] Wie eng Reisende das Beschneiden und das Bekenntnis zum Islam als zugehörig betrachten, wird am Beispiel des Schweizer Uhrmachers Rudolf Stadler deutlich, der einen muslimischen Dieb tötete, daraufhin verhaftet und schließlich zum Tode verurteilt wurde. Olearius erzählt, Stadler habe die Gnade des Königs verdienen können, wenn er sich der Beschneidung gebeugt und den Persischen Glauben angenommen hätte.[52]

Zu zeremoniellen Anlässen gehört die Verrichtung des Gebets, deren Varianten Reisenden dazu dienen, Differenzen zwischen einer persischen und einer türkischen Art zu erkennen. Während Olearius behauptet, es „dürfen […] die Weiber in den Städten nicht in die Kirche kommen/damit sie nicht den Mannes Personen Ursache zu bösen Gedanken geben sollen“[53], meint Tectander, dass persische Frauen und Männer ihre „Kirchen“ getrennt betreten.[54] Morgens, mittags und abends schreien die Perser diese Wörter „Halla, Halla, Halla, Keckvva“, womit vermutlich *Allah-o Akbar* (Gott ist groß) gemeint ist; sie „brauchen die Wort[e] als

45 Ebd., S. 679.
46 Ebd., S. 675.
47 Ebd., S. 676.
48 Ebd., S. 677–680.
49 Ebd., S. 680.
50 TECTANDER, 1610, S. 103.
51 OLEARIUS, 1656, S. 676.
52 Ebd., S. 520–524.
53 OLEARIUS, 1656, S. 691.
54 TECTANDER, 1610, S. 102.

wir bey unns Christen der [sic] Glocken".[55] Tectander und Olearius gebrauchen das Wort *Kirche* für Moschee, obwohl sie mit Persern im Kontakt waren und ihnen das Wort Moschee nicht unbekannt war. Sowohl dies als auch der Ausdruck *bei uns* in Tectanders Worten zeigen, wie die eigenkulturelle Perspektive den Blick auf das Fremde prägt und dieses vereinnahmt. Der eigenkulturelle Blick auf das Fremde macht den Islam zu einem konstruierten Differenzbereich zwischen der europäischen und persischen, aber auch der persischen und der türkischen Kultur.

Trotz religiöser Vielfalt in Persien ist in den Reisebeschreibungen die Dominanz des Islam unverkennbar. Olearius, dem diese Vielfalt bekannt war,[56] vermeidet jede historische Auseinandersetzung mit der Religion durch den Verzicht auf die Beschreibung dessen, „was vor alters der Perser Glauben gewesen/wie sie die Sonne [...] Mond/die *Venus*, vnd das Fewr geehrt vnd angebetet [haben]".[57] Der besondere Fall der persischen Kultur tritt jedoch in der Frage zum Vorschein, wie der Islam in einer Kultur, die in ihrer Geschichte nicht islamisch war, später aber mit dem Islam umgehen lernte, Veränderungen beeinflusst; genau das klammert Olearius aus! Die Figur des Reisenden kennzeichnet sich hierbei als die Figur eines selektiven und zum Homogenisieren geneigten Beobachters. Ein klassisches Beispiel bilden Begriffe wie *Mahumedist* bei Olearius oder *Mohammedaner* bei Niebuhr, der später die Bildung dieses Kollektivs durch die Zusammenführung von Religion und Kleidung verschärft:

> Die Türken, die Araber, die Perser, kurz alle Mohammedaner tragen lange weite Kleider, doch hat jede Nation etwas Besonders, so daß man sie leicht voneinander unterscheiden kann. Die in den Städten wohnenden Morgenländer verändern ihre Moden überdies genauso wie die Europäer.[58]

Verschiedene Mechanismen verbinden diese beiden Sätze miteinander: Zunächst werden unterschiedliche Ethnien durch die Figur des Propheten zusammengeführt. Kaum geht diese Zusammenführung in eine nationale über, spricht Niebuhr dann allerdings von Differenzen und Unterschieden innerhalb der Religion, die offenbar ‚national' bedingt sind. Im zweiten Satz wird der Vergleich auf die Ebene der „Stadt" verlagert, wo die Mode eine europäeische ist. Kleidung wird somit zu einem Kriterium erklärt, das religiöse Homogenisierung, nationale Differenzierung und vertraute Identifizierung signalisieren soll; sie wird zu einer Metapher der Kulturalisierung. Die Persepktivierung gesellschaftlicher Verschränkungen

55 Ebd., S. 101.
56 OLEARIUS, 1656, S. 428–430.
57 Ebd., S. 675.
58 NIEBUHR, 1983, S. 31.

prägt die Sicht auf das Fremde und erweitert es auf Geschlechterverhältnisse, innerhalb derer persische Frauen aus einem eurozentrischen Blick nicht nur *orientalisiert*, sondern aus einem männlichen Blick auch *sexualisiert* werden. Sexismus und Patriarchat werden folglich zu Bestimmungskriterien des ‚islamischen' Orients erklärt und bilden die Grundlage zur Beschreibung von Perserinnen.[59] Neben Kleidung als Metapher treten Sexismus und Patriarchat als Motive einer Kulturalisierung. Die Analyse von Frauenbildern stellt die komplexe Beziehung von sexueller Differenz und die Konstruktion der Geschlechtsidentität im Prozess kultureller Fremddarstellung dar[60] und bestätigt Hélène Cixous' Gedanken über die Kolonialisierung des weiblichen Körpers durch den männlichen Diskurs.[61]

Die Beschreibung von Frauen verläuft entlang der Themen Aussehen, Ehe und Lust/Begierde. Zentral ist das Verhältnis zwischen Mann und Frau, das mit Polygynie und Geschlechtermacht im religiösen Kontext unmittelbar in Verbindung gebracht wird. Polygamie wird mit dem Bezug zum König und seinen Frauen beschrieben und durch die Übertragung auf persische Männer vergesellschaftlicht. Poser berichtet beispielsweise von vielen Frauen des Schahs und bezeichnet sie als Sklavinnen, die „in ihrer Landes-Kleidung/welche der Bulerey des Königes würdig geachtet werden", an den Hof gebracht werden.[62] Kaempfer erzählt über „Verkünder des Aufenthaltsverbotes, den sogenannten Qoruqtschy",[63] welche Männer von den Straßen verjagen, wenn der König mit seinen Frauen durch die Stadt geht:

> Am Tag des Durchzuges reitet eine Abteilung Sufi [?] mehrere Stunden vor dem Aufbruch des Harems voraus, um das Qoruq zu verkünden […]. Da werden keine langen Reden geführt; das mehrfache Rufen des Wortes Qoruq genügt vollauf, um jeden in die Flucht zu schlagen, der dem sonst unausweichlichen Peitschenhieb entgehen will, gleichviel ob er sich gerade im Freien oder im Innern seiner Behausung befindet.[64]

Während Posers und Kaempfers Erzählungen über Polygamie in den höfischen Kontext eingebettet sind, verallgemeinert Olearius dieses Bild:

59 So meine These in *Odalisken und Liebessklavinnen* (TAFAZOLI, 2014).
60 SCHMITZ, 2006, S. 39.
61 CIXOUS, 1986, S. 68.
62 POSER, 1675, Kapitel 2,1.
63 KAEMPFER, 1977, S. 234.
64 Ebd., S. 234.

> In Geilheit vnd Vnkeuschheit geben die Perser keiner Nation etwas zuvor/denn neben dem das sie viel Weiber nehmen/hangen sie der Hurerey gewaltig nach. Es werden auch in allen Städten [...] offentliche Hurhäuser gehalten/vnd von der Obrigkeit beschüßet [sic].[65]

Er beschreibt die Polygamie als Brauch und betrachtet ihren Grund im Anschluss an Strabo im Kinderwunsch der Perser. Vom historischen Kontext schlägt er die Brücke zur Religion und sakralisiert die Ehe: „Mahumed hat es im Alcoran ihnen [den Muslimen] vergönnet vnd gut geheissen/daß sie auch vermüge ihrer Religion so viel Weiber nehmen mügen/als ihnen beliebet/vnd sie ernehren können".[66] Bei Olearius findet sich jedoch die einschränkende Bemerkung, Polygamie sei ein Statussymbol der reichen Leute, die sich mehrere Frauen leisten können. Wie dem auch sei, Polygamie ist für ihn kein denkbares Modell:

> Was aber die vielheit der Weiber ihnen [den Persern] zum offtern verursache/müssen sie mit grossem Schaden erfahren. Es kan vnter solchen Eheleuten nicht rechte inbrünstige Liebe vnd Vertrawligkeit seyn. [...] Sie können nicht alle Weiber gleich lieb haben. Dann die Liebe/so zertheilet/ist nimmer so kräfftig/als wo sie beysammen bleibet vnd auff einen allein fält.[67]

Bereits Tectander erzählte, die Perser hielten kaum etwas vom Ehestand und nähmen oder kauften so viele Frauen, wie sie ernähren können.[68] Diesem Urteil schließt sich der Naturforscher Samuel Gottlieb Gmelin (1744–1774) mit einer zusätzlichen Behauptung an, die wahren Reize einer ehelichen Verbindung seien den Persern unbekannt.[69] Die von der Religion hergeleitete Rechtfertigung der Polygamie verortet das Geschlechterverhältnis in einem Kontext religiöser Weltanschauung, bringt die Ehe mit erotischer Lust und Begierde in Einklang und bewertet diese Art und Weise der Eheführung als anstößig. Dieses Anstößige als Abbild einer durch die Religion homogenisierten Kultur wird ungeachtet der eigenen Kultur *orientalisiert.* In *Sexualität und Wahrheit* spricht Foucault von drei expliziten Codes, die bis Ende des 18. Jahrhunderts sexuelle Praktiken in Europa beherrschten. Kanonisches Recht, christliche Pastoraltheologie und Zivilrecht hatten die Aufgabe, Erlaubtes von Verbotenem zu Unterscheiden, wobei die verschiedenen Codes keine klare Unterscheidung zwischen Verstoß gegen die Regeln der Ehe ermöglichten. Gesetze der Ehe zu brechen oder andersartige Lüste zu

---

65 OLEARIUS, 1656, S. 592.
66 Ebd., S. 602.
67 Ebd., S. 603.
68 TECTANDER, 1610, S. 107.
69 GMELIN, 1774, S. 153.

suchen, galten als schlechterdings verdammungswürdig.[70] Die Beschreibung der Eheführung im orientalischen Kontext dient dazu, die Primitivität des Fremden zu veranschaulichen und historisch zu begründen:

> In nichts zeigt sich das sanguinische Temperament der Perser deutlicher als in der Begierde zu den fleischlichen Lüsten. Ein Perser glaubt deßwegen hauptsächlich auf der Welt zu seyn, daß er dieser freyen und ungehinderten Lauff laße. In der Befriedigung derselben sucht er sein vornemstes Vergnügen [...] weil er glaubt, daß der Genuß desselben von dem Bewußtseyn der Menschlichkeit in diesem Leben ohnmöglich getrennt werden könne, so gibt er vor, daß sein Prophet Mahomed aus diesem Grund von Gott befehliget worden, die Lehre, welche Jesus gepredigt hat, zu ändern, und aus derselben eine solche fest zu seßen.[71]

Durch den expliziten Bezug zum Propheten findet Gmelin den Grund für die moralische Verworfenheit im Islam, der Persern erlaubt, ihrem sexuellen Trieb nachzugehen: „Das weibliche Geschlecht ist für die ausgelassene Triebe der Perser nicht hinlänglich. Sie halten auch vielfältig mit dem Vieh zu und die Knaben-Schänderey ist überall im Schwang".[72]

Wollust, Erotik und Tanz unterstreichen die in der ‚falschen' Religion und dem ‚falschen' Propheten begründete moralische Verworfenheit der Perser,[73] die sich im Harem als Ort ihrer Vergesellschaftlichung widerspiegelt. Mit dem Harem als Ort zur Befriedigung geselliger und körperlichen Bedürfnisses werden Macht, Lust und Begierde assoziiert. In ihm kommen Sinnlichkeit und Grausamkeit, Freiheit und Gefangenschaft, männliche und weibliche Macht/Machtlosigkeit, Sexualität, Liebesordnung, Bosheit, Intrige, Langeweile und Übersättigung zusammen. Der Harem entwickelt sich zu einem der zentralen phantasmatischen Topoi in Schilderungen über Persien, an denen auch Vorstellungen über den ‚weiblichen' Orient haften; er wird – wie der Orient selbst – übersemantisiert. Bemerkenswert ist jedoch, dass männliche Reisende laut eigener Aussagen keineswegs die Erlaubnis hatten, diesen Ort zu betreten; das bedeutet, dass ihre Darstellungen weitgehend auf Vermutungen, Erzählungen und Vorgestelltem beruhen. Einzig wissen wir von Kaempfer, dass es ihm gelang, auch das Innere des Harems – aber nicht die Frauen – zu sehen.[74] Der Harem als abgeschlossener und geschützter Bereich bietet den Reisenden das ideale Motiv für Imagination. Hier gehen Religion, Weiblichkeit, Polygamie und Erotik Hand in Hand. Durch

70 FOUCAULT, 1983.
71 GMELIN, 1774, S. 152–53.
72 Ebd., S. 153.
73 OLEARIUS, 1656, S. 593.
74 KAEMPFER, 1977, S. 227–232.

dessen Thematisieren begründen europäische Reisende ihre Kritik am Geschlechterverhältnis und projizieren ihre Abneigung auf die persisch-islamische Kultur.

Die Technik gleichzeitiger Beobachtung und Bedeutungszuschreibung erinnert stark an Flauberts Begegnung mit einer ägyptischen Dirne, die weder sich selbst zeigt, noch ihre Geschichte erzählt. Stets spricht *Er* über, beziehungsweise für sie. Er ist ein wohlhabender Fremder und erlaubt sich, Kuchuk Hanem dem Leser zu beschreiben, worin ihr *typisch Orientalisches* besteht. Für Said wird Kuchuk Hanem in jeder Hinsicht von ihrem Beschreiber konstruiert und wird von ihm nicht nur als das andere Geschlecht, sondern auch als soziale und fremde Strukturkategorie aufgefasst.[75] Flauberts weibliche Figur ist ein Beispiel für den *Orientalism* im Hinblick auf die Bezeichnung der orientalischen Frauen als „creatures of a male power-fantasy".[76] Im Bereich des Nicht-Eigenen haften an persischen Frauen Beschreibungen, in denen sich Rassismus, Sexismus und Triebhaftigkeit zusammenfinden. Kulturalisiert wird diese Phantasie durch die Reisenden insofern, als dem andersartig Fremden die kulturelle Dichotomie der Religion und des Geschlechtes innerhalb eines Territoriums – genannt Persien – zugrunde gelegt wird, und zwar so, dass der Islam für den gesamten Orient nicht allein als Religion steht, sondern als Wert, Schablone und Codesystem. Die Verhältnisse zwischen Religion und Geschlecht vereinen beide Seiten und essentialisieren sie als Kultur aus einem eurozentrischen Blickwinkel: „Die Natur hat dem schönen Geschlecht nicht in allen Ländern denjenigen Vorzug eingeräumt, den solches in Europa genießt".[77]

IV. Kulturalisierendes Schreiben *versus* plurale Lesbarkeit von Kultur

Die Gleichsetzung Persiens mit dem Islam und Orient ist ein anschauliches Beispiel für Darstellung kultureller Beobachtung, Beschreibung und Stereotypisierung. Dichter, Philologen und Philosophen haben es geschafft, mit dem Begriff

75 Theoretische Grundlage bieten Gudrun Schäfer und Rose Wecker an. Sie verstehen ihren Beitrag zur Konstruktion der Weiblichkeit als eine Studie, die von der Norm einer männerzentrierten Gesellschaft ausgeht und in ihr Frauen als Fremde begreift. Zugleicht betrachtet die Studie Zuschreibungen von Weiblichkeit in Konstruktionen von Fremdheit eingebunden. Hier stellt sich die Frage nach dem Umgang mit Frauen in unterschiedlichen sozialen Kontexten. So wird das Geschlecht als soziale Strukturkategorie aufgefasst (SCHÄFER/WECKER, 1997).

76 SAID, 1978, S. 207.

77 GMELIN, 1774, S. 154.

Orient verschiedene Regionen in einer paradoxen Einheit zu versammeln. Die Reduktion vielfältiger Kulturen auf nur einen im Bewusstsein vorhandenen Aspekt beeinträchtigt *sui generis* die interkulturelle Dimension kultureller Begegnung. Die Analyse der Texte zeigt, dass diese Beeinträchtigung bei der Legitimierung der Reise unter dem nationalen und religiösen Aspekt bereits beim Reisebeginn am Werk ist, wenn hier ein eigener Nationalcharakter konstruiert wird, der ohne einen fremden Bezug kaum existieren kann.[78]

Die hier auf die Islam- und Frauen-Bilder beschränkte Textanalyse weist einerseits bei der Begegnung mit Andersheit ständige Versuche zu ihrer Vereinnahmung auf und belegt anderseits die gegenwärtig diskutierte These, die Degradierung der Andersheit nicht allein als Folge einer Fremdwahrnehmung aufzufassen, sondern auch als einen historischen Makel mit einer Reichweite über Jahrhunderte.[79] Die Homogenisierung der Kultur durch die Religion macht diese weniger zu einem diskursiven Feld; vielmehr wird dadurch die Projektionsfläche eigener Vorbehalte, Unkenntnisse und Ängste im Umgang mit kultureller Andersheit gebildet. Durch parallele Analyse von Islamfeindlichkeit und Antisemitismus etwa wird die These vertreten, dass Religionen, vermögens ihres Potentials zur Bildung von Stereotypen und Feinbildkonstruktionen diesen einen fruchtbaren Boden bereiten. Überzeugte diese These, so wäre die Frage nach dem Umgang mit Feindbildern und Stereotypen berechtigt. In diesem Zusammenhang begründet die interkulturelle Psychoanalyse die These, Feindbilder und Stereotypen ließen sich nicht völlig beseitigen, sondern sich bestenfalls durch akademische Diskurse reduzieren. Deshalb sei es sinnvoll, zunächst Mechanismen der Stereotypisierungen gegenüber Andersartigkeit von ihrem historischen Kontext her zu erforschen.[80] Das Ziel sollte sein, kulturelle Fremdheitsbilder aus dem Bereich des Vorurteils in den der Erkenntnis zu führen. Darin besteht das Potential der Interkulturalität als Disziplin, die sich weigert, Kultur-Diskurse auf einer dichotomischen Basis zu führen.

Die kritische Analyse der deutschsprachigen Persien-Berichte als „Medium der Welterfahrung“ und als „Informationsmonopol“[81] bestätigt die These über die

---

78 BELLER, 2006.

79 Neuere Forschungen warnen vor der Vorstellung, Islamfeindlichkeit nur als Folge der Anschläge von 09/11 zu betrachten. Inzwischen legt eine Reihe von Untersuchungen über religiöse Feindbilder am Beispiel des Antisemitismus und der Islamfeindlichkeit ausreichende Belege für eine historische Verwurzelung religiöser Feindbilder vor (siehe hierzu BENZ, 2008; SCHNEIDERS, 2010; SCHNEIDERS, 2010a).

80 HAHN, 2004; THOMAS, 2006.

81 BRENNER, 1989, S. 38.

Eigentümlichkeit moderner Gesellschaften, die vor allem in der Bezeichnung der eigenen Selbstbeschreibung als *Kultur* zu Tage tritt. Niklas Luhmann betrachtet im Anschluss an Rousseaus Polarisierung von ‚Kultur' und ‚Natur' die Kultur als etwas, was vergleichbar ist. Die Vergleichbarkeit von Kulturen bedeutet in der kulturellen Begegnung auch Verunsicherung des Eigenen, der man zu entkommen versucht, indem das Fremde in den Bezugsrahmen des Primitivismus gedrängt wird; darin zeigt sich auch der Gegensatz von Kultur und Natur.

Die Reduktion der Kultur auf subjektive Betrachtungen ignoriert jedoch vielfältige Erscheinungsformen und unterschiedliche Interpretationsmöglichkeiten verschiedener Gesellschaftsphänomene. Reiseberichte einer interkulturellen Lesart zu unterziehen, heißt zuallererst die dichotomische Wertung aus ihrer Vergleichbarkeit wegzudenken, ihnen sodann das Potential der vielfältigen Interpretierbarkeit anzuerkennen und ihre Interpretation weniger durch Urteile festzulegen als vielmehr durch die Praxis des Vergleichens. Eine solche Praxis lässt sich durch den modernen Kultur-Begriff rechtfertigen, denn dieser sei, so Dirk Baecker, das „Ergebnis der intellektuellen Praxis des Vergleichens".[82] Ein auf diese Weise aufgefasster Kultur-Begriff lockt mit „Orientierung", bietet aber auch die „Ungewissheit" darüber, „wie lange die eine Orientierung gegenüber anderen Orientierungen aufrecht erhalten werden kann".[83] Beschreibungen des Beobachteten erweisen sich als eine durchaus komplexe Angelegenheit; hier erweitert Baecker Luhmanns System der Beobachtung, wenn er die komplexe Angelegenheit darin sieht, dass „Beobachtungen von anderen Beobachtern beobachtet" werden,[84] was für das Beschreiben nicht folgenlos ist:

> Beschreiben heißt, auf andere Beobachter zu stoßen, auf sich selbst als Beobachter zu stoßen und der Bedingungen gewahr zu werden, unter denen Beobachtungen angefertigt werden können. Beschreiben heißt, einen Text anzufertigen, in dem auch andere Beobachter vorkommen können. Und Beschreiben heißt, einen Text anzufertigen, der seinem Autor Gelegenheit gibt, sich selbst beim Beobachten zu beobachten.[85]

Von diesem Verständnis aus ist der Weg zu einer pluralen Auffassung von Kultur in der textuellen Kultur-Ermittlung nicht mehr weit, wenn der kulturelle Wert eines literarischen Textes in seiner „Mehrfachkodierung innerhalb einer plural verstandenen Welt" gesehen wird.[86] Die interkulturelle Lesart der Reiseberichte

82 BAECKER, 2013, S. 191.
83 Ebd.
84 Ebd., S. 195.
85 Ebd., S. 196.
86 BRONFEN, 1997, S. 7.

kann demnach ein Experimentfeld für mehrfach kodierte Konstruktionen von Identitäten und Kulturen innerhalb imaginierter Gesellschaften mit einem pluralen Bezugsrahmen zur Welt bedeuten. Für den Rezipienten bedeutet diese Lesart, von der Vorstellung einer Kohärenz zwischen jener im Text dargestellten Kultur und der in der außertextuellen Wirklich erlebten Kultur Abstand zu nehmen.

In der textuellen und visuellen Repräsentation Persiens existieren noch heute Schleier, Bart und Turban u. ä. Hinzu kommen Themen wie Terrorismus, Frauenfeindlichkeit und fehlende Demokratie als Kennzeichen kultureller Rückständigkeit, um den Primitivismus des Fremden gerecht zu werden. Die historische Konstruktion Persiens durch die Verschränkung von Weiblichkeit und Islam als Geschlechts- und Religionsfremde erfährt heute zwar eine andere Dimension, verläuft aber nach demselben Verfahren: Die verschleierte Frau ist das Symbol der Rückständigkeit und Unterdrückung und erfüllt die Rolle einer tragenden Figur etwa in der Ikonographie medialer Kulturdarstellung. Ein an interkulturellen Fragestellungen orientierter Umgang mit Kultur und ihrer Beschreibung in Kunst und Literatur befreit die Debatten von Essentialismus und Homogenisierung und ebnet den Weg zu einem Verständnis von Kultur als etwas, das bereits im Moment seiner Beschreibung dabei ist, sich zu transformieren. Transformation als Anspruch der Kultur in jeder Epoche zu sehen, bedeutet zugleich Kultur vor dem Zwang der Funktionalisierung und Essentialisierung zu befreien.

Bibliographie

ARDALAN, MARJAM: Der Iran im Spiegel deutschsprachiger Reiseberichte im 19. Jahrhundert, Frankfurt a.M. 2003.

ATTIA, IMAN (Hg.): Orient- und IslamBilder. Interdisziplinäre Beiträge zu Orientalismus und antisemitischem Rassismus, Münster 2007.

BACHELARD, GASTON: The Poetics of Space, New York 1964.

BAECKER, DIRK: Gesellschaft als Kultur oder Warum wir beschreiben müssen, wenn wir erkennen wollen, in: Zeitschrift für interkulturelle Germanistik 4,1 (2013), S. 189–199.

BELLER, MANFRED: Typologia reciproca. Über die Erhellung des deutschen Nationalcharakters durch Reisen, in: Ders.: Eingebildete Nationalcharaktere. Vorträge und Aufsätze zur literarischen Imagologie, hg. von ELENA AGAZZI, Göttingen 2006, S. 105–124.

BENJAMIN, WALTER: Gesammelte Schriften, hg. von ROLF TIEDEMANN u. a., unter Mitwirkung von THEODOR W. ADORNO u. a., 7 Bde. und Supplement, Frankfurt a.M. 1972–1999.

BENZ, WOLFGANG (Hg.): Jahrbuch für Antisemitismusforschung, Berlin 2008.

BRENNER, PETER J.: Die Erfahrung der Fremde. Zur Entwicklung einer Wahrnehmungsform in der Geschichte des Reiseberichts, in: Der Reisebericht. Die Entwicklung einer Gattung in der deutschen Literatur, hg. von PETER J. BRENNER, Frankfurt a.M. 1989, S. 14–49.

BRONFEN, ELISABETH (Hg.): Hybride Kulturen. Beiträge zur anglo-amerikanischen Multikulturalismusdebatte, Tübingen 1997.

CALIKBASI, DURDUN: Das Osmanische Reich in der Darstellung deutschsprachiger Reisberichte um die Jahrhundertwende 1900, Norderstedt 2004.

CIXOUS, HÉLÈNE/CLEMENT, CATHERINE: The Newly Born Women, Minneapolis 1986.

DANIEL, NORMAN: Islam and the West. The Making of an Image, Oxford 1960.

DANNEBERG, LUTZ: Beschreibungen in den textinterpretierenden Wissenschaften, in: Betrachten – Beobachten – Beschreiben. Beschreibungen in Kultur- und Naturwissenschaften, hg. von RÜDIGER INHETVEEN u. a., München 1996, S. 193–224.

ELLINGER, EKKEHARD: Deutsche Orientalistik zur Zeit des Nationalsozialismus 1933–1945, Edingen-Neckarhausen 2006.

ERNST, THOMAS/HEIMBÖCKEL, DIETER: Verortungen der Intertextualität und die Perspektiven der vergleichenden Kulturhauptstadtforschung. Einführung und Überblick, in: Verortungen der Interkulturalität. Die Europäischen Kulturhauptstädte Luxemburg und das Großregion (2007), das Ruhrgebiet (2010) und Istanbul (2010), hg. von DENS., Bielefeld 2012, S. 7–18.

EURIPIDES: Bakchen, Frankfurt a. M., 1999.

FOUCAULT, MICHEL: Wahnsinn und Gesellschaft, Frankfurt a. M. 1969.

– Sexualität und Wahrheit, Bd. I.: Der Wille zum Wissen, Frankfurt a.M. 1983, S. 50–66.

– Die Ordnung des Diskurses, Frankfurt 1993.

GEERTZ, CLIFFORD: Dichte Beschreibung. Beiträge zum Verstehen kultureller Systeme, Frankfurt a. M. 1983.

GMELIN, SAMULE G.: Reise durch das nordliche Persien […], St. Petersburg 1774.

GÜNTER, MANUELA: Arbeit am Stereotyp. Der ‚Türke' in der deutsch-türkischen Gegenwartsliteratur, in: Räume der Hybridität. Postkoloniale Konzepte in Theorie und Literatur, hg. von CHRISTOF HAMANN u. a., Hildesheim 2002, S. 161–175.

HAHN, HANS HENNING (Hg.): Stereotyp, Identität und Geschichte. Die Funktion von Stereotypen in gesellschaftlichen Diskursen, Frankfurt a. M. 2004, S. 17–56.

HAMACHER, WERNER: Heterautonomien, in: Zeitschrift für interkulturelle Germanistik 2,1, 2011, S. 117–138.

HEIMBÖCKEL, DIETER/MEIN, GEORG: Zwischen Provokation und Usurpation oder Nichtwissen als Zumutung des Fremden, in: Zwischen Provokation und Usurpation. Interkulturalität als (un)vollendetes Projekt der Literatur- und Sprachwissenschaften, hg. von DIETER HEIMBÖCKEL u. a., München 2010, S. 9–14.

– Interkulturalitäts- als Nichtwissensforschung, in: Vielheit und Einheit der Germanistik weltweit, hg. von FRANCISZEK GRUCZA, Frankfurt a.M., 2012, S. 35–39.

– Die deutsch-französischen Beziehungen aus interkultureller Perspektive, in: Zeitschrift für interkulturelle Germanistik 4,2 (2013), S. 19–39.

– Paradies mit Hintertür. Strategien und Inszenierungen der Verweigerung bei Kleist, in: Risiko – Experiment – Selbstentwurf. Kleist radikale Poetik, hg. von HANS RICHARD BRITTNACHER u. a., Göttingen 2013, S. 369–384. [zitiert als 2013a]

HODKINSON, JAMES/MORRISON, JEFFREY: Encounters with Islam in German Literature and Culture. New York 2009.

HOFMANN, MICHAEL: Interkulturelle Literaturwissenschaft. Eine Einführung, Paderborn 2006.

HONOLD, ALEXANDER: Das Fremde. Anmerkungen zu seinem Auftritt in Kultur und Wissenschaft, in: Der Orient, die Fremde. Positionen zeitgenössischer Kunst und Literatur, hg. von REGINA GÖCKEDE u. a., Bielefeld 2006, S. 21–38.

HORKHEIMER, MAX/ADORNO, THEODOR: Dialektik der Aufklärung, Frankfurt a.M. 1969.

KAEMPFER, ENGELBERT: Am Hofe des persischen Großkönigs 1684–1685, hg. von WALTHER HINZ, Tübingen1977.

LUHMANN, NIKLAS: Die Kunst der Gesellschaft, Frankfurt a. M. 1995.

MECKLENBURG, NORBERT: Das Mädchen aus der Fremde. Germanistik als interkulturelle Literaturwissenschaft, München 2008.

MONTESQUIEU, CHARLES-LOUIS DE SECONDAT: Persische Briefe, Stuttgart 1991.

MONTGOMERY WATT, WILLIAM: Der Einfluss des Islam auf das europäische Mittelalter, Berlin 2001.

NIEBUHR, CARSTEN: Entdeckungen im Orient. Reise nach Arabien und andere Ländern 1761–1767, Stuttgart 1983.

OLEARIUS, ADAM: Vermehrte Newe Beschreibung Der Muscowitischen vnd Persischen Reyse [...], Schleswig 1656.

POSER, HEINRICH VON: [...] Tage-Buch seiner Reise von Constantinopel aus durch d. Bulgarey, Armenien, Persien und Indien [...], Jehna 1675.

SAID, EDWARD: Orientalism, New York 1978.

SCHÄFER, GUDRUN/WECKER, ROSE (Hg.): Konstruktionen von Weiblichkeit – Blick auch das Fremde, Pfaffenweiler 1997.

SCHLEIERMACHER, FRIEDRICH: Hermeneutik. Nach den Handschriften neuherausgegeben und eingeleitet von Heinz Kimmerle, Heidelberg 1974.

SCHMITZ, MARKUS: Orientalismus, Gender und die binäre Matrix kultureller Repräsentation, in: Der Orient, die Fremde. Positionen zeitgenössischer Kunst und Literatur, hg. von REGINA GÖCKEDE u. a., Bielefeld 2006, S. 39–66.

SCHNEIDERS, THORSTEN G. (Hg.): Islamfeindlichkeit. Wenn die Grenzen der Kritik verschwimmen, Wiesbaden 2009 [zweite aktualisierte und erweiterte Auflage 2010].

– Islamverherrlichung. Wenn die Kritik zum Tabu wird, Wiesbaden 2010 [zitiert als 2010a].

TAFAZOLI, HAMID: Der deutsche Persien-Diskurs. Zur Verwissenschaftlichung und Literarisierung des Persien-Bildes im deutschen Schrifttum von der frühen Neuzeit bis in das neunzehnte Jahrhundert, Bielefeld 2007.

– „Sie meinen die Christen hätten einen falschen Glauben [...]". Zum Islambild in der deutschen Literatur am Beispiel einiger Reiseberichte des 17. Jahrhunderts, in: Islamfeindlichkeit. Wenn die Grenzen der Kritik verschwimmen, hg. von THORSTEN SCHNEIDERS, Wiesbaden 2009, S. 85–98.

– Erinnerungskultur und antike Identitätsmuster. Herders Mythologisierung der Monumente von Persepolis, in: Herder Jahrbuch X (2010), S. 83–112.

– Odalisken und Liebessklavinnen. Der männliche Blick auf Frauen in textueller Kulturvermittlung, in: Orbis Litterarum 69.5 (2014), S. 355–389.

TECTANDER, GEORG: Iter Persicum [...], Altenberg in Meissen 1610.

THOMAS, ALEXANDER: Die Bedeutung von Vorurteil und Stereotyp im interkulturellen Handeln, in: Interculture Journal 2 (2006), S. 3–20.

WIERLACHER, ALOIS: Distanz, in: Handbuch interkulturelle Germanistik, hg. von DEMS./ANDREA BOGNER, Stuttgart 2003, S. 222–227.

IV.
Interkulturalität – Postkolonialität – Experimentalität

Julian Osthues

Luxemburg postkolonial? Zur Leistung einer postkolonialen Perspektive im Horizont der Interkulturalitätsforschung

Although at no time Luxembourg appeared as a colonial power, a globally oriented society such as Luxembourg's, which is also much characterized by mobility and migration, experiences conflicts which, in the research context of interculturality, allow for or even require a post-colonial point of view. Apart from the dubiousness of a colonial history of Luxembourg, it is about finding out, by way of positioning still recent post-colonial studies within German studies, what may be the achievement of a post-colonial point of view within the horizon of interculturality research.

Einleitung

Obwohl Luxemburg zu keiner Zeit als Kolonialmacht aktiv in Erscheinung trat, so ist eine global orientierte, von Mobilität und Migration stark geprägte Gesellschaft wie die luxemburgische von Konflikten betroffen, die im Forschungskontext der Interkulturalität eine postkoloniale Perspektive zulassen – wenn nicht sogar erforderlich machen.

Von dieser These aus stellt der folgende Beitrag zwei Fragestellungen in den Fokus: Im ersten Abschnitt (I.) soll zunächst die Fragwürdigkeit einer Kolonialgeschichte Luxemburgs thematisiert werden, die sich ungeachtet ihrer Provokation durchaus anschlussfähig zeigt an das zweite Anliegen: Wenn im Rahmen dieses Bandes vom ‚interkulturellen Labor' gesprochen wird, für das der Mikrokosmos Luxemburg hypothetisch Modell steht, so geht dieser Beitrag davon aus, dass innerhalb dieser ‚Versuchsanordnung' gerade postkoloniale Perspektiven eine wichtige Rolle einnehmen können, weil sie Aspekte und Problemkonstellationen kritisch in den Blick rücken, die im Fokus von Interkulturalität – besonders durch ihre Emphatisierung im Kontext interkultureller Kommunikation – häufig in den Schatten geraten. Im zweiten Abschnitt (II.) gilt es daher, in einer Art ‚Bilanz und Standortbestimmung' nicht nur das Profil der noch jungen Postkolonialen Studien in der Germanistik, die sich seit der Jahrtausendwende im deutschsprachigen

Forschungskontext allmählich herausgebildet haben,[1] zu beschreiben. Ebenso sollen kritische Schnitt- und Grenzbereiche aufgezeigt werden, an denen sich Gemeinsamkeiten und Ähnlichkeiten, aber auch Differenzen zur germanistischen Interkulturalitätsforschung zeigen.[2] Ein Hauptaugenmerk liegt dabei auf der Frage nach der Leistung postkolonialer Perspektiven im Horizont der Interkulturalität. Und ganz konkret: Worin liegt das Potential einer postkolonial orientierten interkulturellen Literaturwissenschaft? Dieser Frage widmet sich der Schluss des Beitrags (III.), der darüber hinaus versucht, die Potentialität postkolonialer Perspektiven für luxemburgische Laborsituationen auszuloten.

Dass die hier aufgerufenen Grundfragen nicht bei Null ansetzen, zeigt ein Blick auf erst kürzlich erschienene, einschlägige Überblicksarbeiten, die sich sowohl mit der Beschreibung bzw. Bestandsaufnahme der Postkolonialen Studien in der Germanistik[3], mit dem Verhältnis von Postkolonialität und Interkulturalität[4] als auch dem Grad der Etablierung der Interkulturellen Germanistik/Postkolonialen

1 Gabriele Dürbeck setzt in ihrem Beitrag eine allmähliche Zunahme der Rezeption anglo-amerikanischer Forschungsansätze um das Jahr 2000 an. (vgl. DÜRBECK, 2014, S. 24)

2 Zum Problem der Mehrdeutigkeit der Begriffe und ihrer uneinheitlichen Verwendung seien hier ein paar einleitende Anmerkungen gegeben: Andrea Leskovec hat darauf aufmerksam gemacht, dass die Begriffe ‚interkulturelle Germanistik', ‚interkulturelle Literaturwissenschaft' und ‚interkulturelle Hermeneutik' zwar synonym Verwendung finden, sich jedoch institutionell wie theoretisch-methodologisch voneinander unterscheiden: „Interkulturelle Germanistik wird meistens mit dem Fach Deutsch als Fremdsprache verknüpft, aus dem sie sich entwickelt hat, und ist als übergreifender Forschungsbereich innerhalb der Germanistik zu verstehen; interkulturelle Literaturwissenschaft wird dagegen mit der kulturwissenschaftlichen Wende in den Geisteswissenschaften konnotiert, und interkulturelle Hermeneutik beschäftigt sich mit interkulturellem literarischem Verstehen." (LESKOVEC, 2011, S. 10) Ähnlich verhält es sich mit dem Begriff ‚Postkoloniale Studien'. Gabriele Dürbeck hat die Mehrdeutigkeit des Begriffs hervorgehoben, die sich in vier Richtungen systematisieren lässt: „Mit dem Begriff Postkoloniale Studien wird sowohl ein theoretischer Ansatz, ein Forschungsfeld, wie auch ein Theoriediskurs in den Literatur- und Kulturwissenschaften oder ein Lektüremodell bezeichnet." (DÜRBECK, 2008) Dabei gibt es auch hier einige Synonyme, die Verwirrung stiften und auf die Beate Burtscher-Bechter verweist: „Für die postkoloniale Literaturtheorie gibt es weder im deutschsprachigen noch im englischsprachigen Raum eine einheitliche Bezeichnung, sie wird u. a. mit Postcolonial Criticism, Postcolonial Theory, Postcolonial Studies, postkoloniale Theorie und postkoloniale Literaturkritik umschrieben" (BURTSCHER-BECHTER, 2004, S. 276).

3 Vgl. DÜRBECK, 2014.

4 Vgl. HONOLD, 2014.

Studien im Horizont traditioneller Germanistik auseinandersetzen.[5] Der vorliegende Beitrag will im Rahmen seiner Möglichkeiten an diese Arbeiten anschließen und den Versuch unternehmen, weitere Fragen und Perspektiven aufzuwerfen, die der kritischen Selbstverständigung, insbesondere aber der weiteren Verstetigung ebensolcher Beschäftigung mit postkolonialen wie interkulturellen Studien dienlich sein können.

I. Luxemburg postkolonial? Zur Fragwürdigkeit einer Kolonialgeschichte Luxemburgs

Luxemburg postkolonial? Die Frage im Titel birgt in der Tat etwas Irritierendes, ja in gewisser Hinsicht sogar Provokatives. Verantwortlich dafür scheint die begriffliche Spannung zwischen der Bezeichnung ‚Luxemburg' und der Zuschreibung ‚postkolonial' zu sein, welche eine Reihe von Lesarten mobilisiert, die hier eingangs geklärt werden müssen: Aus historischer Sicht liegt die Provokation weniger in der Frage, inwiefern sich die gegenwärtige kulturelle Situation Luxemburgs als ‚postkolonial', also im Sinne von zeitlich ‚nachkolonial' oder ‚antikolonial' verstehen ließe.[6] Den Zündstoff liefert vielmehr ein historischer Konjunktiv, Luxemburg könnte vormals ‚kolonial' gewesen sein. Dabei trat Luxemburg zu keiner Zeit aktiv als Kolonialmacht in Erscheinung. Zu den kolonialen Akteuren, die im 19. und 20. Jahrhundert die Bühne der Weltpolitik beherrschten, zählten bekanntlich imperiale Großmächte wie England und Frankreich, aber auch aufstrebende Nationen wie etwa Italien und Deutschland, die erst Ende des 19. Jahrhunderts mit etwas Verspätung in den globalen Wettstreit um die letzten ‚weißen Flecken' eintraten und offiziell Ansprüche auf Kolonien erhoben. Ungeachtet dieses historischen Kontexts soll hier dennoch erörtert werden, ob und wenn ja, welchen Anteil das zu jener Zeit noch junge Luxemburg an der europäischen Kolonialgeschichte

---

5 Vgl. UERLINGS, 2011; PATRUT/UERLINGS, 2012; UERLINGS, 2012.

6 Der Begriff ‚postkolonial' wird nicht einheitlich verwendet, er bleibt mehrdeutig und zuweilen kontrovers diskutiert (vgl. DUNKER, 2011, S. 55). Im Rahmen der hier geführten Überlegungen wird ‚postkolonial' in Anlehnung an Dirk Göttsche pointiert (1) als historisch/zeitlich ‚nachkolonial', (2) als kolonialkritische Position im Sinne von ‚antikolonial' und (3) als ein unabgeschlossenes, den historischen Kolonialismus überdauerndes, also nicht überwundenes Phänomen begriffen, das eine kritische Auseinandersetzung mit kolonialen Denk- und Wahrnehmungsmustern, wie sie sich bis in die Gegenwart hinein nahezu bruchlos fortschreiben, erforderlich macht (vgl. GÖTTSCHE, 2004, S. 561); zur Heterogenität des Begriffs ‚postkolonial' vgl. auch DÜRBECK, 2014, S. 30–34.

hatte. Unter welchen Voraussetzungen ließe sich also doch von einer ‚Kolonialgeschichte Luxemburgs' sprechen?

Mit dieser Annahme verknüpft ist die Vermutung einer wenn nicht direkten, so doch indirekten Verwicklung in den globalen Kolonialismus, einen ‚Kolonialismus ohne Kolonien', wie er seit einigen Jahren u. a. in der Schweiz[7] und in Österreich[8] seitens der Geschichts-, Kultur- und Literaturwissenschaft aufgearbeitet wird. Im Mittelpunkt steht hier die Frage, auf welche Weise europäische Nationen im 19. Jahrhundert am weltweiten Kolonialismus partizipiert haben, ohne selbst Kolonien besessen zu haben. Insbesondere ökonomische Beziehungen, so etwa durch den globalen Handel mit Kolonialwaren wie auch durch neue Formen kultureller Fremderfahrungen ‚vor Ort', bspw. durch die Rezeption populärer Reiseberichte oder Situationen des Fremdkontakts (Bsp. ‚Völkerschauen'), drängen diese Frage geradezu auf. Eine solche Forschungsperspektive, wie sie u. a. in den Geschichtswissenschaften durch den Begriff ‚entangled histories' (Randeria)[9] geprägt wurde, vertritt dabei die Auffassung, dass der historische Kolonialismus nur als „europäisches Unterfangen"[10] verstehbar ist, wodurch nicht nur die Grenzen eines nationalen Kolonialismus in Frage gestellt, sondern zugleich perspektivisch überschritten werden. Dieser transnationale Blick rückt den europäischen Kolonialismus in seinen komplexen, grenzüberschreitenden Verstrickungen in einen „globalen Referenzrahmen".[11] In diesem Verständnis gilt es den Kolonialismus

7 In der Schweizer Literatur- und Kulturwissenschaft hat sich dazu seit einigen Jahren ein vitales Forschungsfeld herausgebildet. Richtungsweisend ist hier der Sammelband von PURTSCHERT, 2012; exemplarisch hier die programmatische Einleitung von RANDERIA, 2012, S. 7–12; vgl. auch DEBRUNNER, 1991; ZANGGER, 2011; HONOLD, 2011.

8 Hier wird die Diskussion im begrifflichen Kontext eines ‚Binnen-' oder ‚inneren'/ ‚internen Kolonialismus' geführt; vgl. hier die Sammelbände von FEICHTINGER, 2003; MÜLLER-FUNK u. a. 2002; SAUER, 2007.

9 Vgl. RANDERIA 1999; Der Begriff bewegt sich CONRAD/RANDERIA zufolge zwischen den engl. Bedeutungen ‚shared' und ‚divided', wodurch die „moderne Geschichte als Ensemble von Verflechtungen" im Allgemeinen begriffen wird, die sich im Besonderen ambivalent darstellt. Demnach wird Geschichte einerseits als gemeinsame Geschichte erfahren, die von Austausch und Interaktion geprägt ist. Andererseits repräsentiert Geschichte immer auch die einer Teilung, einer Ab- und Ausgrenzung (CONRAD/RANDERIA, 2002, S. 17).

10 CONRAD, 2012, S. 87; Birthe Kundrus betont, das neuere Ansätze der Geschichtswissenschaften den Versuch unternehmen, „Kolonialismus immer als zugleich globales, europäisches und nationales Phänomen zu verstehen." (KUNDRUS, 2009, S. 362); vgl. auch ZIMMERER, 2013, S. 26/32f.

11 CONRAD, 2012, S. 94.

aus seiner nationalen Selbstbezüglichkeit herauszulösen und in seinen transnationalen Verwicklungen, Durchdringungen und Durchkreuzungen als ‚koloniale Globalität' (Conrad) einer weltweiten Verflechtungsgeschichte zu begreifen.

Im Horizont derzeitiger Arbeiten zur luxemburgischen Geschichte findet diese Forschungsperspektive bislang noch wenig Beachtung. Dies zeigt ein Blick auf das Forschungsfeld der vergangenen Jahre. So verweist etwa die 2011 von Michel Pauly erschiene Überblicksarbeit zur *Geschichte Luxemburgs* lediglich an einer Stelle auf den Zusammenhang von Kolonialismus und Luxemburger Wirtschaft im frühen 19. Jahrhundert.[12] Dort gibt es einen kurzen Verweis auf zwei luxemburgische Großindustriellenfamilien, darunter die Familie Pescatore, die bereits vor Beginn der Industriellen Revolution „Handel mit Kolonialwaren betrieb".[13] Auch in den von Pauly veröffentlichten Online-Bibliografien wird bei meiner Durchsicht kein Beitrag augenfällig, der sich weder explizit noch implizit mit dem Zusammenhang von europäischem Kolonialismus und Luxemburger Nationalgeschichte im 19./20. Jahrhundert auseinandersetzt.[14]

Wenngleich dieser Beitrag es sich nicht zur Aufgabe setzt, der Frage nach möglichen Verwicklungen Luxemburgs in den europäischen Kolonialismus nachzugehen, so gibt dieser Befund dennoch Anlass, auf einen ‚blinden Fleck' der Forschung hinzuweisen, der eine kritische Aufarbeitung durchaus erforderlich macht. Die hier geführten Überlegungen wollen eine historische Perspektive anregen, die nach dem grundlegenden Zusammenhang zwischen europäischem Kolonialismus und Luxemburger Geschichte im Kontext einer Globalgeschichte des Kolonialismus fragt, der stets auch postkoloniale Perspektiven mit einbezieht. Denn nach der kolonialen Vergangenheit zu fragen, heißt immer auch den Blick auf gesellschaftliche Prozesse der Gegenwart zu richten. So gehen die postkolonialen Studien davon aus, dass die „heutigen gesellschaftlichen Probleme von Migration und Globalisierung sich von den historischen Prozessen der Kolonialisierung und Entkolonialisierung nicht trennen" lassen.[15] Es gilt somit, wie Russel A. Berman pointiert formuliert hat, „den Kolonialismus der Vergangenheit

---

12 PAULY, 2011.

13 Ebd., S. 76.

14 Vgl. hierzu zwei Online-Auswahlbibliographien zur Geschichte Luxemburgs im Literaturverzeichnis; vielversprechend zu diesem Thema ist die Frage nach der historischen Rolle Luxemburgs im Kontext des belgischen Kolonialismus, vgl. dazu MOES, 2012.

15 DÜRBECK/DUNKER, 2011, S. 12; auch schreiben Patricia Purtschert und Bernhard C. Schär im Handbuch *Globalisierung*, dass diese „ohne den Kolonialismus, und das bedeutet, ohne grundlegend asymmetrische Machtverhältnisse nicht denkbar" sei (PURTSCHERT/SCHÄR, 2011, S. 374).

als komplexe Vorgeschichte für die Globalisierung zu denken."[16] Das ‚post' in ‚postkolonial' verhandelt so gesehen immer auch die Kontinuitätserfahrung von Kolonialismus im Spiegel einer globalen Gegenwart, die hinter ihre koloniale Vergangenheit, ganz im Sinne einer ‚entangled history', nicht zurück kann.

II. Bilanz und Standortbestimmung: Postkoloniale Studien im Spannungsfeld der (interkulturellen) Germanistik

Im Jahr 2005 bilanziert Axel Dunker die allgemeine Forschungslage: So seien „die ‚postcolonial studies' in allerjüngster Zeit nun auch in der deutschen Forschungslandschaft angekommen."[17] Dabei, so Dunker drei Jahre später, sei die „paradoxe [ ] Situation" nicht zu übersehen,

> dass in den USA teilweise schon das Ende der *Postcolonial Studies* verkündet worden ist, während man in Deutschland das Gefühl haben kann, mit einem Interesse an kolonialen beziehungsweise postkolonialen Zusammenhängen innerhalb der Germanistik immer noch ganz am Anfang zu stehen.[18]

Ähnlich umschreibt Jan Süselbeck 2008 im Rezensionsforum *literaturkritik.de* den Status Quo der Forschung: „Trotz alledem stecken die Postcolonial Studies in der deutschen Literatur- und Kulturwissenschaft erst noch in den Kinderschuhen."[19] Der Themenschwerpunkt *Postcolonial Studies* der Juni-Ausgabe ebnet dabei den Weg einer ersten Beschreibung der damaligen Forschungssituation, einer Selbstverständigung und Standortbestimmung gemeinsamer Forschungsaktivitäten.[20] Gegenüber der allgemein konstatierten „recht großen Verspätung der Rezeption postkolonialer Theorien" in der Germanistik, die mit einer nur „sehr spärliche[n] und zögerliche[n] Aufnahme der postkolonialen Methoden"[21] einherging, hat

16 BERMAN 2003, S. 31.

17 DUNKER, 2005, S. 8; vgl. auch GÖTTSCHE, 2004, S. 567; So bilanziert Göttsche 2004 das Ungleichgewicht zwischen den bereits etablierten anglo-amerikanischen *postcolonial studies* und einer erst in den Anfängen stehenden Beschäftigung mit postkolonialer Literatur innerhalb der Germanistik (ebd., S. 558f.).

18 DUNKER, 2008; WILKE, 2008.

19 SÜSELBECK, 2008.

20 Vgl. http://www.literaturkritik.de/public/inhalt.php?ausgabe=200806#11963, 20.03.2015.

21 FEBEL, 2012, S. 230f.; GÖTTSCHE, 2004, S. 558, CASTRO VARELA/DHAWAN, 2005, S. 25; DÜRBECK, 2014, S. 21. Einige Gründe für die verspätete Rezeption liefert Dirk Göttsche (2004): Er macht dafür u.a. ein stark verbreitetes Missverständnis verantwortlich, es handle sich bei den postcolonial studies in der deutschsprachigen Germanistik lediglich um einen „amerikanische[n] Import". Dieser Kurzschluss

sich der Ton in den vergangenen Jahren allerdings geändert. So ziehen Gabriele Dürbeck und Axel Dunker im Jahr 2011 Bilanz: „Ausgehend von einzelnen Arbeiten haben sich in den letzten zehn Jahren postkoloniale Studien in der Germanistik als ein vitales, facettenreiches Forschungsgebiet etabliert.“[22] Obwohl noch zu Recht der bisherige Grad universitärer Institutionalisierung bemängelt wird,[23] unterstreicht unlängst die Akzentverlagerung auf den Zusammenhang von *Postkolonialismus und Kanon* die Forderung nach der Klärung des Ortes Postkolonialer Studien im Horizont der Germanistik.[24]

Dass dieser Versuch disziplinärer Verortung auf keine ‚terra incognita‘ trifft, sondern nach Anschlüssen an das Forschungsparadigma der Interkulturalität fragt, provoziert gleichsam eine Auseinandersetzung mit den Grenzen interkultureller Forschungsrichtungen, wie sie sich seit den 1980er Jahren im deutschsprachigen Raum, etwa durch das institutionelle Konzept der ‚interkulturellen Germanistik‘, entwickeln konnten. Der Postkolonialismus sei demnach, wie Dirk Göttsche in seinem Beitrag 2004 titelt, „Herausforderung und Chance germanistischer Literaturwissenschaft“ zugleich. In seinem wegweisenden Aufsatz nimmt Göttsche die damalige Forschungslage erstmals kritisch in den Blick, indem er auch auf das Verhältnis von Postkolonialismus und interkultureller Germanistik eingeht.[25] Dabei vertritt er die Auffassung, dass mit der interkulturellen Germanistik ein „konkurrierende[s] Wissenschaftsparadigma“ existiere, das durchaus „zur verzögerten Partizipation der deutschen Germanistik am Postkolonialismusdiskurs beigetragen haben“ dürfte.[26] Deutlich kritisch sieht Göttsche die konzeptuelle

zeige dabei ein „immer noch fehlende[s] gesellschaftliche[s] Bewusstsein für die Verstrickung Deutschlands in die europäische Geschichte des (Neo-)Kolonialismus“. Weitere Argumente, die eine „zögerliche Aufnahme“ der Postkoloniale Studien bedingten, sieht er in der Auffassung einer (1) „relativen Kürze“ des deutschen Kolonialismus, in der (2) „Disproportion in der deutschen Erinnerungskultur“ durch die „Überlagerung der kolonialen Vergangenheit durch die Erinnerung an Nationalsozialismus und Holocaust“, dem (3) „Fehlen einer postkolonialen Migration“ und damit die Relevanz einer literaturwissenschaftlichen Auseinandersetzung als auch (4) in der Situation, dass eine „unterschiedliche methodologische Orientierung angloamerikanischer und deutscher Literaturwissenschaft“ mit einer „spätere[n] kulturwissenschaftliche[n] Öffnung“ (ebd. S. 566f) zusammenhängt.

22 DÜRBECK/DUNKER. 2011, S. 7; vgl. auch HERMES, 2012, S. 125f.

23 Vgl. UERLINGS, 2011, S. 28f.

24 UERLINGS/PATRUT, 2012; UERLINGS, 2012.

25 Vgl. der gleichnamige Abschnitt bei GÖTTSCHE, 2004, S. 567–572.

26 GÖTTSCHE, 2004, S. 567; vgl. auch ebd. S. 559; vgl. auch SCHÖßLER, 2006, S. 144; Göttsches Kritik bezieht sich u. a. auf das von *Handbuch für interkulturelle*

Ausrichtung der ‚interkulturellen Germanistik', wie sie u. a. durch Alois Wierlacher vertreten wird. Dieser Ansatz unterscheide sich in seinen „Erkenntnisinteressen" wie auch „methodologischen Voraussetzungen" ganz erheblich von „der politisch ausgerichteten Kritik der Postcolonial Studies am Eurozentrismus, an der imperialen Macht westlicher Universalitätsbegriffe und an den kultur- und sozialgeschichtlichen Folgewirkungen des Kolonialismus".[27] Problematisch ist Göttsche zufolge vor allem, dass Wierlachers Konzept versuche, sich „offenbar gegen solche Herausforderungen wie den Postkolonialismus [...] oder z. B. die Kritik afrikanischer Germanisten zu behaupten, ohne sich auf diese konkurrierenden Theorien und die Auswirkungen globaler Asymmetrien jedoch wirklich einzulassen."[28] Dabei soll nicht unerwähnt bleiben, dass bereits 1999 der kamerunische Germanist David Simo in seinem Aufsatz *Interkulturelle Germanistik und Postkolonialität in Afrika* das Profil einer ‚afrikanischen interkulturellen Germanistik' konturiert hat, die sich maßgeblich an postkolonialen Theoriepositionen orientiert.[29]

In anderer Weise haben Herbert Uerlings und Iulia-Karin Patrut 2012 die Gesamtsituation kritisch bilanziert. Die gegenwärtige Verbreitung interkultureller wie postkolonialer Forschung innerhalb der Neueren deutschen Literaturwissenschaft lasse zwar auf eine allgemeine Attraktivität des Gegenstandes schließen, die allerdings dem Grad ihrer bisherigen Kanonisierung, d. h. im Sinne „einer Anerkennung als den Kernbereichen des Faches zugehörig" [30],widerspreche. Der Vorwurf richtet sich demnach an das Fach der Germanistik insgesamt:

> Dieser Befund passt ins Bild: Die germanistischen Kanon-Debatten haben grosso modo den Postkolonialismus links liegen gelassen. Die Germanistik insgesamt ist nicht wesentlich anders verfahren, sie hat den Postkolonialismus an den Orten ihrer Kanonbildungen – Lexika, Literaturgeschichten, methodische Instrumentarien – bislang kaum aufgenommen. In diesem Sinne (nicht mit Blick auf die Vielfalt faktisch vorhandener postkolonialer Studien) ist der Postkolonialismus, d. h. die deutschsprachige postkoloniale Literatur und die auf sie bezogene Forschung, nach wie vor eine Provokation für die germanistische Literaturwissenschaft.[31]

Germanistik, das zentrale Ansätze der Forschungsrichtung bündelt, wenngleich Göttsche einräumt, dass einige wichtige Akzente in der Zwischenzeit nachgeholt wurden (vgl. etwa BACHMANN-MEDICK in BOGNER/WIERLACHER, 2003).

27 Vgl. GÖTTSCHE, 2004, S. 568f.; so auch DÜRBECK, 2014, S. 66.

28 GÖTTSCHE, 2004, S. 569.

29 Vgl. SIMO, 1999, S. 350.

30 UERLINGS, 2012, S. 45.

31 UERLINGS/PATRUT, 2012, S. 8f.; vgl. auch UERLINGS, 2011.

An dieser Bilanz hat sich bis jetzt wenig geändert. Zwar sind außerhalb der Germanistik inzwischen eine Reihe an Handbüchern erschienen,[32] die den Postkolonialismus mit aufgenommen haben. In germanistischen Überblickswerken bleibt dieser Befund bislang jedoch die Ausnahme.[33] Vor diesem Hintergrund kann in der Germanistik nur mit Vorsicht und nicht übereilt emphatisch etwa von einem *Postcolonial Turn*[34] die Rede sein, wie ihn Doris Bachmann-Medick bereits 2006 für die Kulturwissenschaften disziplinübergreifend konstatierte.

Zwei Jahre später (2014) scheint Uerlings Forderung nach dem ‚Platz im Kanon' einem Akt der Selbstbestimmung gewichen. So trägt der fünfte Band der Schriftenreihe *Postkoloniale Studien in der Germanistik*[35] jener Forderung nach Anerkennung im Horizont des Faches bereits im Titel (‚Postkoloniale Germanistik') Rechnung. Ihr Selbstverständnis haben die Herausgeber Gabriele Dürbeck und Axel Dunker im Vorwort wie folgt beschrieben:

> Postkoloniale Studien haben sich als eigenständiges Feld in der kulturwissenschaftlichen Germanistik etabliert und stellen eine produktive Herausforderung für das Selbstverständnis des Fachs dar [...] Der distinkte Charakter in Bezug auf Forschungsansatz und Gegenstandsbereich rechtfertigen es, von einer „Postkolonialen Germanistik" als Teilfeld der Disziplin zu sprechen.[36]

Die Ziele, Gegenstands- und Aufgabenfelder der Postkolonialen Studien haben die Autoren zuvor in vier Kernpunkten unterteilt. Sie stellen gleichsam wichtige Paradigmen dar, die auch der Leistung einer postkolonialen Perspektive beigemessen werden können:

(1) Erschließung und kritische Aufarbeitung des bis in die Gegenwart zu wenig beachteten Gegenstandsbereichs der deutschsprachig kolonialen Literatur/Kultur
(2) Die damit verbundene Neubewertung kanonischer Texte

---

32 Zu nennen wären hier das in der Reihe Metzler erschienene Handbuch *Raum* (2010), das Handbuch *Globalisierung* (2011) und das *Handbuch Komparatistik* (2013).

33 Vgl. das *Handbuch Erzählliteratur* (2011), das ein Lemma ‚postkoloniales Erzählen' (S. 280–282) ausweist. Ein Handbuch *Postkolonialismus und Literatur*, hg. von Gabriele Dürbeck, Axel Dunker und Dirk Göttsche, ist in Vorbereitung und erscheint voraussichtlich 2016.

34 BACHMANN-MEDICK, 2009, S. 184–237; Zu den Kritikern einer verfrühten Konstatierung zählen ebenso DÜRBECK, 2008; FEBEL, 2012, S. 243; UERLINGS, 2012, S. 44.

35 Die Schriftenreihe steht seit 2011 dem gleichnamigen von der DFG finanziertem Netzwerk flankierend zur Verfügung, das in dem Zeitraum von 2008 bis 2011 insgesamt sechs Tagungen durchführte.

36 DÜRBECK/DUNKER, 2014, S. 9; vgl. auch DÜRBECKs Fazit (2014, S. 70).

(3) Untersuchung asymmetrischer Herrschafts- und Machtbeziehungen in (post) kolonialen Konstellationen (u. a. mittels diskursanalytischer Methoden)
(4) Transfer (Übersetzung/Adaption/Weiterentwicklung) postkolonialer Theorien auf den deutschsprachigen Forschungskontext (u. a. aus den *postcolonial studies*)[37]

Der letzte Punkt sei hier besonders hervorgehoben: So schöpfen die Postkolonialen Studien ihr „theoretisches Potential [...] aus der kritischen Auseinandersetzung mit den verstärkt seit den 1980er Jahren entstandenen Postkolonialen Studien zur englischsprachigen und frankophonen Literatur", wobei zu berücksichtigen ist, „dass im deutschen Sprachraum zwar ein analoges, aber anders konfiguriertes Problemfeld besteht und zudem eine andere Theorietradition vorherrscht".[38] Daher lassen sich jene Konzepte nicht immer friktionslos in den deutschen Forschungszusammenhang übersetzen.

Herbert Uerlings hat einen Bestimmungsversuch vorgeschlagen, der auf weitere wichtige Aspekte verweist, indem er das Forschungsinteresse nicht nur in einen globalen Referenzrahmen stellt, sondern gleichsam um eine kultur-, methoden- sowie theoriegeschichtliche Einordnung erweitert:

> Postkoloniale Studien sind heute weltweit zum Synonym für eine kritische kulturwissenschaftliche Auseinandersetzung mit dem gegenwärtigen Zustand der globalisierten Welt geworden, d. h. mit der Geschichte und Gegenwart von Kolonialismus und Imperialismus, westlicher Dominanzkulturen und Ethnozentrismen sowie kapitalistischer Globalisierung. Die Besonderheit dieser Form von Kulturkritik ergab sich wesentlich aus der Verbindung von Moderne- und Kolonialismuskritik einerseits und poststrukturalistischen Perspektiven andererseits, was dazu führte, dass die Postkolonialen Studien – im Idealfall – die Gestalt einer empirisch, historisch und diskursgeschichtlich gesättigten Form von Dekonstruktion haben bzw. die Form einer kritischen Auseinandersetzung, die das ‚koloniale' Denken in dichotomen Differenzen nicht einfach unter umgekehrten Vorzeichen wiederholt, sondern ‚différance' (i. S. Derridas) markiert.[39]

Obwohl in beiden Bestimmungsversuchen nicht explizit benannt, bildet die deutschsprachige Gegenwartsliteratur mittlerweile eines der produktivsten Gegenstandsbereiche in den Postkolonialen Studien. Die gegenwärtige Popularität eines ‚neuen historischen Afrika-Romans'[40], die auffällige Konjunktur an

37 DÜRBECK/DUNKER, 2011, S. 7.
38 Ebd., S. 14.
39 UERLINGS, 2012, S. 39.
40 Der Begriff wurde durch Dirk Göttsche in zahlreichen Arbeiten geprägt, vgl. exemplarisch ders., 2003; 2013.

Literarisierungen historischer Entdeckungsreisen[41] sowie Spielarten des historischen Romans bzw. eines ‚neuen deutschen Kolonialromans (aus postkolonialer Perspektive)'[42] lassen das breite Spektrum einer literarischer Auseinandersetzung mit dem deutschen Kolonialismus erkennen und konturieren gleichsam das Profil einer spezifisch deutschsprachigen ‚postkolonialen Literatur'.[43]

III. Luxemburg postkolonial? Postkoloniale Perspektiven im Horizont der Interkulturalität

Die abschließenden Ausführungen gelten der allgemeinen Frage nach der Leistung postkolonialer Perspektiven für interkulturelle Forschungszusammenhänge. Einige Aspekte sollen hier in den Blick gerückt werden, die insbesondere auch mit der Ausgangsfrage verschaltet sind, mit der dieser Band überschrieben ist: Welchen Stellenwert hätten demnach postkoloniale Perspektiven für eine kulturelle, gesellschaftspolitische Situation wie die luxemburgische, die im Rahmen dieses Gesamtprojekts ‚als interkulturelles Labor' fokussiert wird? Diese Frage gewinnt nicht nur in Hinblick auf sozio-kulturelle Konstellationen bzw. Konflikte an Relevanz, die also Luxemburg als eine Gesellschaft betrifft, die stark von Mobilität und Migration geprägt ist, sondern auch im Kontext einer sich immer stärker globalisierenden Gegenwart. Vor allem ist nach der Präsenz ebensolcher Themen in der zeitgenössischen luxemburgischen Literatur zu fragen, deren „[w]ichtigstes Merkmal", so schreiben Irmgard Honnef-Becker und Peter Kühn, neben „ihre[r] Interkulturalität und Multikulturalität"[44] gerade auch ihre „Hybridität"[45] sei. Bemerkenswert ist in diesem Zusammenhang, dass die Autoren auf den Ansatz Homi K. Bhabhas, einen der wichtigsten Vertreter der

---

41 Mit diesem Gegenstand befassen sich zwei Sammelbände: HAMANN/HONOLD, 2009; BAY/STRUCK, 2012.

42 Vgl. hierzu die Ankündigung einer Tagung, die vom 12.-16. Arpil 2014 in Lomé (Togo) stattfand: http://germanistik.univie.ac.at/homepageannababka/veranstaltungen-und-projekte/humboldt-kolleg-in-lome-togo-april-2014/.

43 Zu nennen wären in chronologischer Reihenfolge etwa *Verbrecher und Versager* (FELICITAS HOPPE, 2004), *Der einzige Ort* (Stangl, 2004), *Der Weltensammler* (Trojanow, 2006) *Eine Frage der Zeit* (ALEX CAPUS, 2007), *Usambara* (CHRISTOF HAMANN, 2007), *Schutzgebiet* (THOMAS VON STEINAECKER, 2009), *Das Paradies des August Engelhardt* (MARC BUHL, 2011), *Imperium* (CHRISTIAN KRACHT, 2012).

44 HONNEF-BECKER, IMGARD/KÜHN, PETER, 2004, S. 7.

45 Ebd., S. 13.

postkolonialen Theorie, rekurrieren, um die luxemburgische Literatur in ihrer Eigenständigkeit als eine ‚Literatur der Grenzüberschreitung' zu beschreiben.[46]

Was das Verhältnis von postkolonialen und interkulturellen Perspektiven angeht, so hat sich Norbert Mecklenburg in seiner Studie *Das Mädchen aus der Fremde. Germanistik als interkulturelle Literaturwissenschaft*[47] eigens in einem Kapitel mit der Frage nach der Leistung postkolonialer Theoriepositionen für interkulturelle Fragestellungen und literaturwissenschaftliche Lektüren beschäftigt. Im Allgemeinen gebe es, so Mecklenburg,

> einen entscheidenden Prüfstein dafür, wie tragfähig interkulturelles Denken und interkulturelle literaturwissenschaftliche Arbeit sind: Inwieweit zeigen sie sich bereit, den unsere ganze weltgeschichtliche Epoche prägenden Komplex von westlicher Dominanz, Eurozentrismus, Imperialismus, kapitalistischer Globalisierung aufzuarbeiten oder wenigstens mit zu bedenken? Denn dieser Komplex dürfte heute direkt oder indirekt in die meisten interkulturellen Beziehungen und Studien hineinspielen. [...] Eine historische, aber bis in die Gegenwart hinein folgenreiche Dimension dieses Komplexes westlicher Dominanz ist der Kolonialismus. Auf ihn nimmt zentral Bezug, was man in den gegenwärtigen Kultur- und Literaturwissenschaften zusammenfassend postkoloniale Kritik nennt. Deren Konzepte und Verfahren verdienen es, für das gesamte interkulturelle Arbeitsfeld nutzbar gemacht zu werden.[48]

Über dieses Plädoyer für postkoloniale Perspektiven hinaus wird an späterer Stelle der Platz markiert, an dem die Literaturwissenschaft von Ansätzen der ‚postkolonialen Kritik'[49] profitieren kann: „In dieser Weite ist postkoloniale Kritik alles andere als ein exotisches Arbeitsfeld am Rande der Literaturwissenschaft, sondern kann ihr, wie die interkulturelle Perspektive insgesamt, neue und wichtige Impulse vermitteln."[50]

Neben der wichtigen Frage nach der Kontinuität kolonialen Denkens, mit der Mecklenburg Kolonialismus und Globalisierung zurecht in einen epistemologischen Zusammenhang stellt, wird bereits ein zentrales Merkmal akzentuiert, das eine ganz wesentliche Leistung einer postkolonialen Perspektive profiliiert: Im Kern gehe es Postkolonialen Studien, so schreiben Gabriele Dürbeck und Axel Dunker, „um eine Reflexion und Revision kolonialer und neokolonialer

---

46 Vgl. ebd., S. 10/12.

47 MECKLENBURG, 2008, S. 270–286.

48 Ebd., S. 270.

49 Darunter versteht der Autor im Allgemeinen die „Kritik am Kolonialismus und seinen Folgen", im Besonderen eine „Literatur- und Kulturanalyse unter dieser kritischen Perspektive." (Ebd., S. 270).

50 Ebd., S. 271.

Machtasymmetrien."[51] Demzufolge lassen sich interkulturelle Phänomene ohne den Blick auf asymmetrische Macht-, Ungleichheits- und Abhängigkeitsbeziehungen nicht begreifen. Auch Michael Hofmann unterstreicht diesen Zusammenhang in seiner 2006 publizierten Einführung in die *Interkulturelle Literaturwissenschaft*, wenn er hervorhebt,

> dass die meisten Prozesse von Migration und damit von interkulturellen Begegnungen in der globalisierten Welt unserer Tage nicht zu verstehen sind, wenn man die Tatsache nicht berücksichtigt, dass es sich um Interaktionen zwischen Angehörigen und Nachfahren ehemals kolonialisierter Völker und ehemaliger Kolonialherren handelt. Die postkoloniale Perspektive verweist damit zunächst darauf, dass interkulturelle Begegnungen nicht mit Modellen interkultureller Kommunikation interpretiert werden können, die davon abstrahieren, dass es sich in den meisten Fällen um von Herrschaft geprägte Beziehungen und Begegnungen handelt.[52]

Der ‚postkolonialer Blick' auf interkulturelle Konstellationen implementiert demnach ganz entscheidend eine macht- und herrschaftskritische Perspektive. So gehört die „Untersuchung von Machtbeziehungen", wie Monika Albrecht betont, somit „sicherlich zu den unverzichtbaren Elementen", die eine Analyse leisten muss.[53] Der Fokus auf interkulturelle Beziehungen als Machtbeziehungen zeigt, dass Kategorien wie der/die/das Fremde/Andere stets im Kontext asymmetrischer Machtkonstellationen zu lesen sind und das Ergebnis einer Zuschreibung bzw. diskursiven Setzung (Stichwort ‚othering')[54] darstellen. Die Aufgabe postkolonialer Perspektiven ist es,

51 DÜRBECK/DUNKER, 2011, S. 11; vgl. DÜRBECK: „Denn in all diesen Studien geht es immer auch darum, die Gewalt und die Machtasymmetrien in den diskursiven Praktiken aufzudecken, die Bedingungen und Rechtfertigungsstrategien ethnischer Inferiorisierung zu erforschen und damit zu deren Überwindung beizutragen." (Dies., 2014, S. 45)

52 HOFMANN, 2006, S. 27.

53 ALBRECHT, 2012, S. 71; so auch BACHMANN-MEDICK, 2009, S. 212; DÜRBECK, 2014, S. 45/65.

54 Das binär strukturierte Begriffspaar Eigenes/Fremdes ist dahingehend zu problematisieren, dass das Fremde/Andere immer schon Ergebnis einer perspektivischen Setzung ist, indem es mit dem „Festlegen der anderen auf die eigenen Schemata von Andersheit" einhergeht (MECKLENBURG 2008: 238). Dieses Prinzip der Fremdkonstruktion wird im Horizont postkolonialer Theorie mit dem Begriff ‚othering' bezeichnet, der auf Arbeiten von Gayatri Chakravorty Spivak zurückgeht (SPIVAK 1985). In Anlehnung an Spivak wird hier ›Fremdheit‹ nicht als eine von Natur aus gegebene, quasi absolute und stabile Eigenschaft verstanden, sondern als Ergebnis einer kulturellen Setzung bzw. Strategie, an deren Herausbildung und Stabilisierung ganz maßgeblich diskursive Prozesse beteiligt sind (z. B. Literatur). Wesentlich ist, dass ‚Othering' ein Prinzip der

jene Mechanismen und Logik der Ausschließung in ein kritisches Licht zu rücken. Interkulturelle Analysen blieben auf einem Auge blind, wenn sie folglich den Aspekt unberücksichtigt ließen, dass interkulturelle Konstellationen aufgrund ihrer historischen Bedingtheit immer schon durch Machtstrukturen präformiert sind.

Vor diesem Hintergrund ist vor einer allzu schnellen Emphatisierung zu warnen, so z. B. auch in Bezug auf interkulturelle luxemburgische Literatur, wenn dabei Machtverhältnisse aus dem Blick geraten. So zeigt ein Roman wie Guy Helmingers *Neubrasilien* (2010) durchaus produktive Anschlüsse an postkoloniale Fragestellungen, wenn es etwa um die Frage nach sozialen Ausgrenzungsmechanismen geht, die sowohl auf der Vergangenheits- als auch auf der Gegenwartsebene über die binäre Raumfigur ‚Peripherie vs. Zentrum' verhandelt werden.[55]

Des Weiteren können postkoloniale Perspektiven dort ein Gegengewicht einnehmen, wo Konzepte (z. B. Hybridität, Mimikry, Third Space, Orientalismus), die genuin postkolonialen Theoriedebatten entstammen, im Fahrwasser ihrer Popularisierung und interdisziplinären Adaption, Ausweitung und Anpassung deutlich an Kontur, vor allem an begrifflicher Schärfe eingebüßt haben. Die Karriere des Hybriditätsbegriffs und seine bisweilen diffuse bis inflationäre Verwendung mag ein Beispiel für begriffliche Überstrapazierung sein, die durchaus mit Bedeutungsverschiebung und -verlust einhergeht. Herbert Uerlings hat diesbezüglich auf ein ‚provokatives Potential' der Postkolonialen Studien hingewiesen, was die Möglichkeiten, aber auch die Grenzen postkolonialer Perspektiven für interkulturelle Forschungszusammenhänge betrifft.[56] Ihre Aufgabe sei u.a. der kritische Umgang „vor allem [mit] ‚Überdehnungen' bestimmter postkolonialer Theoreme oder Konzepte (bes. Hybridität, Dekonstruktion, Kulturalismus)".[57] Was die Affinität postkolonialer Ansätze für interkulturelle Zusammenhänge angeht, so hat Uerlings ferner auf die potentielle „Vereinnahmung komplexer kultureller Phänomene – etwa der Migrationsliteratur – durch (und für) postkoloniale Theoriekonzepte" aufmerksam gemacht.[58] „Hinzu komme", so betont Uerlings weiter, „dass die enge Bindung an den Kolonialismus dort nicht einleuchtet, wo, wie in der deutschsprachigen Literatur,

Fremd- und Eigenzuschreibung darstellt, bei dem das Fremde/Andere als Produkt von Machteffekten zu betrachten ist. Dabei ist es „das hegemoniale Subjekt, das die Macht hat, Alterität zu definieren." (UERLINGS, 2006, S. 2).

55 Erst kürzlich sind zwei Beiträge erschienen, die den ersten Versuch unternehmen, diesen Text postkolonial zu lesen: Vgl. LIEB, 2011; dies., 2014.

56 „Postkoloniale Studien haben von Anfang an Kritik provoziert und tun es bis heute." (UERLINGS, 2012, S. 39).

57 Ebd.

58 UERLINGS, 2012, S. 39; vgl. HERMES, 2012, S. 127–128.

der Kolonialismus ein deutlich geringeres Gewicht im Gesamtgeflecht inter- und transkultureller Beziehungen hat".[59] Eine postkoloniale Perspektive kann in diesem Sinne ein ‚kritisches Korrektiv' darstellen – und damit einen Beitrag zur Selbstreflexion des Feldes leisten.

Diese Leistung eines postkolonialen Blicks wäre ebenso in Hinblick auf das in diesem Band profilierte Projekt zu veranschlagen: Die Fragen *Wer sieht?* und *Wer spricht?* und *Mit welchen Machteffekten?* erscheinen somit von wesentlicher Bedeutung, wenn von theoretischen Modellierungen wie etwa die vom ‚interkulturellen Labor' die Rede ist. So gelte es, das semantische Potential dieser Denkfigur auf seine Leistungsfähigkeit hin kritisch zu überprüfen. Die Gefahr jedweder Modellierung ist doch immer auch die, dass mitunter ungewollten Homogenisierungen (Stichwort ‚Eurozentrismus') wieder heimlich die Hintertür geöffnet wird. Die Integration einer postkolonialen Perspektive, die maßgeblich einen machtkritischen Blick einfordert, kann hier als kritisches Korrektiv dienen, um problematische Schlagrichtungen, Fallstricke und Aporien theoretischer Modellierungsversuche stets mit zu reflektieren. Sie erscheinen vor allem dort unverzichtbar, wo sie zur kritischen Selbstreflexion der Interkulturalitätsforschung beitragen, um mögliche Gefahren einer Instrumentalisierung von Interkulturalität für politische oder gar ökonomische Zwecke, darauf hat u.a. Dieter Heimböckel hingewiesen,[60] durch eine macht- und ideologiekritische Perspektive so zumindest analytisch sichtbar – und dadurch überhaupt erst kritisierbar – zu machen.

Literaturverzeichnis

ALBRECHT, MONIKA: Doppelter Standard und postkoloniale Regelpoetik. Eine kritische Revision Postkolonialer Studien, in: Postkolonialismus und Kanon (Postkoloniale Studien in der Germanistik Bd. 1), hg. von HERBERT UERLINGS/IULIA-KARIN PATRUT, Bielefeld 2012, S. 67–111.

BACHMANN-MEDICK, DORIS: Postcolonial Turn, in: DIES.: Cultural Turns. Neuorientierungen in den Kulturwissenschaften, 3. Aufl., Reinbek bei Hamburg 2009, S. 184–237.

BAY, HANSJÖRG/STRUCK, WOLFGANG (Hg.): Literarische Entdeckungsreisen. Vorfahren – Nachfahrten – Revisionen, Köln 2012.

BERMAN, RUSSEL A.: Der ewige Zweite. Deutschlands Sekundärkolonialismus, in: Phantasiereiche. Zur Kulturgeschichte des deutschen Kolonialismus, hg. von BIRTHE KUNDRUS, Frankfurt a.M. 2003, S. 19–34.

59 UERLINGS, 2012, S. 39–40.
60 HEIMBÖCKEL, 2012, S. 37.

BOGNER, ANDREA/WIERLACHER, ALOIS (Hg.): Handbuch interkulturelle Germanistik, Stuttgart/Weimar 2003.

BURTSCHER-BECHTER, BEATE: Diskursanalytisch-kontextuelle Theorien, in: Einführung in die Literaturtheorie, hg. von MARTIN SEXL, Wien 2004, S. 257–287.

CASTRO VARELA, MARÍA DO MAR/DHAWAN, NIKITA: Postkoloniale Theorie. Eine kritische Einführung, 1. Aufl., Bielefeld 2005.

CONRAD, SEBASTIAN: Deutsche Kolonialgeschichte, 2. Aufl. München 2012.

CONRAD, SEBASTIAN/RANDERIA, SHALINI: Einleitung. Geteilte Geschichte – Europa in einer postkolonialen Welt, in: Jenseits des Eurozentrismus. Postkoloniale Perspektiven in den Geschichts- und Kulturwissenschaften, hg. von DIES., Frankfurt/New York 2002, S. 9–49.

DEBRUNNER, HANS WENER: Schweizer im kolonialen Afrika, Basel 1991.

DUNKER, AXEL: Postkoloniale Studien/Postkoloniale Theorien, in: Interkulturalität, hg. von DEMS. u. a., Hagen 2011, S. 55–98.

DUNKER, AXEL: Edward Said, die postkolonialen Studien, die deutschsprachige Literatur – und die Germanistik, in: Literaturkritik.de, Nr. 6, Juni 2008, URL: http://www.literaturkritik.de/public/rezension.php?rez_id=11997&ausgabe=200806, 20.03.2015.

DUNKER, AXEL: Einleitung, in: (Post)Kolonialismus und deutsche Literatur, hg. von DEMS., Bielefeld 2005, S. 7–16.

DUNKER, AXEL: Kontrapunktische Lektüren. Koloniale Strukturen in der deutschsprachigen Literatur des 19. Jahrhunderts, München 2008.

DÜRBECK, GABRIELE/DUNKER, AXEL: Einleitung, in: Postkoloniale Germanistik. Bestandsaufnahmen, theoretische Perspektiven, Lektüren, (Postkoloniale Studien in der Germanistik Bd. 5), hg. von DENS., Bielefeld 2014, S. 9–15.

DÜRBECK, GABRIELE: Postkoloniale Studien in der Germanistik. Gegenstände, Positionen, Perspektiven, in: Postkoloniale Germanistik. Bestandsaufnahmen, theoretische Perspektiven, Lektüren (Postkoloniale Studien in der Germanistik Bd. 5), hg. von DIES./DUNKER, AXEL, Bielefeld 2014, S. 19–70.

DÜRBECK, GABRIELE: Postkoloniale Studien in der Germanistik – Periodisierung und Perspektiven. Zur Einführung, in: Literaturkritik.de, Nr. 6, Juni 2008, URL: http://www.literaturkritik.de/public/rezension.php?rez_id=11956&ausgabe=200806, 20.03.2015.

DÜRBECK, GABRIELE/DUNKER, AXEL: Postkoloniale Studien in der Germanistik. Vorwort zur Reihe, in: Ost-westliche Kulturtransfers. Orient-Amerika (Postkoloniale Studien in der Germanistik Bd. 1), hg. von ALEXANDER HONOLD, Bielefeld 2011, S. 7–18.

FEBEL, GISELA: Postkoloniale Literaturwissenschaft. Methodenpluralismus zwischen Rewriting, Writing back und hybridisierenden und kontrapunktischen Lektüren, in: Schlüsselwerke der Postcolonial Studies, hg. von JULIA REUTER/ ALEXANDRA KARENTZOS, Wiesbaden 2012, S. 229–247.

FEICHTINGER, JOHANNES (Hg.): Habsburg postcolonial. Machtstrukturen und kollektives Gedächtnis, Innsbruck/München u. a. 2003.

GÖTTSCHE, DIRK: Remembering Africa. The Rediscovery of Colonialism in Contemporary German Literature, Rochester/New York 2013.

GÖTTSCHE, DIRK: Postkolonialismus als Herausforderung und Chance germanistischer Literaturwissenschaft, in: Grenzen der Germanistik. Rephilologisierung oder Erweiterung?, hg. von WALTER ERHART, Stuttgart 2004, S. 558–576.

GÖTTSCHE, DIRK: Der neue historische Afrika-Roman: Kolonialismus aus postkolonialer Sicht, in: German Life and Letters 56, 3 (2003), S. 261–280.

HAMANN, CHRISTOF/HONOLD, ALEXANDER (Hg.): Ins Fremde Schreiben. Gegenwartsliteratur auf den Spuren historischer und fantastischer Entdeckungsreisen, Göttingen 2009.

HEIMBÖCKEL, DIETER: Interkulturalitäts- als Nichtwissensforschung, in: Vielheit und Einheit der Germanistik weltweit, hg. von GRUCZA, FRANCISZEK, Bd. 12, Frankfurt a. M. u. a. 2012, S. 35–39.

HERMES, STEFAN: Bewältigungsversuche. Die wilhelminische Herrschaft über Südwestafrika in der deutschsprachigen ‚postkolonialen' Literatur, in: Deutsch-afrikanische Diskurse in Geschichte und Gegenwart. Literatur- und kulturwissenschaftliche Perspektiven, hg. von MICHAEL HOFMANN, MICHAEL/ RITA MORRIEN, Amsterdam/New York 2012, S. 125–150.

HOFMANN, MICHAEL: Interkulturelle Literaturwissenschaft. Eine Einführung, Paderborn 2006.

HONNEF-BECKER, IRMGARD/KÜHN, PETER: Interkulturalität und Hybridität in der Literatur in Luxemburg, in: Über Grenzen. Literaturen in Luxemburg, hg. von DIES., Esch/Alzette 2004, S. 7–14.

HONOLD, ALEXANDER: Poetik des Fremden? Zur Verschränkung interkultureller und postkolonialer Literatur-Dynamiken, in: Postkoloniale Germanistik. Bestandsaufnahmen, theoretische Perspektiven, Lektüren (Postkoloniale Studien in der Germanistik Bd. 5), hg. von GABRIELE DÜRBECK/AXEL DUNKER, Bielefeld 2014, S. 71–103.

HONOLD, ALEXANDER: Vom „Chindlifrässer"-Brunnen nach Tahiti. Lukas Hartmanns Roman *Bis ans Ende der Meere* und das Paradigma postkolonialer Literatur aus der Schweiz, in: Zeitschrift für interkulturelle Germanistik 2, 2 (2011), S.113–128.

KUNDRUS, BIRTHE: Von der Peripherie ins Zentrum. Zur Bedeutung des Kolonialismus für das deutsche Kaiserreich, in: Das Deutsche Kaiserreich in der Kontroverse, hg. von SVEN OLIVER MÜLER/CORNELIUS TORP, Göttingen 2009, S. 359–373.

LESKOVEC, ANDREA: Einführung in die interkulturelle Literaturwissenschaft, Darmstadt 2011.

LIEB, DANIELA: „Brasilien ist jeden Tag woanders". Der Roman „Neubrasilien" aus der Perspektive der Postcolonial Studies, in: Guy Helminger. Ein Sprachanatom bei der Arbeit, hg. von CLAUDE CONTER u. a., Heidelberg 2014, S. 133–143.

– Guy Helmingers *Neubrasilien*. Eine Lektüre aus der Perspektive der postkolonialen Theorie, in: Forum für Politik, Gesellschaft und Kultur in Luxemburg 307 (2011), S. 60–63, URL: http://www.forum.lu/pdf/artikel/7174_307_Lieb.pdf, 20.03.2015.

MECKLENBURG, NORBERT: Das Mädchen aus der Fremde. Germanistik als interkulturelle Literaturwissenschaft, München 2008.

MOES, RÉGIS: Congo belge, in: Lieux de mémoire au Luxembourg 2. Jeux d'échelles/ Erinnerungsorte in Luxemburg 2. Perspektivwechsel, hg. von SONJA KMEC/PIT PÉPORTÉ, Luxemburg 2012. S. 133–138.

MÜLLER-FUNK, WOLFGANG u. a. (Hg.): Kakanien revisited. Das Eigene und das Fremde (in) der österreichisch-ungarischen Monarchie, Tübingen u. a. 2002.

PATRUT, IULIA-KARIN/UERLINGS, HERBERT: Postkolonialismus als Provokation für die Literaturwissenschaft. Eine Einleitung, in: Postkolonialismus und Kanon (Postkoloniale Studien in der Germanistik Bd. 2), hg. von DENS., Bielefeld 2012, S. 7–35.

PAULY, MICHEL: Geschichte Luxemburgs, München 2011.

– Auswahlbibliographie zur Geschichte Luxemburgs, URL: http://wwwde.uni.lu/content/download/64403/811906/file/HistLuxgén.pdf, 20.03.2015.

– Cours d'introduction à l' Histoire luxembourgeoise I et II, URL: http://wwwde.uni.lu/content/download/64402/811902/file/Histlux-periodes.pdf, 20.03.2015.

PURTSCHERT, PATRICIA u. a. (Hg.): Postkoloniale Schweiz. Formen und Folgen eines Kolonialismus ohne Kolonien, Bielefeld 2012.

PURTSCHERT, PATRICIA/SCHÄR, BERNHARD C.: Postkolonialismus, in: Globalisierung. Ein interdisziplinäres Handbuch, hg. von ANDREAS NIEDERBERGER/PHILIPP SCHINK, Stuttgart/Weimar 2011, S. 374–379.

RANDERIA, SHALINI: Verflochtene Schweiz. Herausforderungen eines Postkolonialismus ohne Kolonien, in: Postkoloniale Schweiz. Formen und Folgen eines Kolonialismus ohne Kolonien, hg. von PATRICIA PURTSCHERT u. a., Bielefeld 2012, S. 7–12.

RANDERIA, SHALINI: Geteilte Geschichte und verwobene Moderne, in: Zukunftsentwürfe. Ideen für eine Kultur der Veränderung, hg. von JÖRN RUSEN u. a., Frankfurt a. M. 1999, S. 87–96.

SAUER, WALTER (Hg.): K .u. K. kolonial. Habsburgermonarchie und europäische Herrschaft in Afrika, 2. Aufl., Wien u. a. 2007.

SIMO, DAVID: Interkulturelle Germanistik und Postkolonialität in Afrika, in: Jahrbuch Deutsch als Fremdsprache, hg. von ALOIS WIERLACHER u. a., Bd. 25, München 1999, S. 349–362.

SPIVAK, GAVATRI CHAKRAVORTY: The Rami of Simur, in: Europe and its Others. Proceedings of the Essex Conference on the Sociology of Literature, hg. von FRANCIS BARKER u. a., July 1984, Bd. 1, Colchester: University of Essex 1985, S. 128–151.

SÜSELBECK, JAN: Zu dieser Ausgabe, in: Literaturkritik.de, Nr. 6, Juni 2008, URL: http://www.literaturkritik.de/public/rezension.php?rez_id=12000&ausgabe=200806, 20.03.2015.

UERLINGS, HERBERT: Postkolonialismus und Kanon. Beobachtungen und Thesen, in: Postkolonialismus und Kanon (Postkoloniale Studien in der Germanistik Bd. 2), hg. von DEMS./IULIA-KARIN PATRUT, Bielefeld 2012, S. 39–66.

– Interkulturelle Germanistik/Postkoloniale Studien in der Neueren deutschen Literaturwissenschaft. Eine Zwischenbilanz zum Grad ihrer Etablierung, in: Zeitschrift für interkulturelle Germanistik 1, 2 (2011), S. 27–38.

– „Ich bin von niedriger Rasse". (Post-)Kolonialismus und Geschlechterdifferenz in der deutschen Literatur, Köln u. a. 2006.

WILKE, SABINE: Über die Kunst, postkoloniale germanistische Studien zu betreiben. Zur Frage, wie man aus der Metropole auf die Metropole mit einem peripheren Blick schaut, in: Literaturkritik.de, Nr. 6, Juni 2008, URL: http://www.literaturkritik.de/public/rezension.php?rez_id=11736&ausgabe=200806, 20.03.2015.

ZANGGER, ANDREAS: Koloniale Schweiz. Ein Stück Globalgeschichte zwischen Europa und Südostasien (1860–1930), Bielefeld 2011.

ZIMMERER, JÜRGEN: Kolonialismus und kollektive Identität: Erinnerungsorte der deutschen Kolonialgeschichte, in: Kein Platz an der Sonne. Erinnerungsorte der deutschen Kolonialgeschichte, hg. von DEMS., Frankfurt a. M. u. a. 2013, S. 9–37.

Eva Wiegmann/Julian Osthues/Hamid Tafazoli/Daniela Dora/
Elena Kreuzer/Daliah Kentges/Dieter Heimböckel/Natalie Bloch

Kultur als interkulturelle Herausforderung

This contribution confronts theory-based cultural concepts with lifeworld experiences. This way there happens a controlled break with academic conventions, connecting to a way of understanding interculturality as a challenge for existing ways of thinking and acting and making distortions of different cultural concepts visible which become manifest not only by theories but also, in concrete terms, by the different ways of institutionalising culture.

Der folgende Beitrag wurde von der Forschungsgruppe INTERKULT[1] auf dem 3rd Transatlantic Dialogue „Connecting through Culture – A Vision for Global Citizenship" in Luxemburg präsentiert. Die hier publizierte Version weicht allerdings in einigen Punkten von der Präsentationsform ab, da es sich ursprünglich um einen primär englischsprachigen Vortrag mit ausgeprägt performativem Charakter handelte,[2] der nur schwer in schriftlicher Form zu reproduzieren ist. Die einzelnen Textteile wurden von unterschiedlichen Personen vorgetragen, sodass sich mit den von jeweils anderen Sprechern vertretenen Positionen ein konkretes Gesicht verband. Insbesondere im Hinblick auf die anfangs präsentierten divergierenden Kulturkonzepte entstand eine Art Dialogsituation, die den Problemhorizont aufspannte. Die primär theoretischen Kulturkonzepte, die auch hier an den Anfang gestellt sind, werden in der Folge durch konkret lebensweltliche Erfahrungen der Mitglieder von INTERKULT herausgefordert, wobei diese Beiträge durchaus die individuelle interkulturelle Erfahrungswirklichkeit mit theoretischer Reflexion koppeln und dabei u. a. eine enge Verflechtung von

1 Die um Dieter Heimböckel gebildete Forschungsgruppe INTERKULT stellt sich seit einigen Jahren der Herausforderung, kulturelle Fragestellungen der Gegenwart nicht nur in der Theorie, sondern auch in der Praxis zu untersuchen. Im Zentrum ihres Interesses steht vor allem die Frage, wie unterschiedliche, historische bzw. traditionelle Kulturkonzepte im Zeitalter der Globalisierung und Mobilität gegenüber Differenzen und Ähnlichkeiten, die etwa aus kulturellem Zusammentreffen herrühren, Position beziehen, und ob sich theoretische Ansätze entwickeln lassen, die auch praktisch umsetzbar sein können. Eine solche Praxis wird insbesondere durch die interdisziplinäre Ausrichtung der Gruppenmitglieder befördert

2 Dabei wurde etwa durch unvermittelt in einer anderen Sprache (wahlweise Farsi, Türkisch, Italienisch, Deutsch, Französisch, Luxemburgisch) gesprochene Textteile ein irritierender Verfremdungseffekt erzielt.

Kultur und Sprache bzw. Interkulturalität und Mehrsprachigkeit offenlegen. Der abschließende Textteil bilanziert in programmatischer Weise die interkulturelle Herausforderung von Kulturkonzepten und-begriffen durch lebenswirkliche Erfahrungen und skizziert Interkulturalität nicht primär als ein an Kulturbegriffe anschließendes Konzept, sondern als Projekt.

Die Form des Beitrags, aber vor allem die Integration persönlicher Erfahrungen in einen wissenschaftlichen Text ist ohne Zweifel in der Forschungspraxis unüblich. Sie zeugt jedoch nicht von mangelndem Diskursbewusstsein. Vielmehr sucht sie zum einen der Herausforderung theoretischen Denkens durch lebensweltliche Realität Rechnung zu tragen. Zum anderen entspricht dieser kontrollierte Bruch mit den akademischen Konventionen auch unserem Verständnis von Interkulturalität als Herausforderung bestehender Denk- und Handlungsformen, Selbstverständlichkeiten und Sehgewohnheiten. Insofern fußt die spielerische Form des Beitrags nicht nur auf einer ursprünglich performativen Basis, sondern ist zugleich der Versuch, dem experimentellen Charakter des Interkulturellen überhaupt gerecht zu werden.

I. Über den *geschlossenen* Kulturbegriff

Dem *geschlossenen Kulturbegriff* lassen sich Konzepte kultureller Identität zuordnen, die von homogenen, fest umgrenzten und undurchlässigen, also von buchstäblich ‚geschlossenen' Vorstellungen von Kultur ausgehen. Er steht dabei im Kontrast zu einem *offenen Kulturbegriff*. Für die Vorstellung eines geschlossenen Kulturbegriffs ist das Attribut ‚geschlossen' insofern von zentraler Bedeutung, als es die Beschaffenheit seiner Grenzen, also das ‚Geschlossen-Sein', charakterisiert. Die Grenze hat hier die Eigenschaften, dass sie als absolut, hermetisch und statisch entworfen und damit undurchlässig wird für mögliche Veränderungen aufgrund fremdkultureller Einflüsse (also im Sinne von ‚abgrenzen', ‚abschotten'). In der Metapher einer ‚Demarkationslinie', eines ‚Zauns' oder einer ‚Schranke' hat dieses Kulturverständnis von Grenze keinen Ort ‚dazwischen', an dem kultureller Austausch, Grenzüberschreitungen oder gar -auflösungen im Sinne von Vermischungen stattfinden können. Die Grenze wird demnach unter Voraussetzungen gestellt, deren Ziel der Schutz der unverwechselbaren Eigenheit von Kultur darstellt, die als Identität verbrieft wird: Sie soll Sicherheit stiften und das kulturell Ursprüngliche bewahren, den Kern von Kultur und Tradition. Die Vertreter eines geschlossenen Kulturbegriffs vertreten somit eine radikale Idee (lat. ‚radix': Wurzel, Ursprung) kultureller Differenz: Sie verstehen Kultur als homogene Einheit, deren Merkmale sich eindeutig bestimmen und strikt gegenüber anderen Kulturen abgrenzen lassen. Kulturen sind in diesem Sinne grundsätzlich verschieden.

Solch eine Auffassung von Kultur denkt Kultur zunächst im Singular, dann in monolithischen Blöcken. Kurzum: Im Bild von ‚Kultur als Container' werden Kulturbegegnungen zum ‚Clash'. Sie „geht von geschlossenen Kulturmonaden aus, die miteinander kollidieren."[3]

In der europäischen Kulturtheorie wird die Vorstellung eines geschlossenen Kulturbegriffs häufig mit Johann Gottfried Herder (1744–1803) in Verbindung gebracht,[4] wenngleich solche Herder-Lektüren seitens der Forschung unlängst als zu einseitig kritisiert wurden.[5] In den *Briefen zur Beförderung der Humanität* formulierte Herder Ende des 18. Jahrhunderts ein „totalitäres Kulturverständnis"[6]. Er begreift Kulturen als kohärente Einheiten, sozusagen „als in sich abgeschlossene Sphären" und „einheitlich-unveränderbare Kugeln."[7] ‚Mischungen' würden einen Verlust gegenüber Einheit und Reinheit bedeuten. Für Herder gleiche dabei das Verhältnis zwischen Kulturen von Natur aus einem Konkurrenzverhältnis.

Ein radikaler Vertreter eines geschlossenen Kulturbegriffs ist Oswald Spengler (1880–1936). In seinem Werk *Der Untergang des Abendlandes* (1918) vertritt er Anfang des 20. Jahrhunderts einen darwinistischen Kulturbegriff. Spengler betrachtet die Weltgeschichte als Kreislauf von Kulturen, bei dem sich die stärkere Kultur gegenüber der schwächeren durchsetzen werde. In der Tradition eines solchen Kulturverständnisses steht gewissermaßen auch das 1993 erschienene Buch *The Clash of Culture* von Samuel Huntington.

Dem *geschlossenen Kulturbegriff* lassen sich ferner zwei Konzepte von kultureller Identität zuweisen, die mit den Begriffen *Essentialismus* und *Kulturalismus* umschrieben sind. Der *Essentialismus* zeichnet sich dadurch aus, dass hier angenommen wird, „die Kultur einer Gemeinschaft (einer Nation / eines Staates) ließe sich fest definieren – bestimmte Werte, Sitten und Gebräuche könnten etwa für die eine Nation oder Gruppe als eindeutig charakteristisch angesehen werden."[8] Kulturalistische Denkmuster finden sich sowohl in stereotypen Zuschreibungen wie etwa ‚der disziplinierte Chinese' als auch in kollektiven Bildern, die z. B. den ‚Deutschen in Lederhose', den ‚Engländer mit einer Tasse Tee' oder den ‚Franzosen mit Baguette im Arm' darstellen. Der *Kulturalismus* ähnelt dabei dem *Essentialismus*. Mit ihm ist eine Auffassung verknüpft, die den Kulturen ebenso eindeutige, feste Merkmale zuschreibt. Darüber hinaus dienen diese Merkmale zur Abgrenzung.

3 BHATTI, 2012, S. 186.
4 Vgl. WELSCH, 2012, S. 26–28.
5 Vgl. DEMBECK, 2010; GAIER, 2007.
6 YOUSEFI/BRAUN, 2011, S. 16.
7 Ebd.
8 HOFMANN, 2006, S. 10.

Eine soziale Gemeinschaft etwa, die sich aus zwei oder mehreren Kulturen zusammensetzt, wird für den Vertreter einer kulturalistischen Perspektive nicht als Chance zur Vermischung verstanden, die sich im Prozess von Austausch- und Kontaktmomenten eröffnet. In der bekannten Metapher der ‚salad bowl' erscheint Multikulturalismus[9] in diesem Licht als additives Konstrukt, als „*Einheit* in der Diversität"[10], die als Summe vieler Eigenschaften begriffen wird, ohne dass es zu Hybridisierungen kommt. Der Kulturalismus entwirft demnach eine Vorstellung von Gesellschaft, die auf der „gegenseitigen Anerkennung differenter homogener kultureller Einheiten"[11] basiert und sich in der Vorstellung des – jeweils für sich abgeschlossenen – Nebeneinanders begreift (Stichwort ‚Koexistenz'). Deutlicher als beim Multikulturalismus ist den Konzepten von ‚Nation', ‚Orient' oder ‚Westen' nicht nur ein essentialistischer, sondern gleichsam ein kulturalistischer Blick eingeschrieben, der sich in dichotomen Denkmustern Bahn bricht (Bsp. ‚Ost' vs. ‚West'). Die gegenwärtige Krise in der Ukraine wäre ein Beispiel. Sie zeigt, wie sehr der politische Konflikt in einem kulturalistischen Denken verharrt, das Grenzen eher abschottet als sie zu öffnen: east vs. west, the west and the rest.

II. Der *offene* Kulturbegriff

Der offene Kulturbegriff trägt dem Umstand Rechnung, dass die lebensweltliche Orientierung der meisten Menschen – zumindest in der westlichen Welt – nicht mehr primär eine nationalstaatlich-räumliche ist. Denn den gesellschaftlichen Realitäten im globalisierten Zeitalter scheinen Konzepte, die von einheitlichen nationalen oder ethnischen Kulturen ausgehen, nicht mehr angemessen zu sein.

Dieser Kulturbegriff ist also an kulturelle Entwicklungsprozesse gekoppelt und zeitgeschichtlich bestimmt. Die ökonomische Globalisierung und das Aufbrechen politischen Blockdenkens seit der Wende zu den 1990er Jahren hat eine allgemeines „Bewusstsein der Kontingenz menschlicher Lebensformen"[12] mit sich gebracht, dass sich auch in einem Kulturbegriff niederschlägt, der die prinzipielle Offenheit und Ungewissheit menschlicher Lebenserfahrungen sowie moderne Migrationsbewegungen und grenzüberschreitende Kommunikationsprozesse miteinkalkuliert. Nach dem historischen Fall des Eisernen Vorhangs und angesichts der darauf folgenden globalen Entwicklungsdynamik kann ‚Kultur' nicht

9 Zur Problematik der ‚Multikulturalismus-These' vgl. LEGGEWIE/ZIFONUN, 2010, S. 15–16.

10 BHATTI, 2012, S. 186.

11 HOFMANN, 2006, S. 11.

12 RECKWITZ, 2011, S. 3.

mehr umstandslos als ‚konstantes' und ‚homogenes' Identifikationsangebot verstanden werden, sondern muss allgemein als wandelbar begriffen werden.

Im Gegensatz zu einem normativen beschreibt der ‚offene' Kulturbegriff weniger einen intellektuellen Orientierungspunkt, sondern sucht eher gesellschaftliche Realitäten abzubilden und die radikale Zunahme an transnationalen Handlungsoptionen seit den 1990er Jahren mit der Veränderbarkeit symbolischer Ordnungen in Einklang zu bringen. Die Erfahrung der umfassenden Entgrenzungsprozesse im Zuge der Globalisierung mündet in die „Einsicht [...], dass es sich bei Kulturen keineswegs um [nach außen hin] klar abgrenzbare Einheiten handelt".[13] Dazu kommt eine Pluralisierung innerhalb der jeweiligen Kultur, die u. a. durch Migrationsbewegungen ausgelöst wird und jedwede Kohärenzvorstellung nachhaltig unterläuft. Eine zunehmende Mischung der Bevölkerung sowie kulturelle Hybridisierungsprozesse sind die Folge, die die lebensweltlichen Orientierungsmuster quer über den Globus spannen und das Netz von Symbolen und Bedeutungen über den nationalen Raum hinaus mit den symbolischen Ordnungssystemen anderer Kulturen verknüpfen. Die soziale Realität kultureller Netzwerkstrukturen, die untrennbar mit der ökonomischen und kommunikationstechnischen Globalisierung verbunden ist, erlaubt es nicht mehr, von in sich geschlossenen, nationalstaatlich gebundenen Kulturräumen zu sprechen. Kulturen sind vielmehr zu Bedeutungskomplexen mit unscharfen Rändern geworden. Sie sind nicht mehr „kohärent", sondern „kohäsiv".[14] D. h., der offene Kulturbegriff definiert Kulturen nicht primär als territorial gebundene und relativ homogene Entitäten, sondern als heterogene soziale Systeme, deren Zusammenhalt sich aus einer relativen Identität der individuellen Orientierungsgrundlagen ergibt. Kulturen sind demnach Gesellschaften, „die über ein gemeinsames Wissen und über eine gemeinsame oder ähnliche Art und Weise des Wahrnehmens, Glaubens, Bewertens und Handelns verfügten".[15] Es handelt sich also nicht um feste Größen, sondern um inkonstante, dynamische Gebilde, die sich aus verschiedenen, sich gegenseitig überlappenden Komponenten zusammensetzen, die jeweils „die Stellung und Funktion des Menschen und sein Verhältnis zu sich und seiner Umwelt beeinflussen."[16] ‚Kultur' wird unter diesen Voraussetzungen als ein wandelbares Netz von Symbolen und Bedeutungen verstanden, das in seiner Spezifik konstitutiv für die Identität einer bestimmten sozialen Gruppe zu einem bestimmten Zeitpunkt ist. Sie ist also nicht festschreibbar, sondern „als menschliche[s] Produkt[

---

13 BAUSINGER, 2003, S. 271.
14 BOLTEN, 2007, S. 18.
15 LESKOVEC, 2011, S. 43.
16 YOUSEFI/BRAUN, 2011, S. 12.

]“[17] immer das „provisorische und zeitweilige Ergebnis eines unabschließbaren Prozesses“.[18] Kurz: Kultur wird nach diesem Ansatz „als offene[s] Sinn- und Orientierungssystem[ ] verstanden“, das sich sowohl durch intrakulturelle als auch durch interkulturelle „Austausch- und Überlappungsprozesse kontinuierlich“[19] verändert.

Die Wurzeln dieses modernen Kulturbegriffs reichen zurück bis in das ausgehende 18. Jahrhundert, bis hin zu Johann Gottfried Herder, der nicht – wie es die Vertreter des geschlossenen Kulturbegriffs behaupten – umstandslos als absoluter Exponent eines geschlossenen Kulturbegriffs bezeichnet werden kann. Vielmehr muss Herder unbedingt zu den Vordenkern des offenen Kulturbegriffs gezählt werden, da er zwar von einer organischen Organisation der Kulturen ausgeht, diese jedoch nicht als aus sich selbst heraus bestehende, sondern als von Menschen gebildete Strukturen begreift, die immer neu und auf unterschiedlichen Ebenen organisiert werden können und dabei auch Grenzen überschreiten.[20]

Die Dynamik und Prozessstruktur des offenen Kulturbegriffs, der kulturelle Identität als Produkt vielfältiger Interaktionen, Austausch- und Überlappungsprozesse definiert, ist der leitende Kulturbegriff der Interkulturalitätsforschung, da er nicht – wie die Multikulturalitätsbegriff – von einem Nebeneinander verschiedener, in sich relativ homogener Kulturen ausgeht, sondern interkulturelle Prozesse im wahren Sinne des Wortes nicht nur inkorporiert, sondern sogar zum konstitutiven Element von ‚Kultur‘ erhebt.

III. Interkulturalität als Erfahrungsparadigma

Es gibt Grenzen – keine Frage!

Indem wir sie ständig überschreiten, garantieren wir ihnen unweigerlich ihre Existenz und Funktion. Zum Wesen der Grenze gehört ihre Definition: geographisch-politische Grenzen auf der Landkarte, Grenzen der Werte, Grenzen der Sprachen und Kulturen. Es gibt Grenzen, deren Überschreitung – noch – als Tabu gilt. Intolerant verhalten wir uns gegenüber der Überschreitung privater und öffentlicher Grenzen. Nahezu euphorisch fordern wir hingegen sprachliche und kulturelle Grenzüberschreitungen. Auf dieser Art der Grenzüberschreitung gründete einst das Projekt der Europäischen Gemeinschaft, heute genannt die Europäische Union. Dass man innerhalb dieser Union Grenzen überschreitet,

17 Ebd., S. 11.
18 HOFFMANN, 2006, S. 11.
19 YOUSEFI/BRAUN, 2011, S. 12.
20 Vgl. DEMBECK, 2010.

fällt allenfalls auf, wenn man die alten Grenzübergänge mit offenen Schranken überquert. Eines entgeht uns dabei nicht: Es gibt keine Kontrolle; es gibt niemanden mehr, der uns nach unserem Pass fragt.

Überwachung, anders gesagt, Kontrolle, und Überschreitung erfolgen unter (vor-)bestimmten Voraussetzungen. Jede Kontrolle fordert nach einem Instrumentarium. Das Instrument der Grenzkontrolle war und ist der Mensch, der Offizier, der Soldat – jedenfalls ein Uniformierter, dem die Institution zum Schutz und zur Sicherheit des Vaterlandes die Freiheit der Kontrolle erlaubt und ermöglicht. Der Mensch als Subjekt der Kontrolle steht jenseits der Grenze, sein Objekt diesseits derselben. Für beide gilt dieselbe Grenze; der Standort an der Grenze entscheidet über Subjekt und Objekt der Kontrolle. Das Subjekt der Kontrolle besitzt Macht, das Objekt ist machtlos. Doch beginnt sich der Moment der Kontrolle zu relativieren, sobald der Machtlose aufgefordert wird, sich – wie man sagt – auszuweisen; d. h. zu zeigen, wer er ist.

Wer bin ich? Dies ist die Frage, die man sich schon immer gestellt hat und weiterhin auch stellen wird. Undefiniert im Wesen dieser Frage ist: Wer ich für mich bin? Wer ich für die Anderen bin? Wen die Anderen in mir sehen (wollen)? Oder, ob die Anderen *den* in mir sehen, der ich für mich bin? Man glaubt ein System geschaffen zu haben, um die Frage nach *Wer bin ich* zumindest auf der pragmatischen Ebene zu beantworten. Es ist ein System, das den Menschen durch eine Nummer, einen Namen und einen Staat auffasst und vermöge seines Instrumentariums die Fähigkeit besitzt, die Identität zu offenbaren. Sind wir schon bei der Geburt das Objekt dieses Systems? Der Name und der Staat erweisen sich an der Grenze als unverzichtbare, durchaus hilfreiche Komponenten eines Kontrollsystems. Beide sind in einem einzigen Dokument zu finden: im Pass. Weil mein Name darin steht, glaube ich, er gehörte mir.

Ich, der nun hier steht, habe aber einen Pass, der mir nicht gehört. Er ist Eigentum des Staates, dem ich angehöre, und dient lediglich der Identifizierung gegenüber dem ebenfalls staatlichen Subjekt der Kontrolle, das darin nicht nur meinen Namen entdeckt, sondern auch den Namen des wirklichen Besitzers des Passes, d. h. den Namen des Staates, dem ich angehöre. Mein Name, meine Sprache und mein Aussehen, von denen ich behaupten kann, sie sind meine, passen zu dem, was man glaubt in jenem Staat zu entdecken, dem ich angehöre, nicht überein. Das Subjekt der Kontrolle ist also überfordert, denn mein System stimmt mit dem seinigen nicht überein. Das Einzige, was es (aner)kennt, ist der Staat, dem der Pass gehört. Also gilt die Kontrolle nicht mir, sondern dem Staat? Würde das Subjekt *mich* fragen, wer *ich* bin, wäre sein System sicherlich überfordert. Denn um ihm zu sagen, wer ich bin, muss ich sagen, welchem Staat ich angehöre. Ich darf ihm also nicht sagen, als wen ich mich selbst sehe, sondern als wen mich die Anderen sehen (wollen). Würde ich ihm sagen, als wen ich mich selbst sehe, würde es mir das Überschreiten der Grenze verweigern. Denn für die Konstruktion, in der ich mich befinde, kennt kein Staat ein System. Ich bin genötigt, mich durch die Augen der Anderen für die Anderen zu definieren. Das ist das Manko meiner Identität.

Vermutlich bin ich mit meiner Hypothese allein, wenn ich sage, ich bin gleichzeitig Iraner, Deutscher, Amerikaner, ein wenig Franzose, ein wenig Italiener, mit dem Herzen Argentinier, als Spanier fühle ich mich hin und wieder; sicherlich bin ich aber auch Luxemburger, denn wie kann ich nicht einem Staat angehören, der meine Forschung finanziert?! Ich bin zugleich der Eine und viele Andere; und mehr noch: Ich bin zugleich das Eine und das Andere durch Geburt, Sprache, Aussehen und durch all das, wodurch Menschen Identität-en definieren wollen. Wäre aber dies nicht allein die Rechtfertigung meiner Anwesenheit an diesem Ort?

IV. Staatsbürgerschaft, Nationalität und nationale Identität – Interkulturelle Herausforderungen angesichts mehrdeutiger Konzepte

Ich bin in Deutschland geboren und aufgewachsen, habe deutsche Eltern und die deutsche Staatsbürgerschaft. Ich betrachte mich ganz selbstverständlich als Deutsche. Mein 10 Monate alter Sohn Aayan besitzt ebenfalls die deutsche Staatsbürgerschaft – eine Tatsache, die auf den ersten Blick nicht ungewöhnlich erscheint. Allerdings sind nationale Zuordnungen im Falle meines Sohnes nicht so einfach. Er hat Deutschland bisher noch nicht einmal gesehen und wird vermutlich auch in der Zukunft nur einige wenige Tage im Jahr in Deutschland verbringen – hauptsächlich um seine deutschen Großeltern und Verwandten zu besuchen. Aayan wurde in Belgien geboren, wo mein Mann und ich im Moment leben. Aayans Vater kommt aus Indien. Als unser Sohn geboren wurde, mussten wir uns für eine Staatsbürgerschaft für ihn entscheiden. Da die indische Staatsbürgerschaft mit Einreiseeinschränkungen in vielen Ländern einhergeht, haben wir uns gegen den indischen Pass entschieden. Und obwohl Aayan in Belgien geboren wurde und wahrscheinlich auch dort zur Schule gehen wird, planen wir nicht, langfristig in Belgien zu bleiben, wodurch auch die belgische Staatsbürgerschaft von Anfang an außer Frage stand. Was Aayan über seinen deutschen Pass denken wird, bleibt abzuwarten.

Die Herausforderungen interkultureller Familiensituationen wie der unseren spiegeln sich in der verwirrenden Unklarheit der Begriffe selbst wider, wie am Beispiel ‚Nationalität' deutlich wird. Die Bedeutung des Terminus' ist sowohl im Deutschen als auch im Englischen unscharf. Er kann entweder die

Rechtsbeziehung zwischen Individuum und Staat meinen, die entsprechende Rechte und Pflichten innerhalb dieses Staates nach sich zieht, oder aber die politische Aktivität einer Person bedeuten. Während sich Nationalität im Sinne von Staatsbürgerschaft nur auf den Rechtsstatus eines Individuums bezieht, findet der Begriff in unterschiedlichen Kontexten auch Verwendung in Bezug auf die Ethnizität einer Person (d. h. ihre Zugehörigkeit zu ethnischen Gruppen, die aber nicht notwendigerweise offizielle Staaten sein müssen) oder ihrer selbstbestimmten national-kulturellen Affiliation in „Form einer kollektiven Identität, eines Zugehörigkeitsgefühls."[21]

Wenn alle drei möglichen Bedeutungen des Begriffes zusammenfallen, ist die semantische Analyse des Wortes ein interessantes, doch überflüssiges Unterfangen. Seine Komplexität und Ambiguität ist im Falle meines Sohnes jedoch um ein Vielfaches gesteigert.

Müssen Vorstellungen von Identität, Staatsbürgerschaft und Zugehörigkeit sowie ihre vielseitigen Zusammenhänge in unserer globalisierten Welt, in der interkulturelle Familienzusammensetzungen wie die unsere immer häufiger vorkommen, gänzlich neu gedacht werden?

Ist eine duale Staatsbürgerschaft – ein Nationalitätenstatus, der es einem Individuum erlaubt, eine formale Rechtsbeziehung mit zwei separaten und voneinander unabhängigen Staaten zu haben – die Antwort auf diese Frage und die Lösung komplexer interkultureller Sozialisationsprozesse?

Aber eine duale Nationalität ist nicht für jedes Kind, dessen Eltern aus unterschiedlichen Staaten stammen, eine Option.

In Aayans Fall gewährt nur Deutschland den doppelten Pass. Indien erlaubt keinen solchen Nationalitätenstatus. Als Ehepartner oder Kind eines/r im Ausland lebenden Inders/Inderin ist man berechtigt, eine PIO-Karte (die Abkürzung steht für „Person of Indian Origin", zu Deutsch: „Person Indischer Abstammung") zu beantragen, die als lebenslanger Visumsersatz fungiert. Seit meiner Heirat besitze ich eine solche PIO-Karte. Als sie mir in der indischen Botschaft in Brüssel ausgehändigt wurde, fragte man mich dort, welcher meiner Vorfahren denn indisch gewesen sei – ein Vorfall, der mich das Konzept Nationalität mit neuen Augen betrachten ließ. Ich bin eine Deutsche, doch auf dem Papier nun auch eine Person indischen Ursprungs.

Die PIO-Karte trat in Erscheinung, als Inder nach der Unabhängigkeit in den 1960ern begannen, in andere Länder zu migrieren, aber dennoch bestimmte Rechte im Heimatland behalten wollten.

21 BOSNIAK, 2000, S. 450.

Die Tatsache, dass der nicht-indische Ehepartner eines Inders/einer Inderin eine PIO-Karte ausgestellt bekommt, macht deutlich, dass interkulturelle Ehen eine Herausforderung für Indiens Vorstellungen von Staatsbürgerschaft, Nationalität und Ethnizität darstellen, was unweigerlich darauf hindeutet, dass keine Differenzierung zwischen ethnischen, kulturellen, persönlichen und rechtlichen Zugehörigkeiten (sowie staatlichen und nicht-staatlichen Gemeinschaften) gemacht wird.

In der Gegenwart jedoch, die immer stärker von Fragmentation geprägt ist, sind solche Sichtweisen nicht mehr zeitgemäß. Wie Homi K. Bhabha feststellt, sollte die Integrität der Nation nicht „vom Volk“[22] abhängen. Die moderne Nation entspricht nicht mehr länger dem „räumlichen Ausdruck eines einheitlichen Volkes.“[23] Die historische Notwendigkeit der Nation sieht sich nun den interkulturellen Konstellationen einer globalisierten Welt gegenübergestellt. Moderne Nationen – so Bhabha – zeichnen sich durch den „Diskurs von Minderheiten, die heterogenen Geschichtsschreibungen konkurrierender Völker, antagonistischen Autoritäten und spannungsreichen Verortungen kultureller Unterschiede“[24] aus.

Doch die Rechtssysteme einzelner Staaten bleiben hinter den vielschichtigen und komplexen Konstruktionen von Identitäten und Zugehörigkeiten, die die Globalisierung hervorbringt, zurück.

V. (Frühkindliche) Zwei- und Mehrsprachigkeit

Ein Brückenschlag zwischen Okzident und Orient: Das bin ich, zumindest meiner mehrsprachlichen Herkunft nach. In Italien und Deutschland als Kind türkisch-italienischer Eltern aufgewachsen, wurde ich bereits im Kleinkindalter an die Sprachen Türkisch und Italienisch herangeführt. Im Kindergarten kam dann die Sozialisierungssprache Deutsch hinzu. In den 1980er Jahren galt ich mit meiner Sprachenvielfalt als Exot und meine Mehrsprachigkeit als Exklusionskriterium in einem damals noch stark einsprachigen Umfeld. Heute hingegen wird ausgeschlossen, wer auf einem Monolinguismus beharrt oder der Herkunft nach keinen genuinen Zugang zu mehreren Sprachen hat. Mehrsprachigkeit ist deshalb paradoxerweise zu einem elitären Projekt geworden, an dem jeder teilhaben möchte und insbesondere Kinder teilhaben sollen. Da ist die Anmeldung des noch ungeborenen Babys in einer bilingualen Kita; da ist das chinesische

22 BHABHA, 1994, S. 209. Es handelt sich hierbei um eine eigene Übersetzung des englischen Originals.

23 Ebd., S. 204.

24 Ebd., S. 212.

Au-Pair-Mädchen, welches dem Sprössling frühkindliche Spracherziehung in der als erste Weltsprache der Zukunft prognostizierten Sprache Mandarin erteilen soll; da ist das Erziehungsziel „Mehrsprachigkeit“, das Eltern mittels eines qualitativ hochwertigen, auch exotische Sprachen einschließenden und möglichst mehrsprachigen schulischen Fremdsprachenunterrichts verfolgen. Mehrsprachigkeit avanciert somit zu einer individuellen und gesellschaftlichen (Macht-)Ressource.

Die sprachliche Realität des 21. Jahrhunderts sieht verglichen mit der des 20. Jahrhunderts folglich anders, d. h. interkulturell herausfordernder, aus: Kinder, Jugendliche und schließlich Erwachsene sprechen unterschiedliche Familiensprachen und Dialekte. Sie durchlaufen unterschiedliche sprachliche Curricula. Die Verhältnisse der Individuen zu ihren Sprachen sind vielfältiger geworden. An die Stelle der herkömmlichen Zweiteilung in eine „Muttersprache“ und die (schulischen) Fremdsprachen ist eine große Bandbreite von Spracherfahrungen und sprachlicher Praxis getreten: Kinder, die gleichzeitig mit zwei Sprachen aufwachsen; Familiensprachen, die von einer Zweitsprache überholt werden; Fremdsprachen, die zu Kommunikationssprachen werden; Dialekte, die sich neben der Standardsprache behaupten; Minderheitensprachen, die bewusst erhalten und gepflegt werden; Herkunftssprachen, die nachträglich ausgebaut oder neu aktiviert werden; Migrantensprachen, aus denen Wörter oder Redewendungen in die Kommunikation für die Zielsprache übernommen werden. Alle, die in Situationen der Mehrsprachigkeit leben, entwickeln Einstellungen dazu und Bewältigungsstrategien. Auch Sprecher und Sprecherinnen, die einsprachig sozialisiert sind, begegnen der Vielsprachigkeit in ihrer Lebenswelt. Auch sie kommen nicht umhin, Einstellungen zu Mehrsprachigkeit und Gewohnheiten des Umgangs damit zu entwickeln.

Die meisten Menschen auf der Welt wachsen aber eindeutig mehrsprachig auf (ca. 60–70%), wobei in der Regel eine Sprache dominiert und eine oder mehrere andere Sprachen auf unterschiedlichem Niveau beherrscht werden. Die Mehrzahl der mehrsprachig aufwachsenden Menschen verfügt in der dominanten Sprache über mehr Können als ein einsprachig aufgewachsener Mensch und in der zweiten über ungefähr vergleichbare Kompetenzen.

Beim Thema des Erwerbs früher Fremdsprachenkenntnisse herrscht unter Wissenschaftlern, vornehmlich Entwicklungspsychologen, nach wie vor Uneinigkeit über ihre Folgen für das Erwachsenenalter. In der Förderung einer frühkindlichen Mehrsprachigkeit werden aber überwiegend Vorteile gesehen, von denen hier zentrale genannt werden sollen:

- Der Erwerb einer zweiten oder gar mehrerer Sprachen fördert die beim Erstspracherwerb aufgezeigten zentralen Bausteine einer Spracherwerbstheorie: die Fähigkeiten zur Muster- und Intentionserkennung.[25]
- Da mit dem Spracherwerb eine Erweiterung der kulturell geprägten Kognition einhergeht, unterstützt die Beherrschung mehrerer einzelsprachlicher Systeme das Vermögen, die Perspektive anderer einzunehmen.
- Bei kompetenten bilingualen Kindern sind kognitive Vorteile in den Bereichen des divergenten und kreativen Denkens festzustellen.[26]
- Bilinguale Kinder entwickeln oftmals früher als monolinguale Altersgenossen metasprachliche Kompetenzen, wodurch sie die Arbitrarität von Sprache erkennen.[27]
- Auf sozialer Ebene entwickeln bilinguale Kinder bereits früh eine hohe Empathie, da je nach Adressat und pragmatischem Ziel die „richtige" Sprache für die kommunikative Situation auszuwählen ist. Diese Feinfühligkeit erlaubt es, die eigenen Kommunikationsmittel gezielt einzusetzen.

Selbst bei der frühkindlichen Mehrsprachigkeit liegen – je nach gelungener oder wenig gelungener Spracherziehung – Nachteile vor, die ich als dreisprachig Aufgewachsene auch heute noch hin und wieder deutlich zu spüren bekomme:

- Kinder, die mehrsprachig aufwachsen, gelten im Sinne des „Semilingualismus" als „doppelt halbsprachig", da sie mitunter keine doppelte monolinguale Sprachbeherrschung aufweisen.[28]
- Damit gehen nicht selten sprachliche und auch andere Kompetenzen betreffende Schulprobleme bilingualer Kinder einher.[29]
- Kinder, die eine bilinguale Erziehung genießen, erfahren zum Teil Ausgrenzung durch monolinguale Altersgenossen. Negative Auswirkungen auf die Entwicklung des Kindes sind die Folge.
- Spracherwerbsstörungen können bei mehrsprachig aufwachsenden Kindern noch deutlich schwieriger zu beheben sein, da sie z. T. in jeder Sprache korrigiert werden müssen.[30]

---

25 Vgl. BICKES/PAULI, 2009, S. 78.
26 Vgl. KEITH SIMONTON, 2008, S. 153.
27 Vgl. TRACY, 2008, S. 60.
28 Vgl. ROMAINE, 1995, S. 260–262.
29 Vgl. TRACY, 2008, S. 4–5.
30 Vgl. ebd., S. 6.

Diese vermeintlichen Nachteile von Mehrsprachigkeit resultieren jedoch aus einer vereinfachten, reduzierten, gewohnten bzw. „üblichen" Denkweise. Alfred Schütz beschreibt in seinem Aufsatz *Der Fremde. Ein sozialpsychologischer Versuch* das „Denken-wie-üblich" folgendermaßen: „Die Entdeckung, daß die Dinge in einer neuen Umgebung ganz anders aussehen, als man dies sich noch zu Hause vorgestellt hatte, ist häufig die erste Erschütterung des Vertrauens des Fremden in die Gültigkeit seines habituellen ‚Denkens-wie-üblich'."[31] Zum einen führt diese Denkweise, übertragen auf den Bilingualismus, aus der vermeintlichen Existenz „reiner Sprachen" heraus; zum anderen aus dem Umstand, dass eine Sprache nur bei durchgängig angewandter korrekter Grammatik als wahrhaftig beherrscht gilt. Vielmehr ist aber von einem Zusammenhang zwischen Kultur und Sprache auszugehen. Genauso wenig wie es die eine einzige Kultur gibt, genauso wenig gibt es auch die eine Sprache. Dadurch zeigt sich, dass das Phänomen vielschichtig ist und folgerichtig nicht erlaubt, Pauschalisierungen oder gar unbedachte Schlüsse auf komplexe Konstrukte wie das der Intelligenz vorzunehmen.[32]

Es geht letztlich um Code-Mixing (Sprachmischungen), das sich bei mehrsprachig aufwachsenden bzw. aufgewachsenen Kindern zeigt. Zum einen beeinflussen sich die Sprachen gegenseitig bei der Aussprache. Zum anderen treten sehr häufig Sprachmischungen in der gesprochenen oder geschriebenen Sprache auf. Das können einzelne Wörter, aber auch grammatische Elemente sein. Das Code-Mixing, bei dem der Wechsel von einer Sprache in die andere keine soziokommunikative Bedeutung trägt, ist abzugrenzen vom Code-Switching (Kodeumschaltung, Sprachwechsel).[33] Darunter wird der wechselnde Gebrauch zweier Sprachen durch einen Sprecher im Verlauf eines Diskurses unter funktionalen Gesichtspunkten verstanden. Dieser folgt einem komplexen System soziolinguistischer, pragmatischer und grammatischer Regeln beider Sprachen und bewirkt folglich einen pragmatischen Kontrast. Das Code-Switching ist Kennzeichen steigernder bilingualer Kompetenzen.[34]

Während man früher im Sinne einer Defizitwahrnehmung glaubte, dass diese Sprachmischungen ein deutliches Zeichen dafür sind, dass Kinder mit zwei Sprachen überfordert sind, gelten Sprachmischungen (z. B. das Ergänzen von Wortschatzlücken mittels Wörtern aus der anderen Sprache) heutzutage mit Blick

31 SCHÜTZ, 1972, S. 62.
32 Vgl. ROMAINE, 1995, S. 107–115.
33 Vgl. BICKES/PAULI, 2009, S. 85.
34 Vgl. ROMAINE, 1995, S. 120–121.

auf die Kompetenzorientierung als eine kreative Nutzung der sprachlichen Kompetenz.[35]

VI. Luxemburg und die Suche nach einer kulturellen Identität

Die Vorstellung einer festen und unveränderlichen Identität einer Person, einer sozialen Gruppe oder einer Region scheint im Angesicht des globalisierten Zeitalters als überholt. Identitätskonstruktionen sind vielmehr grenzüberschreitend zu denken und entsprechen einem kontinuierlichen Prozess, der immer auch Veränderung miteinbezieht. Vor diesem Hintergrund wird auch die Frage der kulturellen Identität eines Individuums oder auch einer ganzen Nation verhandelt. Luxemburg nimmt in diesem Kontext eine besondere Position ein, ist doch die Suche nach einer kulturellen Identität hierzulande nach wie vor eine aktuelle und hoch kontroverse Angelegenheit, was sich nicht zuletzt in den zahlreichen Forschungsprojekten und Veröffentlichungen zu diesem Thema widerspiegelt. So heißt es etwa, dass Luxemburg durch die Pluralisierung der Identitätsangebote innerhalb der Gesellschaft, „geradezu eine Laborsituation zur Untersuchung von Prozessen der Identitätskonstruktionen unter enttraditionalisierten Bedingungen bietet".[36] Das Statistikamt STATEC zählt aktuell rund 550.000 Einwohner, wovon 45,3 % nicht die luxemburgische Nationalität besitzen. Hinzu kommen die rund 140.000 Pendler, die sich jeden Tag im Großherzogtum aufhalten.

Als Luxemburgerin ist mir die Suche nach einer kulturellen Identität und einer vermeintlichen ‚Eigenkultur' ein vertrautes Thema. Tagtäglich sehe ich mich mit diesem Problem konfrontiert: in öffentlichen Diskussionen und Debatten, in den unterschiedlichen Feuilletons und natürlich auch in der gesellschaftlichen Wirklichkeit, in der Interaktion mit Luxemburgern und Nichtluxemburgern. Als ich vor geraumer Zeit dazu aufgefordert wurde, ‚etwas typisch Luxemburgisches zu machen' – eigentlich eine simple Angelegenheit, lassen sich doch Stereotypen für jede Nation finden –, wollte mir einfach nichts einfallen. In diesem Moment kam mir der Titel eines kürzlich erschienenen Artikels in den Sinn: Wir wissen immer noch nicht, wer wir sind.[37]

Wenn es im Beiheft des Luxemburger Worts, der auflagenstärksten Tageszeitung, zum 175 Jubiläum der Unabhängigkeit des Landes heißt, dass durch das Inkrafttreten des Gesetzes der doppelten Staatsbürgerschaft sowie der Durchmischung der Bevölkerung durch die unterschiedlichen Migrationsbewegungen

---

35 Vgl. ebd., S. 13.

36 RECKINGER/WILLE, 2010, S. 12.

37 KRIER, 2012, S. 53.

und die stärkere Verbreitung des Luxemburgischen als Zweit- und Integrationssprache, „die Frage nach einer wie auch immer gearteten Identität nicht mehr so einfach zu beantworten ist, wie das lange geglaubt wurde“, stellt sich mir die Frage, wann die Beantwortung jemals eine Selbstverständlichkeit darstellte?[38] 1839 wurde der heutige Grenzverlauf des Landes festgelegt und die Souveränität des Staates durch den Londoner Vertrag anerkannt. War die Identitätsfrage zu diesem Zeitpunkt leichter zu beantworten, als es heute der Fall ist, oder steht dieses Datum auch stellvertretend für die „construction of the myth of ethnically pure origins [...] of Luxembourg“?[39] Seitdem sind 175 Jahre vergangen, „wenig Zeit indes, um eine nationale Identität zu entwickeln“.[40]

In der Diskussion um eine kulturelle Identität wird häufig auf die Funktion des „Lëtzebuergeschen“ als markantesten identitätsstiftenden Faktor verwiesen. In der Soziolinguistik herrscht weitgehend Konsens darüber, dass die Herausbildung einer kulturellen Identität eng mit dem Sprachgebrauch von Individuen verbunden ist: „Identity is the active negotiation of an individual‘s relationship with larger social constructs, in so far as this negotiation is signaled through language and other semiotic means“.[41] Für die Luxemburger und ihre Selbstwahrnehmung trifft dies in besonderem Maße zu, ist „Lëtzebuergesch“ als Konzept bekanntlich „etwas ziemlich ‚Heiliges‘“.[42] Doch vermag allein eine Sprache diese identitätsstiftende Funktion zu übernehmen?

Bei einem Spaziergang durch meine Heimatstadt bin ich letztens auf das Geburtshaus Batty Webers gestoßen, einer der bekanntesten luxemburgischen Autoren und Journalisten des vergangenen Jahrhunderts. War es nicht Weber, der bereits Anfang des 20. Jahrhunderts von einer ‚Mischkultur‘ hierzulande sprach und der davon ausging, dass das Eigentümliche und Charakteristische des Luxemburger Landes – die kulturelle Identität inbegriffen – genau in dieser ‚Mischkultur‘ liege? Stand das Heterogene und Interkulturelle schon immer am Anfang der luxemburgischen Identitätskonstruktion? Und trifft dies nicht allgemein auf die Prozesse kultureller Identitätsfindungen zu? Im Luxemburg des 21. Jahrhunderts, das sich durch eine Vielfalt an kulturellen Einflüssen auf engstem Raum auszeichnet, darf der Grundgedanke Webers nicht in Vergessenheit geraten, sondern muss weitergedacht werden.

38 SCHEFFEN, 2014, S. 3.
39 PEPORTE u. a., 2010, S. 262.
40 REUTHER, 2013, S. 80.
41 MENDOZA-DENTON, 2002, S. 475.
42 GILLES, 2014, S. 8.

Kulturelle Identitätszuschreibungen, die auf der Annahme gründen, dass eine einheitliche nationale oder ethische Grundlage existiert, können der komplexen gesellschaftlichen Realität in ihrer kulturellen Variantenvielfalt nicht gerecht werden und dem Individuum kein Fundament für einen erfolgreichen Identifikationsprozess bieten. Nur durch ein Umdenken in der Identitätsfrage lassen sich neue Orientierungsmuster schaffen, die den Erfahrungen des Individuums in Zeiten der Globalisierung entsprechen. Dies ist eine Herausforderung, die sich nicht nur an die Ministerien und Kulturbeauftragten des Landes richtet, sondern an alle Bürger, egal aus welchem Milieu oder Herkunftsland sie auch stammen mögen.

VII. Das Projekt der Interkulturalität oder: Kultur ist etwas Außerordentliches

Es gibt, so Werner Hamacher,

> keine einzige Kultur, die eine autarke, selbstbegründete und suisuffiziente Einheit bilden würde. Jede Kultur kultiviert sich an anderen Kulturen und wird von anderen Kulturen kultiviert. Es gibt nicht eine, die nicht aus der Konfiguration von anderen – und also *a limine* allen anderen – Kulturen hervorgegangen ist und von diesen anderen nicht in jedem Augenblick ihrer Geschichte mitbestimmt und transformiert würde. Und das heißt: Es gibt nicht eine Kultur. Kultur ist ein *plurale tantum*[43].

In Kultur als „plurale tantum" liegt das Erfordernis nach ihrer vergleichenden Wahrnehmung. Das heißt in dieser Konsequenz aber zugleich: Kultur ist immer auch Inter-Kultur. Sehen wir Inter-Kultur rückläufig als durch einen beständigen Transformationsprozess bestimmt, so können wir sie perspektivisch allenfalls als ein Projekt begreifen.

Für den Projektbegriff, auf den wir abzielen und der noch das Ursprüngliche seiner Bedeutung wie in Daniel Defoes *Essays upon Projects* (1692) ernst nimmt, ist das Unbekannte seines Ausgangs ebenso wie das Prozessuale konstitutiv. Ein Projekt in diesem Sinne kann zwar einen ungefähren Ausgangspunkt benennen, es kann auch etwas über die Voraussetzungen sagen, unter denen sich der Gedanke des Projekts formiert. Das Ergebnis ist aber nach Maßgabe seines Prozesscharakters und anders als in den Projekten, von denen heute an Universitäten weite Teile der Drittmittelfinanzierung leben, ganz und gar offen. Es geht uns also nicht um die Frage, was es mit diesem Projekt genau auf sich hat und welche Ergebnisse von ihm am Ende zu erwarten sind, sondern ob und inwiefern, bezogen auf das Phänomen der Interkulturalität, an diesen Projektgedanken angeschlossen

---

43 HAMACHER, 2011, S. 127.

werden kann. Ein Anschluss schwebt uns etwa in dem Sinne vor, in dem man mit Alexander Kluge davon ausgeht, dass Projekte im Grunde Vorgriffe und Ausbrüche in eine nicht übersehbare Ferne sind.[44] Denn diese Ferne lässt sich inhaltlich, aber auch zeitlich für das Projekt der Interkulturalität in Anschlag bringen – und auch dafür, dass es so etwas wie eine Projektion eines aus der Not und/oder Krise gesetzten Anfangs in etwas Unbekanntes ist.[45]

Der Interkulturalität eilt zuweilen der Ruf voraus, wohlgemeint, aber konzeptionell unzureichend zu sein. Man weiß gar nicht, heißt es etwa, was sie eigentlich ist bzw. sein soll. Wer danach fragt, was Kultur ist oder sein soll, wird allerdings auf ein ähnlich diffuses Bild stoßen. Darum neigt man dazu, Kultur als Container zu denken. Das erleichtert das Verständnis und stiftet Ordnung. Eine ordentliche Welt ist eine Welt, in der man weiterweiß, sagt Zygmunt Bauman.[46] Was sich jenseits der Ordnung bewegt, wird beargwöhnt, weil es Unbehagen bereitet. Kultur aber lässt sich nicht domestizieren, denn sie ist etwas Außer-ordentliches. Deswegen plädieren wir dafür, Kultur ebenso wie Interkulturalität projektiv zu denken. Das heißt freilich auch in Kauf zu nehmen, dass angesichts der Vielstimmigkeit im wissenschaftlichen und gesellschaftlichen Diskurs eine Vielzahl von Ansätzen und Lösungswegen über sie kursieren, die es unmöglich machen, sie auf den Begriff zu bringen. Gegner dieses Projekts bzw. diejenigen, die es gerne genau wissen wollen, haben dementsprechend bereits das Scheitern der Interkulturalität ausgerufen, ohne zur Kenntnis zu nehmen, dass Projekte dieser Art kaum einmal absichtlich entstehen und dass sie, wenn sie scheitern, in ihrem Scheitern klare Spuren hinterlassen. Diese Spuren aber sind unseres Erachtens nicht in Sicht.

Das Scheitern ist auch deshalb nicht in Sicht, weil in diesem Projekt (und anders als in vergleichbaren, zeitlich nicht fixierbaren Projekten) das Scheitern nicht ein Resultat ist, sondern selbst schon im Denken an und über Grenzen, Differenzen und Andersheiten angelegt ist. Dem liegt ein Verständnis von Interkulturalität zugrunde, das sich als Methode zur Umgestaltung bestehender Denk- und Handlungsformen versteht und das sich darauf einlässt, gewohnte Selbstverständlichkeiten und Sehgewohnheiten zu hinterfragen. Interkulturalität hat etwas mit Risiko zu tun, denn wer sich darauf einlässt, verlässt eingetretene Pfade. Interkulturalität geht aus unserer Sicht insofern einher mit dem kulturanthropologischen Ausbruch aus dem, was Alfred Schütz einmal als „Denken-wie-üblich" bezeichnet hat.[47] Und das heißt auch, dass Interkulturalität einen Beobachter voraussetzt, der

44 KLUGE, 2006, S. 14.
45 Vgl. hierzu umfassend: HEIMBÖCKEL/WEINBERG, 2014.
46 Vgl. BAUMAN, 2005, S. 12.
47 SCHÜTZ, 1972, S. 58.

sich zu dem im Denken-wie-üblich liegenden Grundlagen/Voraussetzungen seines Beobachtens gegenläufig bzw. inversiv verhält. Sprich: Er dekonstruiert sie bis zu Unvertrautheit – auch wenn er sich seines Denkens-wie-üblich nicht restlos zu entledigen vermag. Die interkulturelle Aktivität ist ein Experiment; der Beobachter ist ein Experimentator. Er weiß nicht, was sich jenseits des Denkens-wie-üblich verbirgt. In diesem Nichtwissen generiert Interkulturalität ihr grenzüberschreitendes ebenso wie ihr emanzipatorisches Potential. In der Andersheit des Anderen stößt das Wissen an seine Grenzen. Wenn sie gewusst wird, ist das Andere nicht mehr anders, sondern dem (eigenen) Wissen einverleibt. Das Andere (bzw. das aufgefasste Andere) steht aufgrund seiner „zugänglichen Unzugänglichkeit"[48] (weshalb die Rede über das Andere eine Rede auf der Grundlage einer Setzung des Anderen ist) unter dem Schutz des Nichtwissens. Umgekehrt geht am Wissen das Andere zunichte, weil es im Moment seines Wissens aufhört, seinen Anspruch auf Andersheit einzulösen. Es bringt das Andere zum Verschwinden, während es im Nichtwissen unangetastet bleibt. Im Nichtwissen über das Andere offenbart es seine eigentümliche Andersheit.

Im gegenwärtigen Kampf um die Vorherrschaft bestimmter Wissensregime in der Real- und Netzwelt ruft das Eingeständnis des Nichtwissens indes nicht nur Irritationen hervor; moderne Gesellschaften scheinen (bisher zumindest) politisch, institutionell und normativ darauf nicht vorbereitet zu sein. Nichtwissen und Uneindeutigkeit werden vielmehr aus dem Wahrnehmungshorizont der Forschungs- und Technologiepolitik ausgeblendet. Das hat Konsequenzen auch für das gegenwärtige Verständnis von Interkulturalität. Denn mit einer so verstandenen Interkulturalität sind, weil sich hinter ihr (im Verständnis des Nichtwissens) „eine prinzipiell nicht aufhebbare Ungewissheit möglicher Ereignisse" verbirgt,[49] Hegemonie- ebenso wie Alleinvertretungsansprüche nicht in Einklang zu bringen. Das heißt: Die interkulturelle Herausforderung der Kultur liegt auch darin, dass sie als ein Prozess begriffen wird, der sich nicht allein in und mit der westlichen Welt erfüllt.

Konklusion

Die hier vorgenommene Konfrontation theoretisch basierter Kulturkonzepte mit lebensweltlichen Erfahrungen zeigt deutlich, dass Interkulturalität nicht primär als ein an etablierte Kulturbegriffe anschließendes Konzept verstanden werden kann, da weder ein ‚geschlossener' noch ein ‚offener' Kulturbegriff den komplexen

48 WALDENFELS, 1999, S. 42.
49 WILLKE, 2002, S. 11.

lebensweltlichen Realitäten vollkommen entspricht und entsprechend universelle Geltung für sich beanspruchen könnte. Dem Konzept ‚Kultur' im interkulturellen Kontext scheint weder ein homogener, fest umgrenzter Vorstellungsraum gerecht zu werden noch ein vollständig ‚offener' Transkulturalitätsbegriff. Offen zutage tritt vielmehr ein Spannungsfeld zwischen unterschiedlichen Öffnungs- und Abgrenzungstendenzen. Kultur ist immer auch Inter-Kultur. Sie ist durch einen beständigen Transformationsprozess bestimmt und kann daher nicht auf den Begriff gebracht werden.

Eine Interkulturalitätsforschung, die daran anschließt und sich darauf einlässt, ihre Konzepte und Begriffe mit lebensweltlichen Realitäten abzugleichen und damit immer wieder zur Disposition zu stellen, ermöglicht es dabei nicht nur, kulturelle und interkulturelle Prozesse adäquater zu beschreiben. Hierdurch entfaltet sie auch ein spezifisches kritisches Potential, da die Überprüfung der Theorie durch die Praxis Verwerfungen zwischen unterschiedlichen Kulturkonzepten und -begriffen sichtbar macht, die sich nicht nur in Theoriebildungen, sondern auch konkret in den unterschiedlichen Institutionalisierungsformen von Kultur manifestieren. Hier besteht, wie die Erfahrungsberichte zeigen, Revisionsbedarf, da sich die im Spannungsfeld von individueller, kultureller und nationaler Wesensbestimmung stehende Identitätsfrage auf politisch-administrativer Ebene als ungelöst zeigt.

Eine Interkulturalitätsforschung, die das Paradigmatische verabschiedet, erweist ihr kritisches Potential auch im Hinblick auf den Mehrsprachigkeitskomplex, wenn sie die normativen Verschiebungen von Monolingualität zu Multilingualität hinterfragt und sichtbar macht, dass diese auch vor dem Hintergrund interkultureller Fragestellungen nicht *per se* unproblematisch sind, weil im Kontext der Globalisierung Mehrsprachigkeit zu einer individuellen und gesellschaftlichen (Macht-)Ressource avanciert, die wiederum zu Marginalisierung und Exklusion des Anderen führt. Die Machtfrage stellt sich ebenso bei der Vorherrschaft bestimmter Wissensregime. Dieser Beitrag macht sich daher stark für eine Interkulturalitätsforschung, die dem Nichtwissen Raum lässt und sich damit nicht unreflektiert in eine mit exklusivem Wahrheitsanspruch operierende Traditionslinie westlicher Theoriebildung einordnet.[50] Einem experimentell verstandenen

---

50 Spivak hat in *A Critique of Postcolonial Reason* eindrucksvoll gezeigt, wie sich unterschwellig asymmetrische Hegemonialverhältnisse in der westlichen Philosophie festschreiben. Hier macht sie deutlich, dass Kants deontische Ethik, die den Anspruch universaler Gültigkeit erhebt, im Endeffekt nicht auf einem allgemeingültigen Menschheitsbegriff fußt, weil mit ‚Mensch' hier letztlich ein gebildeter, männlicher Europäer assoziiert ist (vgl. SPIVAK, 1990).

Wissenschaftsbegriff entsprechend operiert sie insofern nicht nur ergebnisoffen, sondern schließt mit der grundsätzlichen Bereitschaft zur Revision bestehender Wissensregime auch an die notwendige Voraussetzung für einen gelingenden interkulturellen Dialog auf Augenhöhe an,[51] der nur zustande kommen kann, wenn kulturell geprägtes Vor-Wissen zur Disposition gestellt wird. Die Durchbrechung des ‚Denkens-wie-üblich' ist infolgedessen Prämisse für eine Interkulturalitätsforschung, die in ihrer Theoriebildung einer unbewussten Zementierung eurozentrischer Wissensregime zu entkommen sucht.

Wissenschaftliches Erkenntnisinteresse verbindet sich hier also insofern mit dem experimentellen Charakter des Interkulturellen an sich, als es hier wie dort um eine grundlegende Bereitschaft zur Revision bestehender Denk- und Ordnungskategorien geht, die eine notwendige Voraussetzung für einen unvoreingenommenen Erkenntnisgewinn ohne präfigurierende normative Kategorisierungen und einen gleichwertigen interkulturellen Dialog darstellt.

Literaturhinweise

BAUMAN, ZYGMUNT: Moderne und Ambivalenz. Das Ende der Eindeutigkeit, Neuausgabe, Hamburg 2005.

BAUSINGER, HERMANN: Kultur, in: Handbuch interkulturelle Germanistik, hg. von ALOIS WIERLACHER/ANDREA BOGNER, Stuttgart/Weimar 2003, S. 271–276.

BHABHA, HOMI: The Location of Culture, New York 1994.

BHATTI, ANIL: Ähnlichkeit statt Differenz, in: Vielheit und Einheit der Germanistik weltweit, hg. von FRANCISEK GRUCZA, Bd. 2, Frankfurt a. M. u. a. 2012, S. 185–187.

BICKES, HANS/PAULI, UTE: Erst- und Zweitspracherwerb, Paderborn 2009.

BOLTEN, JÜRGEN: Interkulturelle Kompetenz, Neubearb., Erfurt 2007.

BOSNIAK, LINDA S.: Citizenship Denationalized, in: Indiana Journal of Global Legal Studies 7 (2000), S. 447–509.

DEMBECK, TILL: X und U? Herders ‚Interkulturalität', in: Zwischen Provokation und Usurpation: Interkulturalität als (un)vollendetes Projekt der Literatur- und Sprachwissenschaft, hg. von DIETER HEIMBÖCKEL u. a. , München 2010, S. 103–128.

GAIER, ULRICH: Herder als Begründer des modernen Kulturbegriffs, in: Germanisch-Romanische Monatszeitschrift 57 (2007), S. 5–18.

51 YOUSEFI, 2014, S. 74, 135.

GILLES, PETER: Peter Gilles im Gespräch. „Als Konzept ass d'Lëtzebuergescht eppes zimlech ‚Helleges'", in: 175 Jahre Unabhängigkeit – Eine Beilage im Luxemburger Wort (Samstag, 19. April 2014), S. 8–9.

HAMACHER, WERNER: Heterautonomien, in: Zeitschrift für interkulturelle Germanistik 2, 1 (2011), S. 117–138.

HEIMBÖCKEL, DIETER/WEINBERG, MANFRED: Interkulturalität als Projekt, in: Zeitschrift für interkulturelle Germanistik 5, 2 (2014), S. 119–144.

HOFFMANN, MICHAEL: Interkulturelle Literaturwissenschaft: Eine Einführung, Paderborn 2006.

KLUGE, ALEXANDER: „Projekte sind im Grunde Vorgriffe, Ausbrüche in die Ferne". Alexander Kluge im Gespräch mit Claus Philipp, in: Lesebuch Projekte. Vorgriffe, Ausbrüche in die Ferne, hg. von CHRISTIAN REDER , Wien/New York, S. 9–29.

KRIER, FREDERIC: Wir wissen immer noch nicht, wer wie sind. Lieux de mémoire 2, eine Reaktion dazu, sowie alles, was sie über Luxemburg wissen sollten, aber bisher nie zu fragen wagten, in: forum 322 (2012), S. 53–57.

LEGGEWIE, CLAUS/ZIFONUN, DARIUS: Was heißt Interkulturalität?, in: Zeitschrift für interkulturelle Germanistik 1, 1 (2010), S. 11–31.

LESKOVEK, ANDREA: Einführung in die interkulturelle Literaturwissenschaft, Darmstadt 2011.

MENDOZA-DENTON, NORMA: Language and Identity, in: The Handbook of Language Variation and Change, hg. von J.K. CHAMBERS u. a , Oxford 2002, S. 475–479.

PEPORTE, PIT u. a.: Inventing Luxembourg. Representations of the Past, Space and Language from the Nineteenth to the Twenty-First Century, Leiden/Boston 2010.

RECKINGER, RACHEL/WILLE, CHRISTIAN: Identitätskonstruktionen erforschen, in: Doing Identity in Luxembourg, hg. von IPSE – Identités Politiques Sociétés Espaces , Bielefeld 2010, S. 11–36.

RECKWITZ, ANDREAS: Die Kontingenzperspektive der ‚Kultur'. Kulturbegriffe, Kulturtheorien und das kulturwissenschaftliche Forschungsprogramm, in: Handbuch der Kulturwissenschaften, Bd. 3: Themen und Tendenzen, hg. von FRIEDRICH JAEGER/JÖRN RÜSEN, Stuttgart/Weimar 2011, S. 1–20.

REUTHER, EVA-MARIA: Wann ist ein Luxemburger ein Luxemburger? Nationale Identität und Integration in Luxemburg, in: OPUS Kulturmagazin 37 (2013), S. 80–81.

ROMAINE, SUZANNE: Bilingualism, 2. Aufl., Oxford 1995.

SCHEFFEN, JEAN-LOUIS: Das Jahr 1839 und die luxemburgische „Identität". Nicht Belgier, nicht Holländer, aber was dann?, in: 175 Jahre Unabhängigkeit – Eine Beilage im Luxemburger Wort (Samstag, 19. April 2014), S. 3.

SCHÜTZ, ALFRED: Der Fremde – ein sozialpsychologischer Versuch. In: ders.: Gesammelte Aufsätze, Bd. 2: Studien zur soziologischen Theorie, hg. von ARVID BRODERSEN, Den Haag 1972, S. 53–69.

SIMONTON, DEAN KEITH: Bilingualism and Creativity, in: An Introduction to Bilingualism. Principles and Processes, hg. von JEANETTE ALTARRIBA/ROBERTO HEREDIA, New York 2008, S. 147–166.

SPIVAK, GAYATRI C.: The Postcolonial Critic, New York 1990.

TRACY, ROSEMARIE: Wie Kinder Sprachen lernen. Und wie wir sie dabei unterstützen können, 2. Aufl., Tübingen 2008.

WALDENFELS, BERNHARD: Topographie des Fremden. Studien zur Phänomenologie des Fremden 1, 2. Aufl., Frankfurt a.M. 1999.

WELSCH, WOLFGANG: Was ist eigentlich Transkulturalität?, in: Kulturen in Bewegung. Beiträge zur Theorie und Praxis der Transkulturalität, hg. von DOROTHEE KIMMICH/SCHAMMA SCHAHADAT, Bielefeld 2012, S. 25–40.

WILLKE, HELMUT: Dystopia. Studien zu einer Krisis des Wissens in der modernen Gesellschaft, Frankfurt a. M. 2002

YOUSEFI, HAMID REZA/BRAUN, INA: Interkulturalität: Eine interdisziplinäre Einführung, Darmstadt 2011.

YOUSEFI, HAMID REZA: Interkulturelle Kommunikation: Eine praxisorientierte Einführung, Darmstadt 2014.

Autorenverzeichnis

Amelie Bendheim, Dr. phil., Postdoc an der Universität Luxemburg. Nach dem Studium der Fächer Romanistik und Germanistik auf Lehramt (2005–2011) Lehrbeauftragte an der Johannes Gutenberg-Universität (Mainz). Von 2012 bis 2016 Promotion im Rahmen eines Cotutelle-Verfahrens bei Prof. Dr. Uta Störmer-Caysa (Johannes Gutenberg-Universität Mainz) und Prof. Dr. Heinz Sieburg (Universität Luxemburg) zum Thema „Erzählanfang im mittelalterlichen Roman" und Tätigkeit als wissenschaftliche Mitarbeiterin am Lehrstuhl für germanistische Mediävistik der Universität Luxemburg. Arbeitsschwerpunkte: historische Narratologie, höfische Epik des Mittelalters, Erzählrahmungen. Publikationen: Gekreuzte Lebenswege, gebrochene Identitäten. Intersektionale Betrachtungen zu Konrads Fleck *Flore und Blanscheflur*. Erscheint in: Michael Mecklenburg/Susanne Schul (Hg.): Abenteuerliche ‚Überkreuzungen': Vormoderne intersektional. Göttingen: 2015. Karl der Große, Berthe mit dem fuoze und der triuwe Held mit dem griffelîn. Mythisches Erzählen im Anfangsrahmen von Konrad Flecks „Flore und Blanscheflur" als Legitimation eines neuen Herrscherbildes, in: Zhu/Zhao/Szurawitzki (Hg.): Akten des XIII. Internationalen Germanistenkongresses Shanghai 2015. Germanistik zwischen Tradition und Innovation, Frankfurt 2016 (in Vorbereitung).

Natalie Bloch, Dr. phil., wissenschaftliche Mitarbeiterin im Projekt „Prozesse der Internationalisierung im Theater der Gegenwart" an der Universität Luxemburg, seit 2002 freie Autorin bei Theater heute. Arbeitsschwerpunkte: Drama und Theater, Literatur- und Kulturtheorie, Interkulturalität und Mehrsprachigkeit in Theater und Drama, Inszenierungsanalyse, Kreatives Schreiben. Wichtigste Publikationen: Legitimierte Gewalt. Zum Verhältnis von Sprache und Gewalt bei Neil LaBute und Elfriede Jelinek (2011), Internationale Arbeit und Inter-Kulturen. Theatermacher sprechen über ihre Arbeit (2014), Ökonomie – Narration – Kontingenz. Kulturelle Dimensionen des Marktes, hrsg. mit Wilhelm Amann/Georg Mein (2014), Elfriede Jelinek. Begegnungen im Grenzgebiet, hrsg. mit Dieter Heimböckel (2014), Theater International, eine Vortragsreihe I+II, hrsg. mit Dieter Heimböckel (2014+2015).

Martin Doll, Dr. phil., Juniorprofessur für Medienkulturwissenschaft an der Heinrich-Heine-Universität Düsseldorf. Von 2003 bis 2006 Stipendiat des Graduiertenkollegs ‚Zeiterfahrung und ästhetische Wahrnehmung' der Goethe-Universität Frankfurt/M.; danach Postdoc-Stipendiat des internationalen ICI

Kulturlabor Berlin; von 2011–2014 wissenschaftlicher Mitarbeiter im ATTRACT-Projekt ‚Ästhetische Figurationen des Politischen' an der Universität Luxemburg. Arbeitsschwerpunkte: Politik und Medien, Medialität der Architektur, Medienutopien des 19. Jahrhunderts, Fälschung und Fake. Er arbeitet derzeit an einem Projekt zur Politisierung von Technik im 19. Jahrhundert. Wichtigste Publikationen: Die imaginäre Dimension der Politik. Hg. zs. m. Oliver Kohns. Paderborn: Fink 2014; Fälschung und Fake. Zur diskurskritischen Dimension des Täuschens. Berlin: Kadmos 2012 (zweite Auflage 2015).

Daniela Dora, M. A., Doktorandin an der Universität Gent, Belgien, und der Universität Luxemburg. 2004–2011 Studium der Germanistik, Anglistik und Deutsch als Fremdsprachenphilologie an der Universität Regensburg und der Vanderbilt University, USA. Seit 2011 Lehrkraft für besondere Aufgaben an der Universität Gent und Universität Saint-Louis Bruxelles. Arbeitsschwerpunkte: Literatur und Tourismus, Reiseliteratur, Postkolonialismus, Interkulturalität, Gender Studies, Critical Whiteness Studies.

Dieter Heimböckel, Dr. phil., Professor für Literatur und Interkulturalität an der Universität Luxemburg. Arbeitsschwerpunkte: Neuere deutsche Literatur vom 18. Jahrhundert bis zur Gegenwart; Interkulturalität; Literatur- und Kulturtheorie; Drama und Theater; Literatur und Wissen/Nichtwissen; Moderne. Wichtigste Publikationen: Walther Rathenau und die Literatur seiner Zeit. Studien zu Werk und Wirkung (1996); Heinrich von Kleist. Sämtliche Briefe (Hg., 1999); Von Karlsbad nach Rom. Goethes ›Reise-Tagebuch‹ für Frau von Stein und die ›Italienische Reise‹ bis zum ersten römischen Aufenthalt (1999); Emphatische Unaussprechlichkeit. Sprachkritik im Werk Heinrich von Kleists. Ein Beitrag zur literarischen Sprachskepsistradition der Moderne (2003); Der Bildhunger der Literatur (Mhg., 2005); Zwischen Provokation und Usurpation. Interkulturalität als (un-)vollendetes Projekt der Literatur- und Sprachwissenschaften (Mhg., 2010); Kein neues Theater mit alter Theorie. Stationen der Dramentheorie von Aristoteles bis Heiner Müller (2010); Verortungen der Interkulturalität (Mhg., 2012); Kleist. Vom Schreiben in der Moderne (Hg., 2013); Elfriede Jelinek. Begegnungen im Grenzgebiet (Mhg., 2014). Mitherausgeber der ›Zeitschrift für interkulturelle Germanistik‹ (seit 2010).

Daliah Kentges, M. A., Studium der Fächer Englische Philologie und Neuere deutsche Literaturgeschichte an der Albert-Ludwigs-Universität Freiburg. Seit 2013 Doktorandin an der Universität Luxemburg. Titel des Promotionsprojekts: „Wirksame Orte": heterotopische Räume in den Romanen Christian Krachts.

Arbeitsschwerpunkte: deutschsprachige Literatur der Gegenwart, Raumkonzepte und literarische Raumdarstellungen.

Elena Kreutzer, Dr. phil., Lehrbeauftragte am Institut für deutsche Sprache, Literatur und für Interkulturalität der Universität Luxemburg. Arbeitsschwerpunkte: Empirische Migrations- und Integrationsforschung, Komparative Medien- und Kommunikationsforschung, Interkulturalität. Wichtigste Publikationen: Grenzüberschreitende Medienöffentlichkeiten? Zur Berichterstattung im SaarLorLux-Raum am Beispiel von „Migration", in: Christian Wille (Hg.), Lebenswirklichkeiten und politische Konstruktionen in Grenzregionen. Das Beispiel der Großregion SaarLorLux: Wirtschaft – Politik – Alltag – Kultur (2015); „Souveränität" und „Disziplin" in Medien. Zum Nutzen von Foucaults Gouvernementalitätstheorie am Beispiel einer Interdiskursanalyse zum Migrationsdiskurs in Luxemburg, in: Christian Wille/ Rachel Reckinger/ Sonja Kmec/ Markus Hesse (Hg.), Räume und Identitäten in Grenzregionen, Politiken – Medien – Subjekte (2014); Die Einwanderer in der regionalen Presse des Saarlandes 1990–2010, in: Clemens Zimmermann/ Rainer Hudemann/ Michael Kuderna (Hg.), Medienlandschaft Saar von 1945 bis in die Gegenwart, Band 3: Mediale Inhalte, Programme und Region (2010).

Julian Osthues, Dr. phil. Promotion an der Universität Luxemburg (2016). Titel der Disseration „Literatur als Palimpsest. Grundzüge einer postkolonialen Ästhetik im deutschsprachigen Roman der Gegenwart". Arbeitsschwerpunkte: Neuere deutsche Literatur vom 19. bis zur Gegenwart, postkoloniale/interkulturelle Literatur, literarische Dinge, Literatur und Ausstieg. Wichtigste Publikationen: zus. mit Laura Beck (Hg.): Postkolonialismus und (Inter)Medialität. Perspektiven der Grenzüberschreitung im Spannungsfeld von Literatur, Musik, Fotografie, Theater und Film (2016).

Fabienne Scheer, Doktorandin an der Universität Luxemburg. Studium der Fächer Germanistik und Politikwissenschaft an der Universität Trier (2005–2010 Magistra Artium), Vertiefungsstudium Luxemburgische Studien an der Universität Luxemburg (2011). Seit 2012 Promotion bei Prof. Dr. Heinz Sieburg (Universität Luxemburg) zum Thema „Aspekte der Mehrsprachigkeit in Luxemburg. Position, Funktion und Bewertung der deutschen Sprache (1983–2015)". Arbeitsschwerpunkte: Bildungs- und Sprachpolitik, Deutsch als Zweitsprache/Fremdsprache, Mehrsprachigkeit in Luxemburg, Diskurslinguistik.

Heinz Sieburg, Dr. phil., Professor für germanistische Mediävistik und Linguistik an der Universität Luxemburg. Forschungsschwerpunkte: Interkulturelle

Mediävistik, deutsche Sprache und Literatur des Mittelalters, Wortbildung und Soziolinguistik. Wichtigste Publikationen: ‚Geschlecht' in Literatur und Geschichte. Bilder – Identitäten – Konstruktionen (Hrsg.), Bielefeld 2015; Vielfalt der Sprachen – Varianz der Perspektiven. Zur Geschichte und Gegenwart der Luxemburger Mehrsprachigkeit (Hrsg.), Bielefeld 2013; Literatur des Mittelalters, 2. Aufl. Berlin 2012; Medien des Wissens. Interdisziplinäre Aspekte von Medialität (Hrsg. zus. m. Georg Mein), Bielefeld 2011.

Hamid Tafazoli, Dr. phil., war von 2013 bis 2015 Senior Researcher im Institut für deutsche Sprache, Literatur und für Interkulturalität an der Universität Luxemburg. Zuvor war er Gastwissenschaftler am Department of Germanics an der University of Washington in Seattle, USA. Tafazoli wurde 2006 an der Westfälischen Wilhelms-Universität Münster promoviert, erhielt für seine Dissertationsschrift den Sybille Hahne Preis der Universität Münster 2006 und war von 2009 bis 2012 Feodor Lynen Fellow der Alexander von Humboldt Stiftung in Seattle und in Bielefeld. Zurzeit ist er Habilitant an der Fakultät für Linguistik und Literaturwissenschaft, Fachbereich Germanistik der Universität Bielefeld. Arbeitsschwerpunkte: Neuere deutsche Literatur vom 17. Jahrhundert bis zur Gegenwart, Literatur und Migration, Interkulturalität, Film Studies und Literaturtheorie. Erschienen sind u.a. *Der deutsche Persien-Diskurs* (2007) und *Heterotopien in Kultur und Gesellschaft* (mit Richard Gray, 2012).

Eva Wiegmann, Dr. phil., ist wissenschaftliche Mitarbeiterin im Projekt „Diachrone Interkulturalität" am Institut für deutsche Sprache, Literatur und für Interkulturalität an der Universität Luxemburg. Promotion an der Heinrich-Heine-Universität Düsseldorf; anschließend FNR und Marie-Curie-Actions-Postdoc-Stipendiatin an der Universität Luxemburg. Arbeitsschwerpunkte: Neuere deutsche Literatur vom 19. Jh. bis zur Gegenwart, ästhetische Innovation im Kontext von Epochenschwellen, Interkulturalität, Kulturkritik und Antimoderne, Ecocriticism, Postkoloniale Studien, Literatur der Schweiz. Wichtigste Publikationen: Kulturkritik und Naturverbundenheit im Werk von Meinrad Inglin. Von der antimodernen Verweigerung zur konstruktiven Kulturkritik (2012). Verlebendigung der Antike. Zur Funktionalisierung von Geschichte in der Kulturkritik um 1900 am Beispiel von Stefan George und Alfred Schuler. In: Georgi, Sonja u.a. (Hg.): Geschichstransformationen. Medien, Verfahren und Funktionalisierungen historischer Rezeption (2015). Externe Wirksamkeit literarischer Imagination. Überlegungen am Beispiel schweizerischer *imagerie culturelle*. In: KulturPoetik 1 (2016).

Luxemburg-Studien
Études luxembourgeoises

Herausgegeben von Peter Gilles, Markus Hesse, Michel Pauly und Christian Schulz

Band 1 Christian Wille: Grenzgänger und Räume der Grenze. Raumkonstruktionen in der Großregion SaarLorLux. 2012.

Band 2 Norbert Franz / Jean-Paul Lehners (Hrsg.): Nationenbildung und Demokratie. Europäische Entwicklungen gesellschaftlicher Partizipation. 2013.

Band 3 Monika Sonntag: Grenzen überwinden durch Kultur? Identitätskonstruktionen von Kulturakteuren in europäischen Grenzräumen. 2013.

Band 4 Vincent Artuso: La collaboration au Luxembourg durant la Seconde Guerre mondiale (1940-1945). Accomodation, Adaption, Assimilation. 2013.

Band 5 Tobias Chilla: Punkt, Linie, Fläche – territorialisierte Europäisierung. 2013.

Band 6 Peter Gilles / Cristian Kollmann / Claire Muller (Hrsg.): Familiennamen zwischen Maas und Rhein. 2014.

Band 7 Marc Birchen: Die Firmenbeteiligung der ARBED im Osteuropa der Nachkriegszeit. Luxemburger Wirtschaftsdiplomatie im Kalten Krieg. 2015.

Band 8 Magali Lehners: Bildungseinrichtungen im sozialen und räumlichen Kontext. Zur Integrationsfunktion von schulischen und außerschulischen Institutionen in ausgewählten Vierteln der Stadt Luxemburg. 2015.

Band 9 Gérald Arboit: Les réseaux du fer. Information, renseignement économique et sidérurgie luxembourgeoise entre France, Belgique et Allemagne 1911-1940. 2016.

Band 10 Fabian Faller : Energetisches Regionalisieren. Transformationspraktiken der Energiewende am Beispiel der Biogaserzeugung. 2016.

Band 11 Eva Wiegmann (Hrsg.): Interkulturelles Labor. Luxemburg im Spannungsfeld von Integration und Diversifikation. 2016.

www.peterlang.com

www.ingramcontent.com/pod-product-compliance
Ingram Content Group UK Ltd.
Pitfield, Milton Keynes, MK11 3LW, UK
UKHW021823290926
8980IPUK00004B/229

9 783631 674925